D1728017

DIE STEIRISCHE
KÜCHE

Willi Haider · Christoph Wagner

DIE STEIRISCHE
KÜCHE

270 traditionsreiche
und zeitgemäße Rezepte

Fotografiert von
Kurt-Michael Westermann

pichler verlag

Herzlicher Dank von Willi Haider an ...

Renate Haider, *meine liebe Frau, für tatkräftige Unterstützung bei den Foto-Arbeiten*
meine Tochter Christina Haider *für viel Schreibarbeit*
Heimo Hofer, *Hobbykoch und Kursteilnehmer, Lannach („Vorlektor" und Rezept-Controller)*

Besonderer Dank gilt folgenden Personen und Institutionen:

Für Informationen und Rezepttipps:
Helfried Reimoser, *Werndorf-Spofize (Fisch und Wild)*
Sepp Stiendl, *Dipl. Käsesommelier, Berglandmilch, Raaba (Käse)*
Sepp Zotter, *Bergl/Riegersburg (Rund um's Backen)*
Familie Rennhofer, *Waissenegg (Oststeirische Kuch'l)*

Für Rezepte und selbst zubereitete Gerichte:
meiner Schwester Annemarie Lackner *aus Graz (Spagatkrapfen und Mohnkuchen)*
der Ortsbäuerin Rosi Kolar, *Kalsdorf (Rosenkrapfen und Mürbe Strauben)*

Für Fotos „Käsewerkzeuge" und Grafik „Käse-Schneide-Technik" der Fa. Berglandmilch
Für Foto-Arbeiten in der „Alten Küche" der Fam. G. Forstner, *Hofbräu Kalsdorf*

Für die Zurverfügungstellung von Geschirr:
Firma Gastro Holzmann, Graz
Familie G. u. H. Eberle, Graz

IMPRESSUM

ISBN: 978-3-85431-573-5

© 2011 by *Pichler Verlag* in der
Verlagsgruppe Styria GmbH & Co KG
Wien · Graz · Klagenfurt
Alle Rechte vorbehalten

Bücher aus der Verlagsgruppe Styria gibt es
in jeder Buchhandlung und im Online-Shop

Foodstyling: Willi Haider

Redaktion und Fachlektorat: Renate Wagner-Wittula
Lektorat: Ute Simonlehner und Georg Loidolt

Fotos: Kurt-Michael Westermann

Umschlag: Bruno Wegscheider
Buchgestaltung: Lithotronic Media GmbH, Dreieich

Reproduktion: Pixelstorm, Wien
Druck und Bindung: Druckerei Theiss GmbH, St. Stefan im Lavanttal
8 7 6 5 4 3 2

Printed in Austria

Inhalt

Liebe Leserinnen und Leser,

die Steiermärker, so steht es schon 1792 in einer *Skitze von Grätz* zu lesen, „schätzen eine gute fröhliche Mahlzeit, suchen Gesellschaft, speisen gerne an öffentlichen Orten, und das macht, dass der Fremde glaubt, sie bringen ihre ganze Lebenszeit mit nichts als dem lieben Essen und Trinken zu."

Das mag, angesichts der in früheren Zeiten vor allem in bäuerlichen Gebieten oft recht kargen Lebensumstände, vielleicht etwas übertrieben sein. Doch man versteht auch, dass damals bereits der Grundstein für jene Sonderstellung der steirischen Küche gelegt wurde, die sie bis heute genießt. Nicht zufällig wird die Steiermark immer wieder als der „Bauch von Österreich" apostrophiert und hat sich, zumal im Süden des Landes, den vor allem unter Feinschmeckern ehrenvollen Ruf einer „österreichischen Toskana" erworben.

Tatsächlich kann es die steirische Kochkunst, alleine schon, was die Kochbuchproduktion betrifft, durchaus mit der „Wiener Küche" aufnehmen. Zu den bedeutendsten historischen Werken der österreichischen Kochbuchliteratur zählt etwa das 1686 in Graz gedruckte *Koch- und Artzney=Buch*. Ihm folgte 1795 mit dem *Grätzerischen Kochbuch* eines der Grundlagenwerke der damaligen europäischen Küche. Und schließlich ist auch die 1858 erschienene *Süddeutsche Küche* der Katharina Prato, die mit weit über einer halben Million verkaufter Exemplare zu den erfolgreichsten Kochbüchern der Welt zählt, ein genuin steirisches Werk. Es wurde nicht nur in Graz verlegt, sondern stammt aus der Feder der 1818 in Graz geborenen Katharina Polt, verh. Pratobevera, wiederverh. Edle von Scheiger, einer Beamtengattin, die ihre Rezepte vor allem auf ihren ausgedehnten Reisen durch die Ober- und Untersteiermark sammelte.

Der Humus, auf dem sich eine landestypische und im besten Sinne des Wortes autochthon-steirische Küche entwickeln konnte, ist also viel versprechend. Und wer sich wie wir auf die Suche nach alten, fast vergessenen oder gerade noch lebendigen Kochtraditionen macht, hat keine Probleme allenthalben fündig zu werden.

Das vorliegende Werk will aber nicht nur das Alte bewahren, sondern auch ein im besten Wortsinn „steirisches Grundkochbuch" für die Haushalte von heute mit all ihren küchentechnischen Errungenschaften von der Tiefkühltruhe bis zum Bratenthermometer sein, das auch moderne ernährungsphysiologische Erkenntnisse mit einbezieht. Denn vieles, was einst als bäuerlich oder gar „derb" galt, wird heute unter makrobiotischen Vorzeichen wieder als besonders gesund erkannt, manches auch unter dem Modewort „biologisch" völlig neu entdeckt.

Die steirische Küche steht mit ihrer eingestandenen Liebe zu vollwertigem Getreide zwischen Gerstenbrein und Heidensterz, zu Süßwasserfischen aus ökologischer Teichwirtschaft, zu Fleisch aus artgerechter Bodenhaltung, zu hohen Gemüseanteilen und zu ungesättigten Fettsäuren heute auch unter Ernährungswissenschaftern hoch im Kurs. Vor allem aber ist diese Küche schmackhaft – und sie wird, wenn man sich dafür ein wenig Zeit nimmt, noch viel schmackhafter. Gerade in einer Epoche, in der alles immer schneller gehen muss, sollte man sich für eines unserer wertvollsten Güter – eine gesunde, sorgfältig zubereitete Nahrung – wieder mehr Zeit nehmen. Selbstverständlich finden Sie in einem Grundkochbuch, das wie dieses auf den jahrzehntelangen Erfahrungen eines erfolgreichen Kochschulbetriebs basiert, auch viele Tipps und Tricks, wie man in der Küche rationell und schnell arbeiten kann. Wir möchten damit aber auch dazu beitragen, dass Unwiederbringliches nicht vergessen wird und man auch im 21. Jahrhundert, aller schnelllebigen Globalisierung zum Trotz, noch „typisch steirisch" kochen und gemeinsam essen kann.

Einen g'sunden steirischen Appetit dabei wünschen

Willi Haider und Christoph Wagner

VOM JAGAWECKEN
BIS ZUM STEIERKAS

Steirische Köstlichkeiten
für Vorspeis' und Jause

Der Begriff „Vorspeise", mit dem sich auch die Wiener Küche kaum jemals wirklich anzufreunden vermochte, ist der steirischen Küche seit jeher fremd. Der harte Arbeitsalltag früherer Zeiten ließ für mehrgängige Menüs ohnedies weder zeitlichen noch finanziellen Raum. Und außerdem gab es ja die „Jause", ein fast magisches Element aus der steirischen Kulinarik, das sich bis heute am Leben erhalten hat.

Wer unter dem Wörtchen „Jause" lediglich Jausenbrot versteht, der irrt freilich gewaltig. Denn die steirische Jause ist ein kleiner Küchenkosmos, der Jause einerseits als „Proviant" oder „Verpflegung für Reisende" versteht, andererseits jedoch auch als Mahlzeit zwischen den üblichen drei Hauptmahlzeiten, also zwischen Frühstück und Mittagessen sowie zwischen Mittag- und Abendessen.

Ein „Recht auf Jause" gab es in der Steiermark dennoch nicht. Jausen wurden vor allem dann eingelegt, wenn der Arbeitstag während des Sommerhalbjahres besonders lang und hart war. Gejausnet wurde häufig im Freien. Man reichte oft nur trockenes, wenngleich besonders würziges und schmackhaftes Brot zu Milch, Butter- oder Sauermilch oder aber auch zu Most oder – in Weingegenden – zu einem aus Pressrückständen hergestellten billigen Haustrunk.

Außerdem gab's jede Menge Obst und Dörrobst. Butter, Fleisch, Speck oder Wurst galten als rare Ausnahme, mit der man lediglich Schwerstarbeiter oder besonders tüchtige Handwerker belohnte. Auch durchreisende Gäste kamen in den Genuss einer etwas üppigeren Jause, die in der kalten Jahreszeit auch aus einer guten Suppe oder kleineren warmen Gerichten bestehen konnte.

Die heute so beliebte Buschenschank- oder Brettljause hat kaum historische Wurzeln. Seit der 1784 von Kaiser Joseph II. erlassenen Zirkularverordnung zur Regelung des Buschenschankwesens in den Kronländern war es üblich, dass die Gäste ihren „Proviant" selbst in die Buschenschank mitbrachten. Erst in den 70er- und 80er-Jahren des vorigen Jahrhunderts bürgerte es sich ein, eine üppige „Brettljause" aus Speck, Hauswürsten, Käse, Sulz, G'selchtem und einer neuzeitlichen Art von „Verhackert" – luftgetrockneter Speck mit feinsten Wurststücken – oder gleich ein ganzes Buffet aus Salaten, kalten Braten, Sulzen, Geräuchertem, saurem Rindfleisch oder Ochsenmaul, Pasteten, Terrinen oder neuerdings sogar Gerichten aus dem mediterranen Bereich anzubieten.

Da sich während der letzten Jahrzehnte, nicht zuletzt über Einflüsse der so genannten „Nouvelle Cuisine", auch in steirischen Gastwirtschaften mehrgängige Menüs einbürgerten, bestand plötzlich auch ein massiver Bedarf an Vorspeisen, die sich durchwegs aus dem Repertoire der alten, kalten und warmen Jausengerichte bedienten.

Die im folgenden Kapitel angeführten Rezepte basieren auf der traditionellen, aber gehobenen steirischen Bürgerküche, sind aber zum Teil auch neueren Ursprungs.

Zum Schluss noch zwei Tipps aus der Profiküche:

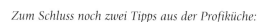

■ Achten Sie beim Anrichten Ihrer Vorspeisen auf Abwechslung und ordnen Sie die einzelnen Bestandteile nach Form, Farbe und Kontrast an.

■ Heben Sie „Küchenreste" von Fleisch, Fisch oder Gemüse immer auf! Vieles davon lässt sich, etwas kulinarische Phantasie vorausgesetzt, gut für Salate oder Cocktails verwenden.

Steirischer Jägerwecken

Eine rar gewordene Spezialität, eignet sich auch für den „Nachmittagstee"

ZUBEREITUNG

Die temperierte Butter und den Gervais mit einem Rührgerät durchkneten. Die passierten Sardellen bzw. die Sardellenpaste darunter mischen, Essiggurkerln, Rindszunge, Schinken und Edamer zugeben. Mit Salz, Pfeffer und Senf abschmecken. Den Sandwichwecken an den Enden abschneiden, eventuell halbieren und am besten mit einem Kochlöffel aushöhlen. Die Masse fest einfüllen und den gefüllten Wecken in Folie wickeln, einige Stunden kalt stellen und in fingerdicke Scheiben geschnitten servieren.

ZUTATEN

1 Sandwichwecken,
ca. 35 cm lang, nicht
zu dick, Durchmesser
ca. 4–6 cm
140 g Butter
100 g Gervais
2 Sardellen (oder
Sardellenpaste)
40 g Essiggurkerln,
klein geschnitten
100 g Rindszunge,
klein gewürfelt
100 g Schinken,
klein gewürfelt
70 g Edamer-Käse,
klein gewürfelt
Salz, weißer Pfeffer aus
der Mühle, scharfer Senf

Hirschrohschinken

ZUBEREITUNG

Alle Zutaten im Küchencutter oder Mörser zerkleinern, Fleischstücke gut damit einreiben und in einen hohen und eher engen Topf pressen, gut beschweren. Das Fleisch ca. 2–3 Wochen im Kühlschrank lagern, bei mehreren Stücken einmal wöchentlich umschlichten.
Fleisch ohne Anbraten im auf ca. 70–80 °C vorgeheizten Backofen auf einen Gitterrost setzen, frische Kräuter und Zweige nach Wahl als Aromaträger auf ein Backblech darunter stellen (z. B. Wacholder, Lorbeer, Thymian, Rosmarin, Koriander, Orangenschale, Tannenzweige) und mindestens 2–3 Stunden mit Hilfe eines Bratenthermometers bis ca. 60 °C Kerntemperatur langsam garen. Den fertigen Schinken am besten nach 2–3 Tagen mit Hilfe einer Aufschnittmaschine dünn aufschneiden und mit Preiselbeer-Oberskren anrichten.

TIPPS

■ Werden mehrere Stücke gleichzeitig im Ofen gegart, hilft ein zwischendurch in die Backofentüre gesteckter Kochlöffelstiel, um die Feuchtigkeit aus dem Backofen entweichen zu lassen.
■ Hirschrohschinken ist im Kühlschrank höchstens 2 Wochen lagerfähig.
■ Anstelle von Hirsch oder Damhirsch kann auch Wildschwein oder Gams verwendet werden.

ZUTATEN

1 kg schieres Hirsch-
fleisch (eher größere
Stücke vom Schlegel wie
Schale bzw. Kaiserteil,
Nuss oder Rose)

Für die Beize
25 g Pökelsalz-Mischung
(ca. 92 % Kochsalz und
8 % Nitrit Pökelsalz)
1 Lorbeerblatt
25–30 schwarze
Pfefferkörner
20 Wacholderbeeren
2 EL Thymian,
frisch gehackt
2 EL Rosmarin,
frisch gehackt
2–3 Knoblauchzehen
1–2 Gewürznelken,
etwas Zimt
Preiselbeer-Oberskren
als Garnitur

AUFSTRICHE

*Sämtliche Rezepte dieses Kapitels
sind für ca. 10 Brote bzw.
ca. 500 g Aufstrich bemessen.*

Fisch-Verhackert

ZUTATEN

300 g Fischfilet,
entgrätet
100 g Räucherfisch,
entgrätet
100 ml Sauerrahm
oder Frischkäse
frische Kräuter
(z. B. Dille, Kresse,
Schnittlauch)
1 Zwiebel, fein
geschnitten, kurz
überbrüht und kalt
abgespült
Salz, Pfeffer
1 Knoblauchzehe

ZUBEREITUNG

Fischfilets braten oder dämpfen und abkühlen lassen. Gemeinsam mit dem Räucherfisch mit einem großen Messer nicht zu fein hacken bzw. faschieren. Mit Sauerrahm oder Frischkäse sowie Kräutern, Zwiebel, Salz, Pfeffer und evtl. auch etwas Knoblauch abschmecken.

TIPP: Besonders hübsch sieht das Fisch-Verhackert aus, wenn es wie Fisch-Tatar in Laibchenform serviert wird.

Kräutertopfen

Ein auch für Bärlauch- oder Schinkentopfen geeignetes Rezept

ZUTATEN

100 g Butter
400 g Topfen, grob,
20 % oder 40 % F.i.Tr.
Salz
Kümmel, gemahlen
Kräuter nach Belieben
(z. B. Schnittlauch, Kresse
oder Kerbel)

ZUBEREITUNG

Butter und Topfen gut schaumig rühren und mit den restlichen Zutaten würzig abschmecken.

TIPP: Wird anstelle von Kräutern Bärlauch verwendet, entsteht ein feiner Bärlauchtopfen. Ersetzt man die Kräuter hingegen durch fein gehackten Schinken, Speck oder eventuell auch Räucherfleisch, erhält man einen köstlichen „Schinkentopfen".

Kürbiskerntopfen

ZUBEREITUNG

Butter und Topfen gut schaumig rühren und mit den restlichen Zutaten würzig abschmecken.

ZUTATEN

100 g Butter
400 g Topfen, grob,
20 % oder 40 % F.i.Tr.
50 g Kürbiskerne,
gehackt
1–2 EL Kürbiskernöl
Salz, Kümmel, gemahlen

Steirischer Liptauer

ZUBEREITUNG

Butter und Topfen gut schaumig rühren und mit den restlichen Zutaten würzig abschmecken.

ZUTATEN

200 g Butter
200 g Topfen, grob,
20 % oder 40 % F.i.Tr.
(sehr gut mit Schaf-
milchtopfen)
70 g Zwiebeln, fein
geschnitten und zuerst
heiß, dann kalt abge-
spült und abgetropft
30 g Kapern, fein gehackt
1 EL Schnittlauch,
fein geschnitten,
2 Knoblauchzehen,
fein geschnitten
Salz
Pfeffer aus der Mühle
1 TL Kümmel, gemahlen
1 TL Paprikapulver,
edelsüß

Aufstriche

Eieraufstrich mit Gurkerln

ZUTATEN

6 Eier, ca. 12–15 Minuten
hart gekocht und fein
gehackt
ca. 125 g Topfen, grob,
20 % oder 40 % F.i.Tr.
1 kl. Essiggurkerl, gehackt
1 kl. Zwiebel, fein
geschnitten und erst
heiß, dann kalt abgespült
sowie gut abgetropft
Salz, Pfeffer
scharfer Senf

ZUBEREITUNG

Topfen gut schaumig rühren und mit den restlichen Zutaten würzig
abschmecken.

TIPP: Dieser Eiaufstrich kann mit gehackten Zutaten nach Wahl belegt bzw.
bestreut werden. Besonders gut eignen sich Paprika, Pfefferoni, Essiggurkerln, Radieschen, Schinken, Schnittlauch und Räucherfisch.

Grammelschmalz

ZUTATEN

250 g Schweineschmalz
100 g Grammeln
1 kl. Zwiebel, klein-
würfelig geschnitten
2 Knoblauchzehen,
gehackt
1 EL Petersilie, gehackt
Salz, Pfeffer, Kümmel

ZUBEREITUNG

Grammeln grob hacken, Zwiebel und Knoblauch kleinwürfelig schneiden.
Schweineschmalz mit einem Schneebesen oder mit Handmixer cremig
rühren. Grammeln, Zwiebel, Knoblauch und Petersilie zugeben und gut vermischen. Mit Salz, Pfeffer und gemahlenem (oder grob gehacktem)
Kümmel würzen und nochmals verrühren.

TIPPS

■ Wer ein paar Kalorien sparen will, kann das Schmalz natürlich auch ohne
Grammeln aufs Brot streichen.
■ Besonders appetitlich sehen Grammelschmalz-Brote aus, wenn man sie
mit einer fein geschnittenen Jungzwiebel belegt.

Bratlfett & Verhackert
Köstliche steirische „Todsünden"

Zu den köstlichsten „Todsünden" der steirischen Küche zählen zwei Aufstriche, ohne die eine zünftige „steirische Jaus'n" kaum denkbar wäre.

Das klassische Bratlfett entsteht aus dem Braten- bzw. Fleischsaft vom Schweinsbraten, der in erkaltetem Zustand durchsichtig wie dunkler Bernstein und angenehm gelierend ist und sich unter dem beim Braten ausgetretenen weißen Schweinefett dekorativ absetzt. Obwohl alle Ingredienzien eines guten Bratls bereits im Geschmack des Bratlfetts enthalten sind, schadet es nicht, denselben mit etwas Knoblauch, Kümmel, Zwiebel oder Schnittlauch noch weiter zu variieren oder zu verfeinern. Voraussetzung für ein gutes Bratlfett ist und bleibt jedoch ein kerniges und daher auch entsprechend fettes „Bratl". Wer anämisch-mageres Schweinefleisch in etwas Pflanzenöl abbrät, der darf sich nicht wundern, wenn er auf sein Bratlfett vergeblich wartet.

Ebenso wie das Bratlfett ist auch das typisch steirische „Verhackert" ein fast unentbehrlicher Bestandteil jeder steirischen Brettljause. Freilich: Das faschierte, geselchte oder gekochte Schweinefleisch, das mit Speck gehackt oder gecuttert wird und heutzutage überall im Steirischen als „Verhackert" auf den Tisch kommt, hat mit dem traditionellen Verhackert weder bezüglich Verwendung noch Geschmack viel zu tun. Das „Original" stammt vielmehr aus der südlichen Weststeiermark und aus der Untersteiermark, wo man das Verhackert früher vor allem als äußerst schmackhaftes Kochfett verwendete, das, leicht erhitzt, auch über Salat, Erdäpfel, Sterz und ähnliche Gerichte gegossen wurde. Häufig stampfte man auch leicht angebratene Fleischstückchen von feinster Qualität mit ein oder man verwendete das Verhackert zur Konservierung von „Hauswürstchen" und „Kübelfleisch".

Die traditionelle Herstellung eines „Original-Verhackert" ist nicht ganz unkompliziert:

Zunächst wurde das frisch geschlachtete Schwein am Rücken geöffnet, wo man die beiden Speckhälften, die nach dem Herausschneiden aller anderen Teile im Ganzen blieben, einsalzte und den Winter über auf dem Dachboden aufhängte. Der auf diese Weise luftgetrocknete Speck wurde anschließend zerkleinert oder fein gehackt und mit Salz zur Fermentierung möglichst luftdicht ein-gestampft.

ÜBRIGENS: *Das klassische Verhackert, das sich durch extrem lange Haltbarkeit auszeichnet, wird erst unmittelbar beim Verzehr mit Salz, Pfeffer, Knoblauch oder Zwiebelringen verfeinert.*

Reinischkogler Buschenschank-Verhackert

ZUBEREITUNG

Den Speck salzen, pfeffern und im Blitzcutter zerkleinern. Eine Steingutform mit zerdrücktem Knoblauch und etwas Schmalz ausstreichen und den gehackten Speck einfüllen. Den Rest des Schmalzes (oder Kernfetts) erhitzen und über die Speckmasse gießen. Den Topf mit einem Tuch verschließen und ca. drei Wochen im Kühlschrank ziehen lassen. Mit Zwiebelringen und Paprikapulver zu (nach Wunsch auch getoastetem) Bauernbrot servieren.

ZUTATEN

400 g luftgetrockneter Speck ohne Schwarte
Salz, Pfeffer
1 Knoblauchzehe
2–3 EL Schweineschmalz oder Rinderkernfett
2 gr. Zwiebeln
1 KL Paprikapulver

KALTE VORSPEISEN

Räucherforellenmousse

ZUTATEN für
10–12 Portionen
(ca. 1 kg Masse)
1 Forelle, geräuchert
(ca. 280–300 g)
4 cl Wermut oder
Sherry, trocken
250 ml Fischfond
(Suppe oder Wasser)
ca. 625 ml Schlagobers
4–5 Blatt Gelatine
Salz, weißer Pfeffer
aus der Mühle
Dillzweig und Blattsalate
zur Dekoration
Butter zum Andünsten

ZUBEREITUNG

Forelle enthäuten und filetieren, Filets beiseite stellen, restliche Abfälle (Haut und Gräten) kurz in Butter andünsten. Mit Wermut ablöschen, einkochen lassen und mit Fischfond oder Suppe aufgießen. Auf ca. 125 ml Flüssigkeit einkochen und abseihen. Etwa 375 ml Obers zugeben, kurz aufkochen und mit den Filets im Turmmixer 2–3 Minuten mixen. Abseihen, gut würzen, eingeweichte und ausgedrückte Gelatine zugeben. Alles im Kühl- oder Tiefkühlschrank abkühlen lassen, bis die Masse zu stocken beginnt.

Restliche 250 ml Obers steif schlagen und nach und nach unter die gestockte Forellenmasse rühren. Kalt stellen und danach mit einem in heißes Wasser getauchten Löffel Nockerln ausstechen. Mit Dille garnieren und mit kleinem Salat servieren.

TIPPS

■ Für Räucherforellenparfait verwenden Sie ca. 3–4 Blatt Gelatine mehr und heben das geschlagene Obers schon vor dem Stocken mit etwas gehackter Dille unter. Füllen Sie das Parfait in eine mit Klarsichtfolie ausgelegte Form, streichen Sie es gut glatt und lassen Sie es am besten über Nacht stocken. Schneiden Sie das Parfait nach dem Stürzen mit einem Elektromesser auf und richten Sie es als Terrine mit Blattsalat, Forellenkaviar, Dillzweig und eventuell etwas Preiselbeer-Oberskren an.

■ Besonders schön werden solche Terrinen durch einen Geleemantel. Dafür wird die Grundmasse in eine kleinere Form (z. B. einen mit Klarsichtfolie ausgelegten Karton) gegossen und nach dem Stocken aus der Form genommen (Karton einfach abziehen!). Danach in eine geölte und mit Klarsichtfolie ausgelegte Form ca. 125 ml abgekühlten Schwartenfond oder Gelee mit Kräutern gießen, kalte Terrine einlegen, nach dem Festwerden nochmals mit ca. 125 ml Gelee begießen und kalt stellen.

Hausgebeizte Lachsforelle

Der Klassiker aus Willi Haiders Kochschule

ZUBEREITUNG

Lachsforelle nach Wunsch mit Haut filetieren und von den Gräten befreien. Mit Salz oder Pökelsalz sowie Staubzucker würzen und 30 Minuten marinieren lassen, bis die Filets nass sind.

Inzwischen die Beize vorbereiten. Dafür zunächst für den Sud Weißwein, Wasser, Petersilstängel, Dille, Pfefferkörner, Lorbeerblatt, Wacholder und Salz aufkochen und auf ca. 2/3 der Flüssigkeit einkochen lassen. Abseihen und abkühlen lassen. Lorbeerblätter, Pfefferkörner, Wacholderbeeren, Thymian, Aromat, Paprika und Zucker in einer Küchenmaschine cuttern und zum Sud geben. Zuletzt Dille und Petersilie fein schneiden und in die Beize geben. Fischfilets einlegen und ca. 2–3 Tage beizen.

Für die Dillrahm- und Cocktailsoße jeweils alle Zutaten miteinander verrühren. Dabei den Sauerrahm nur ganz kurz, am besten mit einem Löffel verrühren, damit die Soße schön mollig bleibt und nicht zu dünnflüssig wird.

Fischfilets vor dem Servieren mit einem scharfen Messer (Lachsmesser) dünn aufschneiden und mit Salat, Toast, gekochten Wachteleiern, Forellenkaviar sowie den vorbereiteten Soßen servieren.

TIPPS

■ Die Beize ist auch für Forellen und Saiblinge geeignet und ist 4–5 Tage haltbar. In jedem Fall sollte man darauf achten, dass nur ganz frische Fische gebeizt werden!

■ Für eine Senfsoße ersetzt man bei der Dillrahmsoße den Honig durch etwas Dijonsenf.

ZUTATEN

4–6 Lachsforellenfilets
Salz oder Pökelsalz
Staubzucker

Für den Beizsud
500 ml Weißwein
1 l Wasser
20 g Petersilstängel
20 g Dille
10 g Pfefferkörner
1 Lorbeerblatt
10 g Wacholderbeeren
30 g Salz

Zum Vollenden der Beize
4 Lorbeerblätter
10 Pfefferkörner
10 Wacholderbeeren
etwas frischer Thymian
40 g Aromat
5 g Paprikapulver
20 g Zucker
30 g Dille
20 g Petersilie

Für die Dillrahmsoße
250 ml Sauerrahm
Salz, Pfeffer
Dille, fein geschnitten
1 KL Honig

Für die Cocktailsoße
Sauerrahm und Ketchup
im Verhältnis 2:1
1 Schuss Cognac
Kren, frisch gerissen,
nach Geschmack
Salz, Pfeffer

Für die Garnitur
Toasts
Wachteleier,
3 Minuten gekocht
Blattsalate
Forellenkaviar

*Foto rechts
von oben nach unten:
Goldforelle, Lachsforelle
Regenbogenforelle
Bachforelle
Bachsaibling*

Saurer Bratfisch

ZUTATEN

500 g festfleischige
heimische Fischfilets,
z. B. von Karpfen,
Amur, Zander
Salz
Zitronensaft
griffiges Mehl zum
Wenden
Pflanzenöl zum
Frittieren

Für die Marinade

125 ml Essig
ca. 500 ml Wasser
ca. 50 g Zwiebeln,
geschnitten
3 Lorbeerblätter
Dille
Pfefferkörner,
Wacholderbeeren
Knoblauch, gehackt
Salz
Zucker

ZUBEREITUNG

Fischfilets in kleine Stücke schneiden und falls nötig schröpfen (siehe Tipp). Für die Marinade alle Zutaten aufkochen und anschließend abkühlen. Fischstreifen mit Salz sowie Zitronensaft würzen, in griffigem Mehl wenden und in heißem Öl eher etwas länger frittieren. Herausheben, leicht überkühlen und lauwarm mit der Marinade begießen. Eventuell noch etwas Öl hinzufügen. Im Kühlschrank mindestens über Nacht, längstens zwei Wochen lagern.

GARNITURVORSCHLÄGE

Was Dekor und Service von Sauerfisch betrifft, so sind der Phantasie keine Grenzen gesetzt. Hier einige Vorschläge:

Sauerfisch mit Gurken und Dille

Gurken geschält, entkernt, grob geschnitten, kurz überkocht und in Eiswasser abgeschreckt.

Sauerfisch mit Zwiebeln und buntem Paprika

Paprika mit dem Sparschäler geschält, geviertelt, entkernt, grob geschnitten, Zwiebeln grob geschnitten und Paprika extra kurz überkocht und in Eiswasser abgeschreckt, Dille.

Sauerfisch mit Zwiebeln, Käferbohnen und Rettich

Käferbohnen mit Rettich wie für einen Salat abmachen und mit Sauerfisch dekorieren.

Sauerfisch mit Spargel, Paradeiserwürfeln und Kerbel

Geschälter, gekochter und abgeschreckter Spargel wird mit geschälten und entkernten Paradeiserwürfeln sowie dem Sauerfisch mit Marinade und hellem Öl angerichtet.

TIPPS

■ Anstelle von Fischstreifen können auch sehr kleine, ganze Fische, ausgenommen, ohne Kopf und Hauptgräte, verarbeitet werden.

■ Grätenreiche Fische wie z. B. Karpfen sollten für dieses Rezept unbedingt geschröpft werden. Man schneidet die Filets zu diesem Zweck im Abstand von 3–4 mm ein, wodurch die Gräten gekürzt und in weiterer Folge durch die Zugabe von Zitrone und durch die Hitzeeinwirkung bei der Garung weich werden und man sie beim Genuss kaum noch spürt. Sollte trotzdem beim Essen eine größere Gräte in die Speiseröhre gelangen und stecken bleiben, so empfiehlt es sich, eine sehr saure Zitronenlimonade oder verdünnten Essig nachzuspülen oder damit zu gurgeln. Auch das „Nachessen" von rohem Sauerkraut kann sich als hilfreich erweisen.

Kernspaltung auf Steirisch
Wie das Steirische Kürbiskernöl Weltkarriere machte

Es gibt Menschen, die verdanken ihre Liebe zum Kürbiskernöl ihrer steirischen Großmutter, einem Kurzurlaub an der Südsteirischen Weinstraße oder einem Initiationserlebnis im Wiener Steirereck. Das war vor mehr als zwanzig Jahren und damals wusste in Österreich kaum noch jemand etwas über Halloween, jenen zwar auf keltische Vorbilder zurückreichenden, aber zutiefst amerikanischen Brauch, in der Nacht vor Allerheiligen Kerzen in ausgehöhlten Kürbissen brennen zu lassen und arglose Mitmenschen durch gefährliche Kürbismasken zu erschrecken. (Übrigens gelangte auch die „Cucurbita pepo", der steirische Ölkürbis, auf den Schiffen spanischer Eroberer von Amerika nach Europa.)

In Österreich waren Kürbisse noch in den 70er-Jahren fast ausschließlich in der Steiermark verbreitet und auch die „Wagenschmiere", wie die Steirer selbstironisch ihr aus leicht angerösteten und anschließend ausgepressten Kürbiskernen gewonnenes Kernöl damals noch nannten, bekam man zumeist in unetikettierten Flaschen fast ausschließlich südlich des Semmerings.

Mittlerweile findet man die Flacons mit dem gar nicht billigen Elixier (für 1 Liter Kernöl müssen immerhin 33 Kürbisse „geschlachtet" werden) in den Feinkostläden an der Waterkant ebenso wie in den Gourmetlokalen des Big Apple. Wenn Sie einen amerikanischen Gourmet nach den bekanntesten österreichischen Spezialitäten fragen, wird die Antwort vermutlich „Sachertorte, Süßweine und Kernöl" lauten. Mittlerweile hat sich die Qualität des Kernöls allerdings auch in Österreich selbst schon bis in die westlichen Bundesländer herumgesprochen. Und die Schicksalsfrage, ob man Rindfleisch-, Gurken- oder Erdäpfelsalat mit oder ohne Kernöl bevorzuge, wird heute sogar schon in der Arlberg-Hotellerie gestellt.

Weniger bekannt ist immer noch die „Kernölprobe", mit der jedermann leicht beurteilen kann, ob er wertvolles, unverschnittenes Öl aus Erstpressung oder billigen Verschnitt mit anderen Pflanzenölen vor sich hat: Man muss dafür lediglich einen Tropfen Öl auf einen weißen Teller fallen lassen und beobachten, wie er sich verhält: Bei echtem Kernöl hält die Adhäsion die Flüssigkeit zusammen, bei verschnittenem oder gepanschtem läuft der Tropfen auseinander.

UND NOCH EIN TIPP: Probieren Sie einmal, mit Kernöl eine Mayonnaise zuzubereiten und diese auf dünne, kalte Kalbfleischscheiben gestrichen mit einem Gläschen Schilcher zu servieren. Es schmeckt ganz vorzüglich.

Steirischer Rindfleischsalat

ZUBEREITUNG

Fein geschnittenes Rindfleisch mit den übrigen Zutaten vermischen. Einige Stunden ziehen lassen. Vor dem Anrichten auflockern und mit Zwiebelscheiben garnieren.

TIPP: Dieser steirische Klassiker kann mit Ei, Paprikaschoten, Gurkerln, frisch geriebenem Kren, gekochten Käferbohnen sowie Erdäpfeln ergänzt oder zu einem herrlichen Bauernsalat abgewandelt werden. Die Grundzubereitungsart eignet sich übrigens auch für Ochsenmaul, gekochten Kalbskopf oder für gekochte Würste.

ZUTATEN

300 g nicht zu mageres Rindfleisch, gekocht, in feinste Scheiben geschnitten
1 Zwiebel, in Scheiben geschnitten
Salz, Pfeffer
Mostessig und Kernöl zum Marinieren

Saurer Hirschfleischsalat

ZUTATEN

200 g gekochter Hirsch-
schlögel, in dünne
Scheiben oder Streifen
geschnitten
2 Paprikaschoten (rot,
gelb und/oder grün)
1 Frühlingszwiebel,
 fein geschnitten
1 rote Zwiebel, halbiert
und in Ringe geschnitten
Salz, Pfeffer, Schnittlauch
Öl oder Kernöl und
Essig (Weinessig oder
Apfelessig)
evtl. geröstete
Kürbiskerne

ZUBEREITUNG

Paprikaschoten entkernen und in Streifen schneiden. Fleisch mit Paprika, Frühlingszwiebel und roter Zwiebel vermischen. Aus 1 Teil Essig und 2–3 Teilen Öl eine würzige Marinade anrühren, mit Salz und Pfeffer abschmecken. Alles gut vermischen, würzig abschmecken und auf kalten Tellern anrichten. Nach Belieben mit gerösteten Kürbiskernen und Schnittlauch bestreuen. Am besten mit Schwarzbrot servieren.

HINWEIS: Sollte der saure Hirschfleischsalat eher mild und bekömmlich schmecken, so blanchiert man Paprikaschoten, Zwiebeln und Porree ca. 30 Sekunden in kochendem Wasser. Anschließend sofort kurz in eis-kaltem Wasser abschrecken, aber nicht ganz auskühlen lassen und noch lauwarm mit dem Fleisch und der Marinade vermischen.

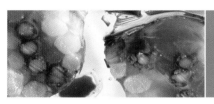

SULZEN

Sulz-Grundrezept (Schwartenfond)

ZUBEREITUNG

Schweineschwarten mit Wurzelgemüse und Wasser bedeckt ca. 2–3 Stunden auskochen, abseihen und auf 500 ml Flüssigkeit einkochen. (Ersatzweise die kräftige, gut gewürzte Suppe mit geweichter und ausgedrückter Gelatine verkochen.)

TIPPS

■ Als Grundlage für die Zubereitung von Sulzen eignet sich eine Vielzahl von Produkten wie z. B. Fleisch (Rind-, Schweine- oder Lammfleisch, Ochsenschlepp, Geflügel, Wild, Kaninchen), Fisch (Karpfen, Lachsforelle, Forelle etc.), Pilze und Gemüse.

■ Für die Einlage einer Sulz sollte man mit Knochen oder Gräten ca. 1,5–1,75 kg bzw. ein Reingewicht von ca. 750 g berechnen.

■ Alle Zutaten für die Sulz sollten sehr weich gekocht sein.

■ Tiefgekühlte Sulzen erhalten eine bessere Konsistenz, wenn man sie leicht erwärmt und dann wieder kalt stellt.

■ Geben Sie Essig bzw. Vinaigrette erst kurz vor dem Anrichten auf die Sulz.

ZUTATEN
für 10–12 Portionen
1,5–2 kg Schweine-schwarten
Wurzelgemüse
ca. 4–5 l Wasser
ersatzweise:
500 ml kräftige, gut gewürzte Suppe
ca. 14 Blatt Gelatine

Rindfleischsulz

ZUBEREITUNG

Rindfleisch und Gemüse in der kräftigen Rindsuppe kurz köcheln lassen. Abschmecken, eingeweichte und ausgedrückte Gelatine (oder kräftigen Schwartenfond) einrühren und gut abkühlen lassen. Vor dem Stocken die frischen Kräuter dazugeben. Eine Kastenform, Schüssel oder Portions-förmchen mit Öl ausstreichen und mit Klarsichtfolie auslegen. Die Sulz einfüllen und gleichmäßig verteilen, mehrere Stunden kalt stellen. Dann aus der Form stürzen und portionieren.

TIPPS

■ Schneiden Sie die Sulz mit einem Elektromesser auf und richten Sie dieselbe mit Salat sowie Vinaigrette und gehackten harten Eiern an.

■ Für die besonders feine Tafelspitzsulz wird gekochter Tafelspitz verwendet.

■ Wild-, Hirsch- oder Rehsulz wird nach demselben Rezept zubereitet, nur wird statt Rindfleisch Wildfleisch und statt Rindsuppe eine kräftige Wildsuppe verwendet. Wie andere Sulzen schmeckt Wildsulz besonders fein, wenn sie mit einer pikanten Vinaigrette sowie Zwiebelringen und Paprikawürferln serviert wird.

Foto Seite 22

ZUTATEN
für ca. 10–12 Portionen
500 ml kräftige Rindsuppe (bei Schwartenfond-zugabe nur 250 ml verwenden)
12–14 Blatt Gelatine oder 500 ml Schwartenfond (s. oben), gut gewürzt, auf 250 ml eingekocht
300 g Rindfleisch (Schulter, Beinfleisch u. a.), weich gekocht, klein gewürfelt
400 g Gemüsewürfel, weich gekocht (z. B. Karotten, gelbe Rüben, Sellerie usw.)
Salz, Pfeffer, Liebstöckel, Schnittlauch, Lorbeer
Öl für die Form

Rindfleischsulz

Die schöne Gelatine

Gallerte ist der beste Freund des Kochs, da sie bindet und sich mit ihrer Hilfe viel Köstlich-Erfrischendes und Schmackhaftes auf den Tisch zaubern lässt. Selbstverständlich ist die feinste Form der Gallerte jene, die man in oft stundenlangen Extrahierungsprozessen direkt aus Knochen und Karkassen zieht. Gerade im häuslichen Küchenalltag hat sich jedoch auch die Gelatine bewährt, die in kürzester Zeit aufgelöst und wieder erstarrt ist, ohne wie die Gallerte unaustilgbare Dünste und Dämpfe in den Küchenvorhängen zu hinterlassen.

Um mit Gelatine gute Ergebnisse – vor allem feine Sülzchen – zu erzielen, muss man jedoch einige grundsätzliche Regeln beachten:

■ Weichen Sie Gelatine immer in kaltem Wasser ein. Ideal sind ca. 5 Minuten. Zu langes Wässern schadet.

■ In warme Massen kann die Gelatine stets sofort eingerührt werden. Danach muss man sie allerdings gut abkühlen lassen und erst dann weiterverarbeiten, wenn die Grundmasse zu stocken beginnt. Ansonsten könnte sich die Gelatine am Boden absetzen!

■ Achten Sie darauf, dass die Gelatine beim Auflösen nicht überhitzt oder überkocht wird, da dadurch ihre Gelierkraft vermindert wird.

■ Mit Gelatine versetzte Speisen sollen immer kräftig gewürzt werden, da die Gelatine stets etwas von der Geschmacksintensität wegnimmt. Auch gute Kühlung ist wichtig. Manchmal lohnt es sich, eine mit Gelatine zubereitete Speise kurzfristig für etwa eine Stunde in den Tiefkühler zu stellen.

■ Werden kalte Massen mit Gelatine vermischt, bedarf es unbedingt des stetigen Rührens, während die flüssige bzw. lauwarme Gelatine eingemengt wird.

■ Bei Süßspeisen ist darauf zu achten, dass einige Früchte (z. B. Ananas, Kiwi, Papaya, Feigen, Erdbeeren, Rhabarber) durch Säure oder Enzyme das Erstarren der Gelatine verhindern. In diesem Fall muss festeres Obst in Zuckerwasser gekocht und weicheres in lauwarmes Zuckerwasser zumindest kurz eingelegt werden.

■ Gelatine einzurühren nicht vergessen! (Auch das kommt vor!)

Schweinssulz auf altsteirische Art

ZUBEREITUNG

Alle Zutaten miteinander in kaltem Wasser aufsetzen und weich kochen. Sollte das Kopffleisch früher weich werden, herausnehmen. Abseihen und Hax'lfleisch noch warm von den Knochen lösen. Über Nacht stehen lassen. Am nächsten Tag entfetten. Sollte der Sud nicht fest gestockt sein, nochmals aufstellen und einkochen. Fleisch und Schwarten in die heiße Brühe geben, in Form gießen und abstocken lassen.

TIPPS

■ Diese nach einem historischen Rezept zubereitete Sulz passt perfekt zu Bauernbrot oder kann mit Zwiebeln, Essig und Öl angerichtet werden.

■ Will man anstelle von Sulz eine Presswurst bereiten, füllt man die noch etwas dicker gelierte Sulzmasse in einen gereinigten Saumagen und lässt sie in leicht wallendem Salzwasser ca. 2 Stunden ziehen. Danach auf einem Brett beschwert erkalten lassen und die Sulz dünn aufgeschnitten mit Essig, Öl (Kürbiskernöl) und eventuell auch einer Hand voll geschnittener Zwiebeln servieren.

■ Typisch steirisch wird die Schweinssulz auch in Würfel geschnitten und mit Zwiebeln, Paprikastreifen, Käferbohnen, Essig und Kernöl sowie gekochten Eiern angerichtet und mit Schnittlauch bestreut serviert.

ZUTATEN
2 Schweinshax'ln
500 g Schweins-
schwarten
500 g Schweinskopf,
ausgelöst
100 g Petersilwurzeln
Pfefferkörner
Lorbeerblätter
Salz

VORSPEISEN MIT STEIRISCHEM KÄSE

Käse ist im Käseland Steiermark ein in der Küche höchst vielseitig zu verwendendes Grundprodukt. Landestypische Käsesorten sind der Schlossdamer, Amadeus, Moosbacher, St. Patron, Dachsteiner, Raclette, Steirerkas, Österkron und Le Rosé. Im Murtal gibt es den typischen Murbodner Steirerkäse und im Ennstal den klassischen Steirerkäse. In der Oststeiermark findet man viel Käse aus Schafmilch – etwa den steirischen Selchkas.

Ähnlich wie der Weinbau war auch das Molkereiwesen in den letzten beiden Jahrzehnten des 20. Jahrhunderts in der – wegen ihrer saftigen Weiden so benannten – „Grünen Mark" von kompromisslosem Qualitätsdenken bestimmt. Käse passt in der Steiermark von der Brettljaus'n bis zur Festtagstafel überall hin. Viele der im Folgenden beschriebenen kalten und warmen Käsevorspeisen eignen sich daher auch perfekt dafür, am Ende eines Menüs als „Käsedessert" eingesetzt zu werden.

Schnittkäse-Salat

ZUTATEN

1/2 Salatgurke
1/2 Paprikaschote, grün
50 g Rettich, weiß oder
schwarz
1 mittelgroße Zwiebel
(evtl. rot)
1 mittelgroßer Apfel,
säuerlich
400 g Schnittkäse
wie Schlossdamer, Amadeus oder Moosbacher
Salz, Pfeffer
Paradeiser, Petersilie
und Salatblätter zum
Anrichten

Für die Marinade

250 g Sauerrahm
1 TL Senf, mittelscharf
4 cl Apfelessig
8 cl Traubenkernöl
Salz, Pfeffer

ZUBEREITUNG

Gurke, Paprika, Rettich, Zwiebel, Apfel und Käse in feine Streifen oder Würfel schneiden und in eine Schüssel geben. Etwas salzen und pfeffern. Aus den angegebenen Zutaten eine Marinade zubereiten, über den Salat träufeln und mindestens 30 Minuten marinieren. Käsesalat auf Salatblättern anrichten, mit Paradeiserspalten und eventuell Petersilie garnieren.

Steirische Röstbrote (Crostini)

ZUBEREITUNG

Weißbrot- oder Sandwichscheiben in einer Pfanne mit reichlich nicht zu heißem Öl oder Schmalz gemeinsam mit Kräutern nach Belieben sowie Knoblauch beidseitig anrösten. Herausheben, auf einen Rost oder in eine Form geben und mit Apfel- oder Birnenstreifen belegen. Mit Österkron abdecken und im vorgeheizten Rohr bei maximaler Oberhitze oder unter der Grillschlange auf mittlerer Schiene überbacken.

TIPPS

- Anstelle von Apfel oder Birne können auch gekochtes Gemüse, geröstete Schwammerln oder gehackte Paradeiser überbacken werden. Auch der Blauschimmelkäse ließe sich durch andere schmelzfähige Käsesorten ersetzen.
- Eine ebenso einfache wie gute Variante besteht darin, Käsescheiben aufs leicht gebutterte Brot zu legen und im Rohr oder in der Mikrowelle zum Schmelzen zu bringen.
- Apart ist auch die Idee, den Käse durch Hühnerleberparfait zu ersetzen.

ZUTATEN

8 Scheiben Weiß-
oder Sandwichbrot
4 EL Öl oder Schmalz
frische Kräuter nach
Belieben (z. B. Salbei
und Rosmarin)
1–2 Knoblauchzehen
1–2 Äpfel oder Birnen,
würfelig oder streifen-
förmig geschnitten
ca. 250 g Österkron
(oder anderer
Blauschimmelkäse)

Steirische Eisenblüte

Käseblüte mit Birnen- oder Apfelchips

ZUBEREITUNG

Edelschimmelkäse am besten mit der Wiegepresse (ersatzweise auch Erd-äpfelpresse oder Fleischwolf) durchdrücken. Den durchgedrückten Käse mit Hilfe einer Palette oder Gabel auf hauchdünnen Birnenscheiben schön bzw. blütenförmig anrichten. Mit Birnenscheiben, Walnüssen oder Trauben dekorieren. Apfel- und/oder Birnenchips extra dazu reichen.

TIPPS:

- Besonders hübsch sieht der passierte blaugrüne Käse auf Birnenscheiben aus, die zuvor in Rotwein pochiert wurden.
- Der passierte Käse kann auch auf getoastetem Schwarzbrot oder Birnen-bzw. Apfelchips angerichtet werden.
- Wenn man den Käse vor dem Passieren mit etwas Butter durchmischt, wird der rezente Edelpilzschimmelgeschmack etwas gemildert.

ZUTATEN

250 g gemischter
steirischer Edelschim-
melkäse nach Wahl
(z. B. Österkron, etc.,
wobei auch Reste und
Abschnitte verwendet
werden können)
2–3 bissfeste Birnen, in
Scheiben geschnitten
Walnüsse, Trauben
sowie Apfel- und/oder
Birnenchips (Apfelchips
s. S. 39)
für die Garnitur
nach Belieben

Frischkäsesulz mit Trauben

500 g Frischkäse
(Gervais, Rollino oder
Topfen usw.)
250 ml Schwartenfond
(s. S. 21) oder
ersatzweise
250 ml Suppe und
6–8 Blatt Gelatine
350 g Trauben, grün
und blau, entkernt
und halbiert
Salz, weißer Pfeffer
Balsamicoessig und
Nussöl
kleiner Salat als Beilage
Öl für die Form

ZUBEREITUNG

Schwartenfond leicht erwärmen oder eingeweichte, ausgedrückte Gelatine in der erwärmten Suppe auflösen. Frischkäse einmengen und glatt rühren. (Nicht kochen, da der Frischkäse dadurch flockig wird!) Entkernte Trauben untermengen. Mit Salz, weißem Pfeffer, Nussöl und Balsamicoessig kräftig abschmecken. Masse in eine geölte und mit Klarsichtfolie ausgelegte Form füllen und über Nacht kalt stellen. Mit einem Elektromesser in Scheiben schneiden und mit einem kleinen Salat anrichten.

TIPPS

- Variieren Sie dieses Rezept mit unterschiedlichen Einlagen: Geeignet sind Kren und Schinken, Keime und Sprossen, Spargel (weiß und grün) oder abgezogene, entkernte und würfelig geschnittene Paradeiser mit Kräutern wie Basilikum, Kerbel, Bärlauch usw.
- Verschönern Sie Ihre Terrine durch einen Geleemantel. Dafür die Grundmasse in eine kleinere Form gießen (vorher mit Karton bzw. Klarsichtfolie auslegen) und nach dem Stocken aus der Form nehmen. Eine größere, geölte Form mit Klarsichtfolie auslegen. Diese Form mit ca. 125 ml leicht abgekühlter Schwartensulz oder flüssigem Kräutergelee füllen, die kalte Terrine einlegen und nach abermaligem Stocken nochmals mit ca. 125 ml Gelee begießen und kalt stellen.

G'sottn, 'presst, aufbaht

Ennstaler Steirerkas – Das Jausenwunder aus Gröbming

Gröbming im Ennstal ist einer jener Orte, wo man wochentags die Dorfältes-
ten in der Krachledernen noch im Wirtshaus dabei beobachten kann, wie sie
mit dem Taschenfeitel bedächtig ihre Vormittagsjause zersäbeln. Sie verlangen
von der Wirtin einen „Steirerkas" – und erhalten statt des üblichen, eher dem
Glundner Käse ähnelnden Kochkäses prompt einen faustgroßen Klumpen, der
auf den ersten Blick aussieht, als wäre er aus Granit gehauen. Dass es mit dem
Härtegrad des groben Klotzes nicht ganz so schlimm sein kann, bemerkt man
spätestens dann, wenn der Jausnende mit breiten Fingernägeln so lange daran
ritzt und schabt, bis der Käsekoloss bröckelt – und zwar traditionsgemäß auf
das mit vollgelber Bauernbutter zentimeterdick bestrichene Bauernbrot.

„Diesen Kas", das weiß hier jeder Einheimische, „den gibt's nur im Ennstal,
sonst mag man ihn nirgendst." Das hatte schon der Vater des steirischen
Heimatdichters Karl Gottfried von Leitner feststellen müssen, der 1792 über
seine Erfahrungen berichtete: „Man reichte mir ein Stück des besten Käses,
welcher schon mehrere Monate alt war; er hatte ein sehr widerliches Aussehen
und einen herben Geschmack, war aber dabei sehr mürbe."

Ein echter „Steirerkaskeller" sieht auch noch aus wie eine archäologische
Ausgrabungsstätte, nur dass die vielen „Säulenfundamente" nicht aus Stein
bestehen, sondern aus Topfen, der sich nach dem Erhitzen auf 70 Grad Celsi-
us und dem Pressen in zylindrische 2-kg-Behältnisse zu klumpig-marmorierter
Konsistenz verfestigt hat. Der Ennstaler Steirerkas zählt zur Gruppe der Sau-
ermilchkäse, jener Käse also, die aus der Topfenproduktion weiterentwickelt
werden, in deren Verlauf die Milch durch Säurebakterien dickgelegt und durch
Erwärmung schließlich in Topfen und Molke getrennt wird. Der so entstandene Käsebruch wird in Leinensäcken ausgepresst und bei Zimmertemperatur in
Holzbottichen oder Schüsseln ausgelegt, bis er glasig wird. In diesem Stadium
wird die Masse – je nach regionaler Rezeptur – mit verschiedenen Gewürzen
versetzt, in einer Kupfer- oder Gusseisenpfanne erhitzt und in irdene Schüsseln
abgefüllt.

Je nachdem, wo er hergestellt wird, mundet der Steirerkas immer anders: einmal hart und bröselig – „griaselig", wie man auch sagt –, dann wieder eher
topfig, ein drittes Mal speckig und glitschig. Was gleich bleibt, ist lediglich die
Qualität der in heißem Fett ausgebackenen „roggenen Krapfen" (das Rezept
finden Sie unter „Rogg'nkrapfen" auf S. 77), mit denen sich der Steirerkas besonders gut verträgt und die man nach dem Abbröseln des Käses zu einer Rolle formt, in die man herzhaft hineinbeißt.

Gleich bleibt schon seit Jahrhunderten auch die Abfolge, nach welcher der
Ennstaler Steirerkas auch ohne jedes Molkereilehrbuch für jedermann herzustellen ist. „G'sottn, 'presst, aufbaht", so lautet das Grundprinzip nach einem
alten Sprichwort: gekocht, gepresst und gesäuert. So einfach ist das.

VOM TELLERFLEISCH BIS ZUR KLACHLSUPP'N

*Das Beste aus dem
steirischen Suppentopf*

KLEINE SUPPENKUNDE

Klare Suppen

Knochensuppe

- Wässern Sie alle Grundprodukte, die Sie führ Ihre Suppe verwenden wollen, gut aus oder blanchieren Sie sie vor. Dazu werden die Knochen und Fleischabschnitte (Parüren) kurz aufgekocht und kalt abgespült. Fügen Sie dann Wurzelgemüse wie Karotten, gelbe Rüben, Sellerie, Petersilienwurzeln und -stängel und (möglichst das Weiße vom) Porree hinzu. Verwenden Sie aber nicht zu viel davon, weil die Suppe sonst zu „gemüsig" wird. Zuletzt kommen noch Zwiebeln und Zwiebelschalen (wegen der Farbe) sowie Kräuter und Gewürze dazu. Geeignet sind vor allem Lorbeer und Liebstöckel, nehmen Sie aber auch davon nicht zu viel. Bedecken Sie nun alles knapp mit kaltem Wasser, lassen Sie kurz aufkochen, salzen Sie behutsam und lassen Sie die Suppe dann sanft weiterköcheln.
- Stammt die Knochensuppe vom Lamm, würzen Sie zusätzlich mit Knoblauch, Majoran und Thymian.
- Stammt die Knochensuppe vom Wild, würzen Sie zusätzlich mit Wacholder, Thymian, Rosmarin und, je nach Geschmack, auch mit Koriander, Nelken und Orangenzeste.
- Stammt die Knochensuppe vom Kalb, würzen Sie zusätzlich mit Salbei.
- Soll die Knochensuppe eine dunklere Farbe annehmen, so rösten Sie Knochen und Abschnitte zunächst gemeinsam mit Zwiebeln und Gemüse in Fett an, gießen Sie das Fett weg und stellen Sie die Suppe erst jetzt mit kaltem Wasser auf.
- Gießen Sie klare Suppen immer mit kaltem Wasser auf und schäumen bzw. fetten Sie diese öfters ab. Klare Suppen sollten nie lange aufkochen und vor allem nicht zugedeckt werden, da die Suppe sonst leicht trüb wird.

Fleischsuppe

Bereiten Sie nach dem obigen Rezept eine Knochensuppe zu, lassen Sie diese erkalten, seihen Sie die Suppe ab und setzen Sie diese noch einmal mit Fleischstücken bzw. Suppenfleisch an. Wurzelgemüse, Kräuter und Gewürze jetzt nur noch nach Bedarf und eher sparsam zugeben!

Statt Knochensuppe kann man auch Geflügelsuppe aus Hühnerkarkassen und Geflügelklein oder einem ganzen Suppenhuhn herstellen. In diesem Fall sind die idealen Zutaten Karotten, Sellerie, Petersilie, Porree, Zwiebeln, Lorbeer, Majoran, Thymian, etwas Salz, Pfeffer und Muskat.

Wenn Sie Ihr Suppenfleisch saftig genießen wollen, so wählen Sie bitte auch entsprechend durchwachsene und gallertige (flachsige) Teile wie Schulterspitz oder Beinfleisch aus und köcheln Sie es langsam in der heißen Knochensuppe. Mageres Fleisch (z. B. Weißscherzl oder Tafelspitz ohne Fettrand) schmeckt immer trocken, egal, ob es in heiße oder kalte Suppe eingelegt wurde.

Verwenden Sie für Fleischsuppen keine Suppenwürfel oder Streuwürzen, da dies den Geschmack verfälschen und dem Fleisch, ebenso wie eine „Überdosis Sellerie", eine unerwünschte Rottönung verleihen kann. Zu viel Porree oder Selleriegrün färben die Suppe grün ein, zu viel Karotte macht die Suppe süß.

Wenn Sie keine vorbereitete Knochensuppe zur Verfügung haben, so können Sie selbstverständlich Knochen und Suppenfleisch – wie oben beschrieben – gemeinsam aufstellen.

Kraftsuppe

Für diese in der Küchensprache auch Consommé genannte Suppe setzen Sie die abgeseihte kalte Fleischsuppe mit Klärfleisch auf, das aus rohem, magerem, faschiertem Rindfleisch und etwas mitfaschiertem Wurzelgemüse sowie Eiklar besteht und mit ein wenig Salz und Wasser zu einem dicken Brei verrührt wird. Auch die Kraftsuppe wird kalt zugestellt und langsam bis zum Siedepunkt erhitzt, sollte aber nicht kochen. Danach wird sie durch ein nasses Etamin abgeseiht. Erkaltete Kraftsuppe geliert.

Doppelte Kraftsuppe

Um eine so genannte Consommé double oder Essenz zu erhalten, kochen Sie die Kraftsuppe nochmals auf die halbe Menge ein. Wichtig ist es in diesem Fall, möglichst wenig oder gar kein Salz zu verwenden, weil die Suppe sonst zu konzentriert gerät.

Steirische Selchsuppe

Die Verwendung des Kochsuds, der beim Selchfleischkochen entsteht, als Suppe ist in bäuerlichen Gegenden der Steiermark noch heute weit verbreitet und bietet eine Fülle von Variationen:

Eingesprudelte Selchsuppe: 60 g Mehl in etwas Wasser abrühren und in die kochende Selchsuppe sprudeln.

Selchsuppe mit Schwarzbrot: Feine Schwarzbrotschnitze einstreuen. Weit verbreitete Sonntagssuppe.

Selchsuppe mit Allerlei: Übrig gebliebene Beilagen von Fleischspeisen wie Knödel, Nocken, Nudeln und Kochstrudel mit Selchsud löffelweise essen.

Selchsuppe mit Gerstbrein: Gerstbrein (neuerdings Rollgerste) im Sud verkochen.

Selchsuppe mit Farferln (Reibgerstl): Aus Ei, etwas Milch bzw. Wasser und Mehl einen sehr festen Teig bereiten, salzen und antrocknen lassen. Durch ein Reibeisen in die Suppe geben und einige Minuten kochen lassen.

Eingetropfte Selchsuppe: Verschlagene Eier mit Mehl zu einem tropffähigen Teig mischen und in die wallende Suppe einkochen. Eignet sich auch als Einlage für andere klaren Suppen.

Steirischer Suppentopf

Aus blanchierten bzw. überbrühten und abgeschreckten Rinds- oder Kalbsknochen mit frischem, kaltem Wasser, Wurzelgemüse sowie Zwiebelschalen eine Grundsuppe ansetzen, Lammstelze, Rindfleisch, Kalbs- oder Schweineschulter und Züngerl gut waschen, in die heiße

Suppe einlegen. Mit Lorbeer, Petersilie, Majoran, Thymian und evtl. etwas Knoblauch würzen. Ca. 3–4 Stunden auf kleiner Flamme ziehen lassen. Wenn die Fleischstücke weich werden, Hühnerkeulen einlegen und noch ca. eine halbe Stunde ziehen lassen. Sobald die Fleischstücke weich sind, in kaltem Wasser abschrecken bzw. abkühlen lassen. Suppe abseihen und kurz vor dem Anrichten gut abschmecken, mit vorgekochtem Gemüse nach Saison und Gusto (in Eiswasser abgeschreckt – für eine schönere Farbe!) kurz erwärmen. Fleischstücke in kaltem Zustand aufschneiden und extra oder im Suppentopf erwärmen. Mit reichlich Schnittlauch bestreuen und servieren. Neben dem im Ganzen oder aufgeschnitten mitservierten Fleisch eignen sich als zusätzliche Einlage Karotten, Sellerie, Zwiebeln (weiß und rot), Porree, Kohl, Kohlsprossen, Paprika (bunt), Bohnschoten, Kohlrabi, Karfiol, Brokkoli, Zucchini, Erdäpfel, aber auch Nudeln und Getreide (Gerste, Reis).

Tellerfleisch

Es handelt sich dabei um eine kräftige Rindfleischsuppe, die mit Rindfleischstücken bzw. -scheiben, Suppengemüse und feinen Suppennudeln oder Markknochen und gebähtem (geröstetem) Schwarzbrot serviert wird. In Wien ein Bestandteil des klassischen Gabelfrühstücks, in der Steiermark vor allem eine klassische Totenzehrung.

Andere klare Suppen

Für klare Suppen aus Pilzen, Kräutern oder Gemüse dient als Grundsuppe immer eine gute Fleischsuppe, am besten von Kalb oder Huhn. Jede dieser Suppen kann durch Zugabe einer größeren Menge Fleischknochen oder Fleisch (am besten faschiert bzw. gehackt) verbessert und noch kräftiger gemacht werden.

Hacken Sie die frischen Kräuter für Kräutersuppen nicht allzu fein und geben Sie diese erst kurz vor dem Anrichten in die Suppe. Mitgekochte Kräuter haben eine hässliche braune Farbe und müssen vor dem Servieren abgeseiht werden,

Bei der Zubereitung einer klaren Fischsuppe dürfen die Abschnitte (Kopf und Gräten) im Gegensatz zu den Knochen nicht überbrüht werden. Sie werden entweder kalt zugestellt oder in Butter bzw. Öl angedünstet und anschließend mit kaltem Wasser aufgegossen. Dann aufkochen und nur ca. 30 Minuten köcheln lassen, durch ein nasses, vorher heiß durchgewaschenes Küchentuch abseihen und dann bis zur gewünschten Stärke einkochen lassen.

Gebundene Suppen

Einmach- und Einbrennsuppe

Bräunen Sie, um eine gute Einmachsuppe herzustellen, zunächst etwas Butter leicht an und lassen Sie darin Mehl ohne Farbe anlaufen. Gießen Sie sodann mit kräftiger kalter Fleischsuppe und eventuell einem Schuss Milch auf, lassen Sie die Suppe gut durchkochen, mixen Sie diese mit dem Stabmixer einmal auf und vollenden Sie die Suppe mit der gewünschten Einlage.

Wenn Sie statt Butter Schmalz oder Öl verwenden und das Mehl hell- bis nussbraun anrösten, so wird aus der Einmach- eine Einbrennsuppe, die allerdings keine Milch verträgt.

Verwenden Sie für Einmach- oder Einbrennsuppen stets mehr Fett als Mehl (bewährt hat sich das Verhältnis 2:1). Um eine schöne Bindung zu erhalten, reichen für 1 Liter Suppe ein gehäufter Esslöffel Mehl (ca. 40 g) auf 2 Esslöffel Butter (ca. 60–80 g).

Samtsuppe

Wenn Sie eine Einmachsuppe mit Obers verfeinern und mit Eidotter legieren, so wird daraus eine samtige „Velouté". Sobald die Dotter-Obers-Legierung eingerührt ist, darf die Suppe keinesfalls mehr aufkochen!

Suppen, die nur mit Obers oder Crème fraîche zubereitet werden, können Sie indessen problemlos aufkochen lassen. Sauerrahm muss allerdings zuvor unbedingt mit etwas Mehl verrührt werden, da er sonst ausflockt.

Cremesuppe

Durch Zugabe von Obers und etwas Butter können Einmachsuppen noch feiner und cremiger gemacht werden.

Püreesuppen

Eine besonders gesunde und zeitgemäße Form der Suppenbindung ist jene durch gekochtes Gemüse. Aus geschmacklichen Gründen sollte man dafür möglichst nur eine Sorte (z. B. mehlige Erdäpfel oder Karfiol) verwenden.

Obers, Butter oder Mehlbutter machen die Püreesuppe noch sämiger.

Aufmixen von Suppen

Gebundene Suppen, Püree- oder Rahmsuppen werden durch Aufmixen luftiger und leichter. Es empfiehlt sich jedoch, nur eine Grundzutat (Gemüse oder Kräuter) zu mixen und den Rest zerkleinert als Einlage in die gebundene Suppe zu geben.

Tellerfleisch

KLARE SUPPEN

Klare Rindsuppe
Die typische Suppe des Grazer Bürgerhauses und des Offiziershaushalts

ZUTATEN

500 g Rindsknochen und Abschnitte (Parüren), nach Möglichkeit rote Fleischknochen und evtl. 1–2 Markknochen
200 g Suppengemüse (Karotten, Petersilienwurzel, Porree, Sellerie), geschnitten
1 Zweig Liebstöckl
2 Lorbeerblätter, evtl. Petersilstängel
Zwiebelschalen für eine schöne Farbe
2–3 l Wasser, wenig Salz
1 kg Rindfleisch im Ganzen, nicht zu mager (oder mehr Fleischknochen, wenn z. B. kein gekochtes Rindfleisch benötigt wird)

ZUBEREITUNG

Rindsknochen zuerst in kochendes Wasser geben, einmal aufkochen lassen und anschließend abseihen. Die überbrühten bzw. blanchierten Rindsknochen kalt abwaschen und mit frischem, kaltem Wasser zustellen. Suppengemüse sowie Gewürze sparsam beigeben und einmal kurz aufkochen lassen, Hitze reduzieren und das Rindfleisch einlegen. Nun etwa 3–4 Stunden – ohne Deckel – bei sanfter Hitze gemächlich weich kochen. Zwischendurch den sich bildenden Schaum sowie das Fett abschöpfen und bei Bedarf etwas kaltes Wasser nachgießen, so dass die Knochen und das Fleisch immer knapp bedeckt sind. Sobald das Rindfleisch weich gekocht ist, am besten in kaltem Wasser abschrecken bzw. abkühlen, damit es nicht austrocknen kann. Die Suppe abseihen und nach Belieben noch etwas einkochen lassen, wodurch sie noch kräftiger schmeckt. Bei Bedarf das kalte Fleisch portionieren, in die kräftig gewürzte und sehr heiße Rindsuppe ca. 5 Minuten einlegen und in der heißen Suppe auftragen. Wird das Fleisch nicht mitserviert, so kann es für Sulzen und Salate verwendet werden.

TIPPS

- Ob das Fleisch wirklich schon schön weich ist, überprüfen Sie am besten mit der Nadelprobe (beim Anstechen mit einem Spießchen muss sich das Fleisch weich anfühlen und nahezu von alleine wieder vom Spießchen gleiten). In einzelnen Fällen kann die Garungszeit auch kürzer, aber auch länger dauern.
- Als Einlage eignen sich diverse Knöderln, Nockerln, mit Mehl verquirlte Milch oder verquirlte Eier. Servieren Sie die Suppe mit reichlich Schnittlauch oder Petersilie bestreut.
- In besseren altsteirischen Bürgerhäusern wurde das Gemüse vor der Verwendung mit etwas Rindsleber in Schmalz angeröstet, was Geschmack und Farbe der Suppe intensivierte.

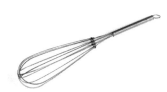

Suppeneinlagen
Von Heidenbrein bis Leberreis

Was wäre die beste und kraftvollste klare Suppe ohne eine entsprechende Einlage? Lassen Sie einfach Ihrer Phantasie freien Lauf! Ein paar Ideen gefällig?

- *Gemüsewürfel, -streifen oder -röschen aus Karotten, Kohlrabi, Sellerie, Paradeisern, Porree, Kohl, Karfiol, Erbsen u. v. m.*
- *Reis oder Getreide wie Rollgerste, Buchweizen (Heidenbrein), Maiskörner oder Dinkel*
- *Teigwaren wie etwa Nudeln, Sternchen, Hörnchen, Reibteig (Tarhonya)*
- *Markscheiben (kalt gewässert und sanft gekocht)*
- *Kochsalatstreifen und frische Kräuter*
- *Geriebener Käse (Hartkäse) auf Toastbrot (Croutons)*
- *Pilze oder Champignons*
- *Eierflocken (versprudelte ganze Eier abseihen und in heiße Suppe rühren)*
- *Pavesen (Semmelscheiben, in mit Reibkäse versprudeltem Ei gewälzt und in Butter oder Fett ausgebacken)*

Grießnockerln

ZUBEREITUNG

Die Butter schaumig rühren und Ei sowie Grieß zugeben. Mit Salz sowie Muskatnuss abschmecken und kurz anziehen lassen. Mit einem Esslöffel aus der Masse Nockerln stechen und in heißem Wasser oder Suppe sanft gar ziehen lassen.

TIPP: Statt mit Grieß kann man diese Nockerln auch mit Polenta (Maisgrieß) zubereiten. Polentanockerln müssen allerdings wesentlich länger ziehen und auch garen (jeweils ca. 30–45 Minuten).

ZUTATEN
60 g Butter
1 (ca. 60 g) Ei
120 g Grieß
Salz
Muskatnuss

Fleischnockerln
Grundrezept für Nockerlfarce

ZUBEREITUNG

Das leicht angefrorene faschierte Fleisch mit dem Ei, gut gekühltem Obers, Salz und Kräutern vermengen und in der ebenfalls gekühlten Küchenmaschine cuttern. Nochmals abschmecken und Farce nach Belieben – etwa als Fülle für diverse Strudel (Lungen- oder Fleischstrudel) oder Nockerln – weiterverwenden. Wird die Farce für Nockerln verwendet, so ist es ratsam, zuerst ein „Probenockerl" zu kochen und die Konsistenz bei Bedarf zu korrigieren.

TIPP: Die Fleischfarce kann auch durch beliebige Gemüsewürfel (Karotten, Kohlrabi etc.) verfeinert werden.

ZUTATEN
200 g Faschiertes, leicht angefroren
1 Ei
ca. 125 ml Schlagobers
Salz und Kräuter nach Belieben

Leberknödel (Lebernockerln)

ZUTATEN
1 Semmel
2 EL Schmalz oder
Nierenfett
100 g Zwiebeln,
grob geschnitten
Petersilie, grob gehackt
200 g Rindsleber,
blättrig geschnitten
1 Ei
Salz, Pfeffer, Majoran
evtl. etwas Knoblauch
Semmelbrösel
Wasser oder Milch
zum Einweichen

ZUBEREITUNG

Semmel in Wasser oder Milch einweichen und ausdrücken. Zwiebeln in Schmalz kurz anrösten, wieder abkühlen lassen und mit Leber, Semmel sowie Petersilie vermengen. Alles fein faschieren. Ei einrühren und mit Salz, Pfeffer, Majoran sowie eventuell etwas Knoblauch kräftig abschmecken. Abschließend so viel Semmelbrösel zugeben, dass eine mittelfeste Masse entsteht. Mit nassen Händen gleichmäßige Knödel formen. Knödel in kochende Suppe oder leicht gesalzenes Wasser einlegen und ca. 10 Minuten köcheln, anschließend ca. 5 Minuten ziehen lassen.

VERWENDUNG: Zu etwas größeren Knödeln geformt, geben die Leberknödel – etwa in Begleitung von Kraut – auch ein g'schmackiges Zwischengericht oder eine feine Beilage ab.

TIPPS
■ Lebernockerln werden nach demselben Rezept hergestellt, allerdings zu kleinen Nockerln geformt.
■ In manchen Gegenden werden die Leberknödel in Fett herausgebacken.

Schinken-Schöberl

**ZUTATEN
für 10 Portionen**
3 Eiklar
3 Eidotter
100 g Mehl
50–80 g Schinken,
kleinwürfelig
geschnitten
Salz
Kräuter nach Belieben
(Schnittlauch, Petersilie),
fein gehackt
Butter und Mehl
für die Form

ZUBEREITUNG

Eiklar mit einer Prise Salz zu Schnee schlagen. Dotter und Mehl vorsichtig einrühren. Mit Salz und Kräutern mild abschmecken. Abschließend Schinkenwürfel vorsichtig unterheben. Eine passende Form mit Butter ausstreichen und mit Mehl ausstreuen oder mit Backpapier auslegen. Masse fingerdick auftragen und im vorgeheizten Rohr bei 220 °C ca. 8–10 Minuten wie Biskuit backen. Leicht erkalten lassen, stürzen und in Würfel oder Karos schneiden.

Saure Suppe

*In der alten Steiermark gab es die Morgensuppe aus Sauer- oder
Buttermilch – quer durch alle Stände – noch vor Kaffee und Kakao.
In ärmeren Landstrichen kam die Saure Suppe, da praktisch und
preisgünstig, bis zu dreimal täglich auf den Tisch.*

ZUTATEN
250 ml Wasser
Salz und Kümmel
500 ml saure Milch
oder Buttermilch
20 g Mehl
100 g altbackenes
Schwarzbrot,
zerkleinert

ZUBEREITUNG

Wasser mit Salz und reichlich Kümmel aufkochen. Saure Milch bzw. Buttermilch mit Mehl im Wasser verquirlen und erhitzen. Brot entweder in Tellern
portionsweise anrichten und die Suppe darüber gießen oder die Suppe in
Tellern anrichten, mit etwas Brot bestreuen und das restliche Brot getrennt
servieren. Das restliche Brot wird erst bei Tisch nach und nach eingestreut.

TIPP: Früher wurden diese Suppen auf Bauernhöfen aus nicht verkäuflichen
Rückständen der Milchverarbeitung zubereitet. In manchen Gegenden wird
statt Mehl auch dunkles Roggenmehl verwendet

Schottsupp'n

*Der Fasttags-Klassiker wurde früher auch als Krankenkost,
aber immer mit Brennsterz serviert.*

ZUTATEN
für 6 Portionen
1 l Wasser
250 g Schotten
(siehe Tipp)
125 g Sauerrahm
Salz und Kümmel
etwas Mehl

ZUBEREITUNG

Das Wasser mit Salz und Kümmel aufkochen. Sauerrahm mit Schotten,
etwas Wasser und Mehl glatt rühren und in das kochende Salzwasser einschlagen. Kurz durchkochen lassen und in heißen Tellern anrichten.

TIPP: Schotten entsteht durch das Erhitzen von Buttermilch, die nach dem
kurzen Aufwallen in einem Tuch oder feinem Sieb abtropfen muss. Kann,
falls nicht erhältlich, auch durch Magertopfen ersetzt werden.

Saure Rahmsupp'n

Ein Klassiker aus dem Ausseerland zur Zeit Erzherzog Johanns

ZUTATEN
250 ml Wasser
Salz und Kümmel
750 ml Sauerrahm
2 EL Mehl
Brotschnitten

ZUBEREITUNG

Das Wasser mit Salz und Kümmel aufkochen. Sauerrahm mit wenig Wasser
und Mehl glatt rühren und in das kochende Salzwasser einschlagen. Kurz
durchkochen. Die Brotschnitten nach Belieben im Backrohr knusprig auf-
bähen oder ungebäht zur Suppe reichen.

TIPP: Diese Suppe kann auch mit saurer Milch anstatt mit Wasser zubereitet werden. *Foto auf Seite 38*

Saure Rahmsupp'n

Käsecremesuppe

ZUTATEN
60–80 g Butter
40 g Mehl
ca. 60 ml Weißwein
500 ml Suppe
(Kalbs- oder Rindsuppe)
250 ml Schlagobers
120–150 g Käse
(Reibkäse, Edelschimmel-
käse oder Schmelzkäse)
Salz, weißer Pfeffer
aus der Mühle und
evtl. Muskatnuss
geröstete Brotscheiben
als Einlage

ZUBEREITUNG
Butter leicht bräunen und mit Mehl ohne Farbe anlaufen lassen. Mit Weiß-wein ablöschen, mit kräftiger kalter Fleischsuppe und Obers aufgießen. Gut durchkochen lassen. Mit dem Stabmixer aufmixen und geriebenen Käse einrühren. Mit Salz, Pfeffer und Muskatnuss abschmecken. In heiße Suppentassen füllen und mit gerösteten Brotscheiben servieren.

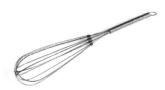

Dolce-Bianca-Süppchen
mit Apfelchips

ZUBEREITUNG

Butter aufschäumen bzw. leicht bräunen, Mehl einrühren, mit Weißwein ablöschen und mit Suppe und Obers aufgießen. Kurz durchkochen. Dolce Bianca klein schneiden und kurz mitkochen. Im Turmmixer aufschäumen (die Suppe sollte nicht zu dick sein, bei Bedarf evtl. mit etwas Suppe verdünnen). Suppe mit Apfelbalsamessig, Salz sowie Pfeffer abschmecken und in heißen, kleinen Mokkatässchen anrichten. Apfelchips extra servieren.

Für die Apfelchips einen ungeschälten Apfel mit der Aufschnittmaschine ganz dünn schneiden und auf einem mit Küchenpapier ausgelegten Gitterrost im auf ca. 90 °C vorgeheizten Backrohr bei leicht geöffneter Tür trocknen lassen, bis die Chips knusprig sind.

TIPP: Der Dolce Bianca ist ein steirischer Weichkäse mit Doppelschimmel-Reifung, d. h. im Inneren mit Blauschimmel, an der Oberfläche mit Weißschimmel.

ZUTATEN
für ca. 6 Mokkatassen
20 g Butter
10 g Mehl, glatt
4 cl Weißwein, trocken
500 ml Suppe (milder Kalbs- oder Gemüsefond)
125 ml Schlagobers
120 g Dolce Bianca (ersatzweise Weiß- und Blauschimmelkäse gemischt)
2 cl Apfelbalsamessig
Salz, weißer Pfeffer aus der Mühle
Apfel, ungeschält

BROT- UND MEHLSUPPEN

Einbrennsuppe

ZUTATEN
60 g Schweineschmalz
oder Öl
40 g glattes Mehl
1 KL Knoblauch,
fein gehackt
1 KL Kümmel,
ganz oder gemahlen
evtl. etwas Majoran
2 Lorbeerblätter
Salz, weißer Pfeffer
aus der Mühle
1 l Suppe (Rind-, Schwein-
oder Selchsuppe)
Brot oder geröstete
Erdäpfel als Einlage

ZUBEREITUNG
Schmalz oder Öl erhitzen und das Mehl darin zu einer hellbraunen Einbrenn rösten. Fein geschnittenen Knoblauch zugeben und kurz durchrühren. Die etwas abgekühlte Einbrenn mit Suppe oder Wasser aufgießen. Gut durchkochen lassen und mit den restlichen Gewürzen abschmecken. Auf kleiner Flamme nochmals ca. 45 Minuten köcheln lassen. Abschmecken und mit Brot oder auch gerösteten Erdäpfeln servieren.

Eintropfsuppe

ZUTATEN
50 g Mehl
6 cl Milch
1 Eidotter
Salz
1 l Rind- oder Selchsuppe
Schnittlauch oder
Petersilie zum Garnieren

ZUBEREITUNG
Mehl mit Milch, Eidotter und einer Prise Salz zu einem dickflüssigen Teig verrühren. Teig ca. 30 Minuten rasten lassen und am besten aus einem „Schnabelhäferl" (Kännchen mit Ausgussschnabel) über eine Schneerute direkt in die kochende Suppe laufen lassen. Kurz aufkochen und mit Schnittlauch oder Petersilie garniert servieren.

Panadlsuppe

„Panade", auch „Bah" genannt, ist ein Semmel-, Brot- oder auch Mehlbrei, der früher gerne zur Soßenbindung verwendet wurde. Wegen ihrer kräftigenden Wirkung wurde die Panadlsuppe vor allem für Kranke und Rekonvaleszente, aber auch für Schwerstarbeiter zubereitet.

ZUTATEN
3 Semmeln (vom Vortag),
klein geschnitten
1 l Rind- oder Selchsuppe
1 Eidotter
evtl. etwas Schlagobers
Salz, Pfeffer, Muskatnuss
Schnittlauch, Petersilie
oder auch Liebstöckl,
gehackt

ZUBEREITUNG
Suppe aufkochen und Semmeln in der Suppe gut verkochen. Dabei mit der Schneerute kräftig verschlagen. Mit den Gewürzen und Kräutern gut abschmecken. Eidotter nach Belieben mit wenig Schlagobers verrühren und die Suppe damit binden, aber nicht mehr kochen. In heiße Suppenteller füllen und auftragen.

Altsteirische Fastensuppe

ZUBEREITUNG

Zunächst Rollgerste ca. 5–6 Stunden oder über Nacht einweichen und in leichtem Salzwasser mit Lorbeerblättern kernig weich kochen. Anschließend mit etwas heißem Wasser abspülen, damit die Rollgerste nicht zu klebrig ist. Zwiebeln fein schneiden, Erdäpfel schälen und kleinwürfelig schneiden oder grob raspeln.

Schmalz oder Öl erhitzen und das Mehl darin hellbraun rösten (Einbrenn). Fein geschnittene Zwiebeln zugeben und kurz mitrösten. Hitze reduzieren, Knoblauch zugeben und kurz durchrühren. In die etwas abgekühlte Einbrenn den Paprika einrühren, kurz anlaufen lassen und mit Suppe oder Wasser aufgießen. Gut durchkochen lassen und mit den restlichen Gewürzen abschmecken. Die weich gekochte Rollgerste und die rohen Erdäpfelwürfel zugeben. Alles zusammen auf kleiner Flamme nochmals ca. 45 Minuten köcheln lassen. Abschmecken und mit Brot servieren.

TIPP: Dieses Rezept eignet sich auch perfekt für größere Mengen. So wurden, als Willi Haider diese Suppe anlässlich des Familienfasttages 1999 im Grazer Landhaushof für einen guten Zweck kochte, in nur zwei Stunden 75 Liter Suppe gegessen!

ZUTATEN

50 g Schweineschmalz oder Öl
40 g glattes Mehl
50 g Zwiebeln
1 KL Knoblauch, fein gehackt
1 KL Paprikapulver, edelsüß
1 KL Kümmel, gemahlen
evtl. etwas Majoran
2 Lorbeerblätter
Salz, weißer Pfeffer aus der Mühle
1,25 l Suppe (oder Wasser und Suppenwürze)
40 g Rollgerste
120 g mehlige Erdäpfel
Brot als Beilage

GEMÜSE- UND KRÄUTERSUPPEN

Gemüsefond
Basisches Grundrezept

ZUTATEN

Abschnitte und Schalen (je nach Angebot) von Staudensellerie, Knollensellerie, Petersilwurzeln, Pastinaken, Zwiebeln, Lauch, Karotten, Gelben Rüben Lorbeerblatt Kümmel, Koriander und Fenchel

ZUBEREITUNG

Sämtliche Gemüseabschnitte und Schalen gut mit Wasser bedecken und mit den Gewürzen gemeinsam 1–2 Stunden köcheln lassen. Abseihen, aber nicht mehr einreduzieren, da der Fond sonst zu intensiv schmecken würde.

TIPP: Gemüsefond wird meist für die Zubereitung von Suppen, Soßen oder Getreidegerichten verwendet und darf daher nicht gesalzen werden, da der Geschmack sonst zu intensiv wäre.

Bärlauchsuppe

ZUTATEN

20–30 Bärlauchblätter, je nach Geschmackswunsch von zart bis kräftig 1 Erdapfel, mehlig 1 l Rind- oder Geflügelsuppe 250 ml Schlagobers Salz Bärlauchstreifen zum Garnieren

ZUBEREITUNG

Den Erdapfel kochen und schälen. Bärlauch waschen, abtropfen lassen und feinnudelig schneiden. Rindsuppe gemeinsam mit Schlagobers aufkochen und Bärlauchstreifen sowie Erdapfel hinzufügen. Mit dem Pürierstab oder am besten mit einem Turmmixer durchmixen.
Suppe mit Salz abschmecken. In Tassen oder Tellern anrichten und mit Bärlauchstreifen garniert servieren.

TIPP: Besonders fein schmeckt diese Suppe, wenn man frittierte Erdäpfelwürfel, geröstete Weißbrotcroûtons oder – in der Luxusvariante – wachsweich pochierte Wachteleier (3,10–3,20 Minuten gekocht) als Einlage dazu serviert.

Die Prato kannte keinen Bärlauch

Zumindest kommt der Bärlauch in den umfangreichen Registern der legendären steirischen Kochbuchautorin des 19. Jahrhunderts nicht vor.
Gekannt hat Katharina Prato den Bärlauch vermutlich schon. Aber vielleicht war er ihr zu gewöhnlich, zu selbstverständlich, vielleicht auch zu gefährlich. Immerhin vergeht auch heute, da jedermann den Bärlauch liebt und schätzt, kaum ein Jahr, in dem nicht ein Todesfall durch Verwechslungen auftritt. Also sicherheitshalber: Falls Sie in den Monaten zwischen März und Mai in Auwäldern Bärlauch oder Wilden Knoblauch pflücken, achten Sie darauf, dass die Blätter auch wirklich intensiv nach Knoblauch riechen. Dann nämlich gehören sie mit Sicherheit nicht zu – giftigen – Maiglöckchen.

Porree-Paradeisersuppe

ZUBEREITUNG

Das Helle vom Porree klein schneiden und mit den gehackten Paradeisern in etwas Butter andünsten. Mit Salz und – je nach Geschmack etwas – Zucker sowie frischem Basilikum aromatisieren. Mit Suppe sowie etwas Obers aufgießen und 30 Minuten langsam köcheln lassen. Porreestreifen kurz blanchieren (überbrühen). Suppe pürieren, abseihen und in vorgewärmten Tellern anrichten. Pochierte Porreestreifen sowie Paradeiserwürfel einstreuen und mit frischem Basilikum garnieren.

TIPP: Die Geschmacksnuancen dieser Suppe lassen sich sehr leicht durch die Gewichtung der einzelnen Zutaten variieren: Verwendet man mehr Porree, so schmeckt sie würziger, dominieren Dosenparadeiser, so gerät sie süßer, und frische Paradeiser mit Kernen lassen sie eher säuerlich werden.

ZUTATEN
250–300 g Porree
(nur den hellen Teil)
250–300 g Paradeiser,
klein geschnitten
(oder aus der Dose)
Butter zum Andünsten
Salz und etwas Zucker
frisches Basilikum
750 ml Suppe
Schuss Schlagobers
Porreestreifen und
Paradeiserwürfel
zum Garnieren

Spargelcremesuppe

ZUBEREITUNG

Spargel schälen, holzige Teile entfernen und nicht zu weich kochen. In Eiswasser kurz abschrecken (beseitigt Bitterstoffe) und klein schneiden, Spitzen für die Einlage weglegen.
Butter leicht bräunen (schmeckt besser), Mehl einrühren und mit Weißwein ablösen. Mit Spargelkochsud und Obers aufgießen. Aufkochen, die Spargelstücke einlegen und etwa 30 Minuten köcheln lassen. Suppe (am besten im Turmmixer) pürieren, abseihen und nochmals aufmixen. Mit Salz, Pfeffer, Muskatnuss und Kerbel gut abschmecken. Spargelköpfe einlegen und mit Kerbelzweigen garnieren.

TIPP: Für eine legierte Spargelsuppe wird ein Eidotter mit etwas Obers verrührt und sofort in die heiße Spargelsuppe eingerührt, aber nicht mehr aufgekocht, da sie sonst ausflockt. *Foto oben*

ZUTATEN
300 g Spargel
(Suppen- oder Bruch-
spargel), notfalls aus
der Dose
40 g Butter
20 g Mehl
2 cl Weißwein
750 ml Spargelkochsud
250 ml Schlagobers
Salz, weißer Pfeffer
aus der Mühle
Muskatnuss
frischer Kerbel

Petersilwurzel-Rahmsuppe

ZUTATEN

2 kleine Petersilwurzeln
mit Grün, geschält
1 Bund Petersilgrün
30 g Butter
750 ml Suppe
250 ml Schlagobers
Salz, weißer Pfeffer
aus der Mühle
evtl. 1 kl. gekochter
Erdapfel zum Binden
frische Petersilie
zum Aufmixen

ZUBEREITUNG

Klein geschnittene Petersilwurzeln und Petersilstängel in leicht gebräunter Butter andünsten. Mit Suppe und Obers aufgießen. Gut weich kochen und (am besten im Turmmixer) pürieren. Abseihen und mit Salz und frisch gemahlenem Pfeffer abschmecken. Vor dem Anrichten noch einmal mit frischer, grüner Petersilie aufmixen bzw. mit dem Stabmixer aufschäumen. Je nach Bedarf gekochten Erdapfel einmixen und die Suppe damit binden.

TIPP: Die Suppe kann zur Abwechslung auch mit fein geschnittener, frittierter Petersilwurzel und/oder frittierten Petersilblättern garniert werden. Besonders delikat schmeckt sie, wenn sie mit je einem wachsweich gekochten, vorsichtig geschälten Wachtelei (3,20 Minuten gekocht) dekoriert wird.

Pastinaken-Schaumsuppe

Ein Naturküchen-Rezept von Hansi Wöls in Etmissl

ZUTATEN

250 g geschälte Pastina-
ken, blättrig geschnitten
50 g Schalotten
20 g Butter
750 ml Gemüsefond
125 ml Schlagobers
Salz, weißer Pfeffer,
Zitronensaft
Schnittlauch zum
Garnieren
Wurzelgemüse für
die Gemüse-Chips

ZUBEREITUNG

In einem Topf Schalotten und Pastinaken mit Butter zugedeckt dünsten. Mit heißem Gemüsefond aufgießen. Pastinaken weich kochen und dann mit Obers im Mixer pürieren.

Mit Salz, Pfeffer und etwas Zitronensaft abschmecken. Mit dem Stabmixer aufschäumen. In vorgewärmten Tellern anrichten und mit Gemüse-Chips sowie Schnittlauch garnieren.

Für die Gemüse-Chips das Wurzelgemüse dünnblättrig schneiden (am besten mit der Brotschneidmaschine). Leicht salzen, Wasser ziehen lassen und mit Küchenkrepp trockentupfen. Im Rohr mit etwas geöffneter Tür bei 80 °C (evtl. Heißluft) ca. 1,5 Stunden trocknen lassen.

Wein-, Bier- oder Mostschaumsuppe
Mit Sternanis und Kletzenbrot-Zwieback

ZUBEREITUNG

Wein, Bier oder Most mit Zwiebeln, Lorbeerblättern und Sternanis auf ca. 125 ml einkochen lassen und abseihen. Suppe zugießen, Obers und Paradeisermark (gibt eine leicht rosa Färbung) einrühren und aufkochen. Mehlbutter einmengen und die Suppe damit binden, aufkochen und noch einige Minuten gut durchkochen. Mit Salz und etwas weißem Pfeffer sowie Sternanis oder Zimt würzig abschmecken. Im Turmmixer oder mit dem Stabmixer aufmixen und dabei nach Bedarf noch etwas kalte Butter einmixen. Mit knusprig getoasteten Brotwürfeln oder Kletzenbrot-Zwieback anrichten.

Für den Kletzenbrot-Zwieback das Kletzenbrot in dünne Scheiben schneiden und im Rohr bei ca. 70 °C langsam knusprig backen.

TIPPS

■ Wird Bier statt Wein verwendet, so eignet sich am besten kräftiges Altbier dafür. In diesem Fall sollte man auf die Beigabe von Paradeisermark verzichten und statt Sternanis etwas Zimt und Muskatnuss verwenden.

■ Bei Wein- und speziell Schilchersuppen ist zu beachten, dass die Suppe (am besten vom Kalb) möglichst kräftig schmecken sollte, da sonst der säuerliche Weinton zu stark dominieren würde.

■ Anstelle des Kletzenbrot-Zwiebacks schmecken auch mit Anis bestreute knusprige Blätterteigstangerl oder dünn aufgeschnittene „schwarze Nüsse" (eingelegte Walnüsse) äußerst raffiniert.

ZUTATEN

250 ml Weißwein, eher trocken und säuerlich (Riesling, Welschriesling, Schilcher usw.) oder ersatzweise 300 ml Most oder Bier (s. Tipp)
2 Lorbeerblätter
einige Zwiebelringe
1–2 Stk. Sternanis, grob zerdrückt
500 ml kräftige Rind-, Kalbs- oder Geflügelsuppe
200 ml Schlagobers
1 KL Paradeisermark
Salz, weißer Pfeffer
Sternanis oder Zimt, gemahlen
Mehlbutter (ca. 30 g flüssige Butter mit 20 g glattem Mehl verrührt)
kalte Butter nach Bedarf
Brotwürfel oder Kletzenbrotscheiben als Garnitur

Rote Rübensuppe

ZUBEREITUNG

Gekochte Rote Rüben klein schneiden und mit Suppe und etwas Obers kurz aufkochen.

Mit Essig, Kümmel und Salz abschmecken, pürieren und sofort in heißen Tellern anrichten, da sonst die schöne Farbe verloren geht. Geschlagenes Obers mit frisch geriebenem Kren vermengen. Mit einem Löffel Nockerln daraus formen und in die Suppe einlegen.

ZUTATEN

250 g gekochte Rote Rüben
1 l Rind- oder Kalbssuppe
80 ml Schlagobers
1 Spritzer Essig
Kümmel, Salz
geschlagenes Obers mit Kren vermengt

Zwiebelsuppe

750 g Zwiebeln
Butter zum Andünsten
200 ml Weißwein,
trocken
ca. 750 ml milde
Rind- oder Kalbssuppe
Salz, Pfeffer aus der
Mühle
1 Lorbeerblatt
etwas Knoblauch,
zerdrückt
Schuss Weißwein,
trocken

ZUBEREITUNG

Die geschälten Zwiebeln in nicht zu feine Scheiben schneiden und langsam in leicht gebräunter Butter andünsten, aber ohne sie richtig Farbe nehmen zu lassen. Mit Weißwein (nicht zu sparsam) ablöschen, Lorbeerblatt zugeben, alles gut einkochen lassen. Mit Suppe aufgießen und auf kleiner Flamme ca. 3–4 Stunden köcheln lassen, bis die Zwiebeln weich sind. Bei Bedarf nochmals Suppe oder Wasser nachgießen. Mit Salz, frisch gemahlenem Pfeffer, etwas Knoblauch und einem Schuss Weißwein würzen bzw. abschmecken.

TIPPS

■ Die Zwiebelsuppe muss mindestens drei Stunden langsam köcheln, damit sie den anfangs eher süßen Geschmack verliert und ihr typisches Aroma erhält.

■ Ganz nach persönlichem Geschmack können auch kleine getoastete Weißbrotscheiben großzügig mit geriebenem Käse bestreut (auch die Ecken gut bestreuen, sonst verbrennt das Brot!) und mit Paprikapulver gewürzt werden (für schnelle und gleichmäßige Farbe). Brot auf die Suppe legen und im Rohr auf mittlerer Schiene mit der Grillschlange goldgelb überbacken.

■ Vorsicht beim Servieren: Tasse und Suppe sind sehr heiß!

Kürbissuppe

(vom Muskat- oder Hokkaidokürbis)

ca. 400 g Kürbis
2–3 EL Butter
750 ml Kalbs- oder
Rindsuppe
250 ml Schlagobers
gemahlener Kümmel,
Dille
Salz und wenig Pfeffer
Dillzweig und einige
Tropfen Kernöl
Kürbiskerne zum
Garnieren

ZUBEREITUNG

Geschälten Kürbis ohne Kerne (siehe Tipp) in kleine Würfel schneiden und in leicht gebräunter Butter andünsten. Mit Suppe und Obers aufgießen, mit gemahlenem Kümmel, Dille, Salz und wenig Pfeffer abschmecken und ca. 20 Minuten köcheln lassen. Im Turmmixer pürieren und nach Belieben abseihen. Unmittelbar vor dem Anrichten mit dem Stabmixer aufmixen. Kürbiskerne in eine trockene, mittelheiße Pfanne geben. Leicht salzen, mit wenig Wasser bespritzen und langsam rösten, bis aus den flachen Kernen etwas bauchige Kerne werden (Knall wie bei Popcorn). Suppe in heiße Tassen füllen und mit Dillzweigen und einigen Tropfen Kernöl garnieren. Geröstete Kürbiskerne darüber streuen und auftragen.

TIPP: Ist die Kürbisschale schön mürbe und weich, so kann der Kürbis auch mit der Schale gekocht werden, um der Suppe eine besonders schöne Farbe zu verleihen.

Eingebrannte Erdäpfel-Schwammerlsuppe

Eines von Willi Haiders Lieblingsrezepten

ZUBEREITUNG

Pilze gut putzen und klein schneiden. Pilzabschnitte in der Suppe aus-kochen, abseihen und zum Aufgießen beiseite stellen. Schmalz oder Öl erhitzen und das Mehl darin zu einer hellbraunen Einbrenn rösten. Geschnittene Zwiebeln zugeben und kurz mitrösten. Hitze verringern und kurz durchrühren. Die etwas abgekühlte Einbrenn mit Suppe aufgießen. Gut durchkochen lassen und mit den restlichen Gewürzen abschmecken. Inzwischen die Schwammerln oder Pilze getrennt gut anrösten und dann in die Suppe geben. Die rohen Erdäpfel zugeben. Alles zusammen auf kleiner Flamme nochmals ca. 45 Minuten köcheln lassen. Vor dem Servieren nochmals abschmecken. Mit Heidensterz servieren.

ZUTATEN
für ca. 5 Portionen
50 g Schweineschmalz oder Öl
40 g glattes Mehl
50 g Zwiebeln, fein geschnitten
1 KL Kümmel, gemahlen
evtl. etwas Majoran
2 Lorbeerblätter
Salz, weißer Pfeffer aus der Mühle
1,25 l Suppe
250 g Eierschwammerln und/oder Pilze
120 g mehlige Erdäpfel, klein gewürfelt oder geraspelt
Heidensterz (s. S. 61) als Beilage

Kürbissuppe

Krautsuppe mit Debrezinern

Eine oststeirische Spezialität mit ungarischem Einschlag

ZUTATEN

für ca. 8 Portionen

400 g Weißkraut,
nicht zu fein geschnitten
100 g Schmalz
150 g Zwiebeln,
fein geschnitten
ca. 2 l Rind- oder
Kalbssuppe
Salz, Pfeffer aus
der Mühle
Kümmel (ganz)
1 EL Paprikapulver
2 Paar Debreziner für
die Einlage
Schnittlauch und
Sauerrahm zum
Garnieren

ZUBEREITUNG

Das nicht zu fein geschnittene Kraut einsalzen, mit Kümmel würzen, gut durchmischen und ca. 1 Stunde marinieren. Schmalz erhitzen und Zwiebeln darin anrösten. Kraut einmengen und leicht andünsten. Paprikapulver zugeben und gut durchrühren. Mit Suppe aufgießen und auf kleiner Flamme ca. 1 Stunde köcheln lassen. Debreziner klein schneiden und kurz mitköcheln. Mit Salz und Pfeffer abschmecken. Die Suppe in tiefen Tellern anrichten und mit etwas Sauerrahm sowie gehacktem Schnittlauch garnieren.

FISCHSUPPEN

Fischbeuschelsuppe
Das Beste vom Karpfen

ZUBEREITUNG

Das Wurzelwerk schälen (Schalen aufheben!) und fein reiben. Gräten, Fischkopf und Flossen in kaltem Wasser aufstellen. Wurzelwerk-Schalen beifügen, mit einem Schuss Essig, Lorbeerblatt, Pfefferkörnern und Piment würzen und 30 Minuten köcheln lassen. Abseihen. Währenddessen Fischbeuschel in Salzwasser kochen und abseihen. In einer Kasserolle Fett heiß werden lassen und den Würfelzucker darin schmelzen. Das geriebene Wurzelwerk darin gelb rösten, Zwiebeln beifügen und ziemlich dunkel bräunen. Nun das Mehl einrühren und weiterrösten. Mit Rotwein ablöschen, mit dem abgeseihten Fischsud aufgießen und 20 Minuten durchkochen. Das würfelig geschnittene, gekochte Fischbeuschel sowie den Fischrogen beifügen und kurz durchkochen. (Hat man keinen Rogen, so kann man ihn durch etwas Grieß, den man in Fett abröstet, ersetzen.) Sauerrahm mit wenig Wasser glatt rühren und unter die Suppe rühren. Mit Salz und Pfeffer abschmecken.

TIPPS

- Anstelle des Fischbeuschels kann auch klein geschnittenes Karpfenfleisch verwendet werden.
- Besonders gut schmeckt die Suppe mit gerösteten Brotwürfeln und Petersilie bestreut.

Fischeinmachsuppe mit Gemüse

ZUBEREITUNG

Butter in einer Kasserolle schmelzen, Mehl einrühren und hell anrösten. Mit Weißwein ablöschen und einmal kurz aufkochen. Mit Fischfond, Milch sowie Obers aufgießen. Mit Salz, Pfeffer, Lorbeer sowie Knoblauch zart abschmecken und 15 Minuten leicht köcheln lassen. Mit dem Stabmixer kurz aufschäumen. Vorgekochtes Gemüse sowie rohe, mundgerecht geschnittene Fischstücke zugeben und nochmals ca. 5 Minuten köcheln. In heißen Tellern oder Tassen anrichten und mit frischen Kräutern nach Wunsch dekorieren.

ZUTATEN
für 6 Portionen
100 g Fischbeuschel
(gut gereinigte
Innereien ohne Galle)
Kopf, Gräten und
Flossen von 1 Karpfen
20 g Fischrogen
(ersatzweise Grieß)
1,5 l Wasser
100 g Wurzelwerk
(Karotten, Sellerieknolle,
Petersilwurzel)
80 g Öl oder Schmalz
60 g Zwiebeln, fein
geschnitten
100 ml Rotwein
60 g Mehl, glatt
1 Lorbeerblatt
4 cl Sauerrahm
2 Stück Würfelzucker
Salz, Pfeffer aus der
Mühle
Pfeffer- und Neugewürz-
körner (= Piment)
Schuss Essig

ZUTATEN
40 g Butter
20 g glattes Mehl
125 ml trockener
Weißwein, mit einigen
Safranfäden eingekocht
500 ml Fischfond
bzw. Fischsuppe
250 ml Milch
125 ml Schlagobers
Salz, weißer Pfeffer
aus der Mühle
1 Lorbeerblatt
1 Knoblauchzehe,
zerdrückt
150 g Gemüse nach Wahl,
gekocht und geschnitten
150 g Fischfiletstücke
nach Wahl, roh,
ohne Gräten
Kerbel, Dille oder Basilikum zum Dekorieren

Räucherforellensuppe

ZUTATEN

1 Räucherforelle
(ersatzweise auch
anderer Räucherfisch)
1 EL Butter zum
Andünsten
evtl. etwas Weißwein
oder trockener Wermut
750 ml Fisch-, Selch-
oder Rindsuppe
125 ml Schlagobers
evtl. 1 kl. gekochter
Erdapfel zum Binden
Salz, weißer Pfeffer
aus der Mühle
Dille
2 Scheiben Toastbrot
2 EL Butter für die
Croûtons
2 Knoblauchzehen

ZUBEREITUNG

Gräten, Kopf und Haut der Räucherforelle in etwas Butter andünsten. Eventuell mit etwas Weißwein oder Wermut ablöschen, mit Suppe aufgießen und ca. 15 Minuten auskochen. Durch ein Spitzsieb abseihen, mit Obers auffüllen und (zum Binden) mit etwa zwei Dritteln des Forellenfilets (oder gekochten mehligen Erdäpfeln) gut und lange aufmixen. Nochmals abseihen und mit Salz, weißem Pfeffer und etwas Dille abschmecken. Restliches Forellenfilet klein schneiden. Suppe in heißen Tellern anrichten. Forellenfleisch und Knoblauchcroûtons zugeben und mit Dillzweiglein garnieren.

Für die Knoblauchcroûtons entrindetes frisches Toastbrot in kleine Würfel schneiden. In einer Pfanne Butter (nicht zu sparsam) leicht bräunen und grob geschnittenen Knoblauch sowie eine Prise Salz zugeben. Kurz aufschäumen lassen und die Brotwürfel zugeben. Langsam goldgelb und knusprig anrösten. Knoblauchscheiben entfernen und kurz vor dem Fertigwerden nochmals etwas Butter, etwas Salz sowie fein geschnittenen Knoblauch dazugeben. Kurz durchschwenken und vom Feuer nehmen.

TIPP: Ist die Suppe nicht sämig genug, so kann sie auch mit etwas Mehlbutter (2 Teile flüssige Butter mit 1 Teil glattem Mehl vermengt) gebunden werden.

Paprikaschaumsuppe mit Karpfennockerln oder -knödeln

ZUBEREITUNG

Zwiebeln in heißer Butter hell anschwitzen lassen. Paradeisermark einrühren und kurz mitrösten. Hitze verringern, Paprikapulver zugeben und gut durchrühren. Mehl einrühren und mit Fischfond oder Suppe aufgießen. Mit Salz, Pfeffer sowie mit der klein geschnittenen Knoblauchzehe abschmecken und ca. 10 Minuten kochen lassen.

Inzwischen Paprikaschoten vierteln, entkernen und in Salzwasser 2–3 Minuten kochen, kalt abschrecken und klein schneiden. Paprikawürfel in die Suppe geben und kurz mitkochen lassen. Am besten in einem Turmmixer oder mit einem Stabmixer aufmixen und dann abseihen (um die Paprikaschalen und eventuell vorhandene Kerne zu entfernen).

Wird die Suppe stärker mit Mehl gebunden, entsteht daraus eine Paprikasoße. Mit Karpfennockerln oder einfachen Karpfenknödeln servieren.

Für die Karpfenknödel zunächst das entgrätete Karpfenfilet fein faschieren. Mit Salz, eventuell etwas Wermut und fein gehackten Kräutern je nach Geschmack würzen und kalt stellen. Aus der kalten Masse kleine Knöderln oder Nockerln formen, in gesalzenes Wasser oder Fischfond einlegen und ca. 10 Minuten leicht köcheln lassen. Suppe oder Soße vor dem Servieren nochmals kurz aufschäumen, mit den abgetropften Karpfennockerln, den bunten Paprikawürfeln sowie je einem Dillzweiglein anrichten.

ZUTATEN

80 g Zwiebeln, fein geschnitten
50 g Butter
20 g Paradeisermark
1 KL Paprikapulver, edelsüß
10 g Mehl
1 l Fischfond oder Suppe
Salz, Pfeffer
1 Knoblauchzehe
2 rote Paprikaschoten
bunte Paprikawürfel sowie Dillzweig zum Garnieren

Für die Karpfenknödel

200 g Filet vom Karpfen
Salz
etwas Wermut
Dille oder Petersilie, gehackt

FLEISCH- UND GEFLÜGELSUPPEN

Breinsuppe „mit einem Hühnel"
Ein historisches Rezept für eine „komplette Mahlzeit"

ZUTATEN

für 4–6 Portionen
700 g Suppenhuhn
(etwa ein halbes)
120 g Heidenbrein (Buch-
weizen), gewaschen
1,5 l Wasser
80 g Wurzelwerk
(Karotten, Sellerie,
Petersilwurzel), blättrig
geschnitten
2 Blätter Lustock
(Liebstöckel oder
Maggikraut)
Petersilstängel
10 g Petersilie,
fein gehackt
Salz, Pfeffer

ZUBEREITUNG

Das Suppenhuhn mit Wasser aufstellen, einmal aufkochen lassen, den ersten Kochsud weggießen und neu zustellen. Nach einiger Zeit das Wurzelwerk, die Petersilstängel und den Lustock beifügen und ganz langsam weiterkochen. Sobald das Huhn weich ist, herausheben, kalt abschrecken, auslösen und Fleisch in nicht zu kleine Stücke schneiden. Den Kochsud abseihen und den Heidenbrein darin weich kochen. Die Hühnerstücke beifügen, mit Salz und Pfeffer abschmecken und mit Petersilie bestreut servieren.

Fürstenfelder Hühnereinmachsuppe

ZUTATEN

für 4–6 Portionen
500 g Hühnerklein
(Kragerl, Flügerl, Magerl,
Herzerl, Leber), in
nicht zu kleine Stücke
geschnitten
150 g Wurzelwerk
(Karotten, Petersilwurzel,
Sellerieknolle), geputzt
und in Scheiben oder
Würfel geschnitten
60 g Zwiebeln, grob-
würfelig geschnitten
40 g Mehl, glatt
60 g Butter oder Schmalz
1,5 l Wasser
Petersilie, grob gehackt
Zitronenschale, gerieben
Essig oder Zitronensaft
Muskatnuss
Salz, Pfeffer

ZUBEREITUNG

In einem Kochtopf Butter oder Schmalz erhitzen und zuerst das Hühner-klein (ohne Leber) anrösten. Nach einiger Zeit Wurzelwerk sowie Zwiebeln beifügen, weiterrösten und die gehackte Petersilie dazugeben. Sobald das Gemüse gleichmäßig braun ist, mit Mehl stauben und weiterrösten. Mit Wasser aufgießen, mit etwas Essig bzw. Zitronensaft aromatisieren und das Hühnerklein langsam weich kochen. Die in Stücke geschnittene Leber beifügen. Mit Salz, Pfeffer, Muskatnuss und Zitronenschale würzen und zu Tisch bringen.

Einbrennsuppe von der Gans
Ein Gaumenschmaus mit Gänsegrammel-Bröselknödeln

ZUBEREITUNG

Brustfilet auslösen. Brustknochen kurz überbrühen, in kaltem Wasser abschrecken, mit Wurzelgemüse sowie Zwiebel in 1,5 Liter kaltem Wasser zustellen. Mit Knoblauch, Salz und Lorbeerblatt würzen, aufkochen und Hitze zurückschalten. Ausgelöstes Brustfilet einlegen und ca. 1,5–2 Stunden weich kochen. Kurz abschrecken und die Haut abziehen. Suppe durch ein Sieb abseihen und das Fett abschöpfen (evtl. zum Anbraten für die Haut und für die Einbrenn verwenden).

Die gekochte Haut gut trockentupfen, klein schneiden und in etwas Gänseschmalz zu knusprigen Grammeln braten. Grammeln herausheben und trockentupfen. Fett abseihen. Brust und Gemüse in kleine Würfel schneiden oder durch eine Wiegepresse drücken. Schmalz (von den Grammeln) erhitzen, Mehl einrühren und hellbraun rösten (Einbrenn). Geschnittene Zwiebel und Gemüsewürfel zugeben, noch einmal kurz rösten. Mit Wein ablöschen und mit Ganslsuppe nach und nach aufgießen. Gut durchkochen lassen, Fleisch zugeben und mit Salz und Pfeffer gut abschmecken. Mit wenig Obers verfeinern und noch mindestens 30 Minuten köcheln lassen. Vor dem Anrichten mit frischem Majoran oder Petersilie und evtl. etwas Apfelbalsamessig verfeinern. Mit den Gänsegrammel-Bröselknödeln anrichten.

Für die Knöderl Butter schaumig rühren und Ei sowie Dotter einrühren. Brösel mit Milch anfeuchten und mit den Gänsegrammeln zugeben. Mit Salz, Pfeffer und Majoran würzen (oder einfach alles zusammen mit dem Mixer gut verrühren). Etwa 30 Minuten rasten lassen. Mit feuchten Händen aus der Masse kleine Knödel formen und in leicht gesalzenem Wasser ca. 15 Minuten köcheln lassen.

TIPP: Die Bröselknödel können auch ohne Gänsegrammeln hergestellt sowie roh tiefgekühlt werden!

ZUTATEN
1/2 Gänsebrust mit Knochen (ersatzweise ca. 400 g Ganslbraten-Reste)
1 Karotte, gelbe Rübe
1/2 Zwiebel zum Kochen
1 Knoblauchzehe
Salz, Lorbeerblatt
60 g Schmalz oder Gänseschmalz
40 g glattes Mehl
1/2 Zwiebel, würfelig geschnitten, zum Anrösten
ca. 60 ml Weißwein
1 l Ganslsuppe (vom Kochen)
2 cl Schlagobers
Salz, Pfeffer
Majoran oder Petersilie
evtl. Apfelbalsamessig

Für die Gänsegrammel-Bröselknödel
100 g Butter (schön weich)
1 Ei, 1 Eidotter
200 g Semmelbrösel
100 ml Milch
40–50 g Gänsegrammeln, fein gehackt
Salz, Pfeffer, Majoran

Alt-Predinger Beuschelsuppe

ZUBEREITUNG

Das Beuschel in 1 Liter Wasser gemeinsam mit dem Wurzelwerk sowie den Gewürzen weich kochen (s. Grundrezept S. 152). Wie beschrieben abkühlen lassen und fein schneiden oder faschieren. Schweineschmalz in einer Kasserolle heiß werden lassen und das Mehl darin bräunen. Um die Bräunung zu intensivieren, vorher Würfelzucker beigeben. Sobald die Röstung dunkelbraun ist, gehackte Kapern und Zwiebeln beigeben und kurz durchrösten. Paprikapulver einrühren, mit Beuschelsud aufgießen und 20 Minuten durchkochen. Das gehackte oder faschierte Beuschel dazugeben. Mit geriebener Zitronenschale, Salz und Pfeffer abschmecken. Nach Geschmack mit etwas Safran, Thymian oder Majoran vollenden.

ZUTATEN
1 kg Beuschel vom Kalb, Lamm, Schwein (ersatzweise auch Bratenreste)
1 l Wasser
100 g Wurzelwerk (Karotten, Petersilwurzel, Sellerie)
Pfefferkörner, Piment
Lorbeerblatt
60 g Schweineschmalz
ca. 40 g Mehl, glatt
10 g Kapern, gehackt
50 g Zwiebeln, feinwürfelig geschnitten
2 Stück Würfelzucker
Prise Paprikapulver
Zitronenschale, Salz, Pfeffer, eventuell Safran, Thymian, Majoran

Der steirische Wirtshaustest

Schon lange bevor die professionellen Tester mit Argusaugen in die steirischen Landgasthöfe „einfielen", wusste in der Steiermark jedes Kind, wie man ein Wirtshaus am besten beurteilen konnte. Die Probe, die jede Gasthausköchin jeden Tag aufs Neue zu bestehen hatte, hieß schlicht und einfach „Beuschelsuppe". Nur wenn diese jeden Tag gleich gut und möglichst noch besser als jene im Nachbarwirtshaus war, dann ging der „steirische Wirtshaustest" auch wirklich gut aus.

Klassische Flecksuppe

ZUTATEN

80 g Schmalz
100 g Zwiebeln,
fein geschnitten
70–80 g kleine Speck-
würfel (gekochter
Jausenspeck)
ca. 4 EL Mehl
2 KL Paprikapulver
gekochtes Gemüse nach
Belieben, geschnitten
Schuss Essig oder
Weißwein
1 l Kochsud vom
Kuttel-Kochen (s. S. 55)
Salz, Pfeffer, Majoran
Piment (Neugewürz
oder auch Nelkenpfeffer)
Knoblauch und Lorbeer-
blatt
400 g Kuttelfleck,
gekocht und fein
geschnitten (s. S. 55)

ZUBEREITUNG

Zwiebeln und Speck in Schmalz goldgelb anrösten, mit Mehl stauben (die Masse soll cremig sein) und hellbraun rösten. Hitze verringern, Paprikapulver und Gemüse zugeben, mit Essig oder Weißwein ablöschen und mit kaltem Kochsud langsam nach und nach aufgießen. Alles gut durchkochen und mit den Gewürzen sowie geschnittenem Knoblauch kräftig abschmecken. Geschnittene Kutteln dazugeben und auf kleiner Flamme mindestens 20–30 Minuten köcheln lassen.

TIPP: Früher wurde bei Tisch ein Schuss Wein zum Säuern in die Flecksuppe gegeben.

Keine Angst vor Kutteln

Das Hässlichste an den Kutteln, hat einmal ein Feinschmecker gesagt, sei ihr Name. Der klinge so ordinär, dass einem nicht unbedingt das Wasser im Gaumen zusammenrinne. Vielleicht ist das auch der Grund, warum etwa die Franzosen und Italiener, die „Tripes" oder „Trippe" zu den Kutteln sagen, viel weniger Scheu vor dieser Zutat haben. In der Steiermark sind die Kutteln jedoch – vor allem in ländlichen Gegenden, aber interessanterweise auch in den besten Restaurants – hoch angesehen. Hier spricht man schlicht von „Fleck", andere Bezeichnungen sind „Kaldaunen" oder das heute nur noch selten gebräuchliche „Leser" oder „Löser". Wie immer man jedoch dazu sagt, es handelt sich um den Vormagen (Pansen und Kugelmagen) der Wiederkäuer, in dem deren rein pflanzliche Nahrung bakteriell zersetzt wird. Für die klassische steirische Flecksuppe werden hauptsächlich Kalbs- und Rinderkutteln verwendet.

Fleck kauft man am besten schon geputzt und überbrüht vom Fleischer. Manche bieten auch bereits vorgekochte und in Streifen oder Flecken geschnittene Ware an, die man nur noch weiterzuverarbeiten braucht.

Wenn das nicht der Fall ist, bedarf es freilich einer gewissen Vorbereitung, die – und das ist der zweite Grund, warum so manche Hausfrau vor Kuttelgerichten zurückscheut – nicht ganz ohne Geruchsbelästigung zu bewerkstelligen ist.

Für 1 kg vorgeputzte Kutteln benötigt man etwa 300 g Wurzelgemüse (Karotten, Sellerie, Petersilwurzel u. Ä.) sowie Salz, Pfefferkörner und ein Lorbeerblatt. Man wäscht die Kutteln zunächst in kaltem Wasser gut durch, kocht sie danach in reichlich Wasser auf, seiht sie ab und wiederholt diesen Vorgang. Nach abermaligem Durchwaschen werden die Kutteln diesmal mit Wurzelgemüse sowie Gewürzen aufgesetzt und langsam – das bedeutet etwa 3–4 Stunden – weich gekocht. Dann schreckt man die Kutteln kalt ab und lässt sie gut durchkühlen. Anschließend werden sie, je nach Verwendung, in Stücke oder ganz feine Streifen geschnitten. Den Kochsud hebt man zum Aufgießen auf. Das mitgekochte Gemüse kann, fein gehackt oder durch eine Wiegepresse gedrückt, für die Flecksuppe verwendet werden.

Der Fleck ist freilich nicht nur als Suppe zu empfehlen. Er empfiehlt sich auch als probate Zutat für Sulzen, saure Gerichte, Salate, zum Backen und vor allem auch als Eintopfgericht. Katharina Prato etwa empfiehlt das Dünsten von Kutteln mit Zwiebeln, Schinkenspeck, Bröseln, Knoblauch und Rindsuppe oder serviert Kuttelragouts mit Paradeisern, Kapern oder etwa auch den berühmten „Speckfleck": Fein gehackten Speck heiß werden lassen, fein geschnittenes Kerbelkraut und eine würfelig geschnittene Semmel hinzufügen, 500 g Fleck untermengen, mit Suppe und Selchfleisch weich dünsten und mit Parmesankäse servieren. Man sieht also: Wenn man die „Kuttelhemmschwelle" erst einmal überschritten hat, sind der Phantasie keine Grenzen gesetzt.

Salonklachelsuppe

Die verfeinerte Version mit ausgelösten Schweinshaxeln

ZUTATEN

750 g Haxeln
(Schweinsfüße, vom
Fleischhauer in dicke
Scheiben sägen lassen)
1,5 l Wasser
2 Lorbeerblätter
1/4 Sellerieknolle
1/4 Stange Lauch
1 Karotte
Pfefferkörner
8 cl Weißweinessig
Salz, weißer Pfeffer
1 EL Mehl
1 EL Sauerrahm
Knoblauch, frischer
Majoran und
Liebstöckel

ZUBEREITUNG

Die in Scheiben geschnittenen Schweinshaxeln in kaltem Wasser mit Pfefferkörnern, Lorbeerblättern, Salz und der halben Menge Essig (ca. 4 cl) zustellen, aufkochen lassen und dann 3–4 Stunden auf kleiner Flamme langsam köcheln lassen. Die Suppe währenddessen mehrmals abschäumen. Nach ca. 1 Stunde das in größere Stücke geschnittene Wurzelgemüse dazugeben. Sobald die Haxeln weich sind, herausheben, kurz kalt abschrecken und Fleisch auslösen. In mundgerechte Stücke schneiden.

Suppe abseihen, Gemüse abschrecken und klein schneiden. Mit dem Haxelfleisch vermengen. Restlichen Essig mit Mehl und Sauerrahm gut versprudeln und unter ständigem Rühren wieder in die kochende Suppe einlaufen lassen. Aufkochen, nach Geschmack mit Salz, Pfeffer, frischem Knoblauch, Majoran und Liebstöckel abschmecken.

TIPP: Für Klachelfleisch werden die Haxeln in ganzen Scheiben mit der abgeseihten Suppe und dem Wurzelgemüse angerichtet und mit frisch geriebenem Kren und Schnittlauch bestreut.

Klachelsuppe aus dem Joglland

ZUBEREITUNG

Die Schweinshaxeln in Salzwasser geben, mit einem Schuss Essig säuern und Zwiebeln, Knoblauch, Pfefferkörner sowie Wacholderbeeren beifügen. Die Schweinshaxeln langsam 3–4 Stunden weich kochen und dann aus dem Sud heben. Sud abseihen und mit Majoran, Kümmel und Petersilie würzen. Mehl mit etwas Wasser versprudeln und in die Suppe einquirlen. Noch weitere 15 Minuten langsam durchkochen lassen. Haxeln wieder hineingeben und in der Suppe erwärmen.

ZUTATEN

1 kg „Schweineklacheln" (Schweinshaxeln), gewässert, sauber geputzt, gespalten und in 3 cm große Stücke geschnitten
1,5 l Wasser
100 g Zwiebeln
2 Knoblauchzehen
20 schwarze Pfefferkörner
10 Wacholderbeeren
1 TL Petersilie, gehackt
40 g Mehl, glatt
Schuss Essig
Majoran, Kümmel
Salz

Grammeln zum Selbermachen

Die Grammeln oder Grammerln genannten Speckgraupen (hochdeutsch: Grieben) sind ein klassisches Abfallprodukt früherer Schlachttage. Der Schweinefilz oder Rückenspeck wird dabei in Würfel geschnitten oder grob faschiert. Dann gibt man die Speckgraupen in eine Pfanne, wo man sie unter Zusatz von etwas Wasser oder Milch auf kleiner Flamme unter ständigem Rühren langsam „auslässt", bis Grammeln entstehen und sich rundum das Schmalz absetzt. Man kann die Grammeln entweder mit einer Schöpfkelle aus dem noch heißen Fett heben und abtropfen oder sie gemeinsam mit dem Fett zu Grammelschmalz erkalten lassen.

Grammelsuppe

Die tägliche Morgensuppe in Regionen mit geringer Milchwirtschaft ist auch als „Saure-Essig-Suppe" bekannt.

ZUBEREITUNG

Die Grammeln hacken und mit 750 ml Wasser oder Selchsuppe aufkochen. Mehl mit restlichem Wasser absprudeln und in das kochende Wasser mit den Grammeln einrühren. Etwa 10 Minuten durchkochen. Mit Salz und Essig abschmecken. Restliche Grammeln in einer Pfanne erhitzen. Heiße Suppe in vorgewärmten Tellern anrichten, mit knusprigen Grammeln sowie gehackter Petersilie bestreuen und sofort auftragen.

ZUTATEN

1 l Wasser oder Selchsuppe
40–60 g Mehl
80 g Grammeln, zum Kochen
80 g Grammeln, zum Bestreuen
Essig (milder Weinoder Mostessig)
Salz
Petersilie, frisch gehackt

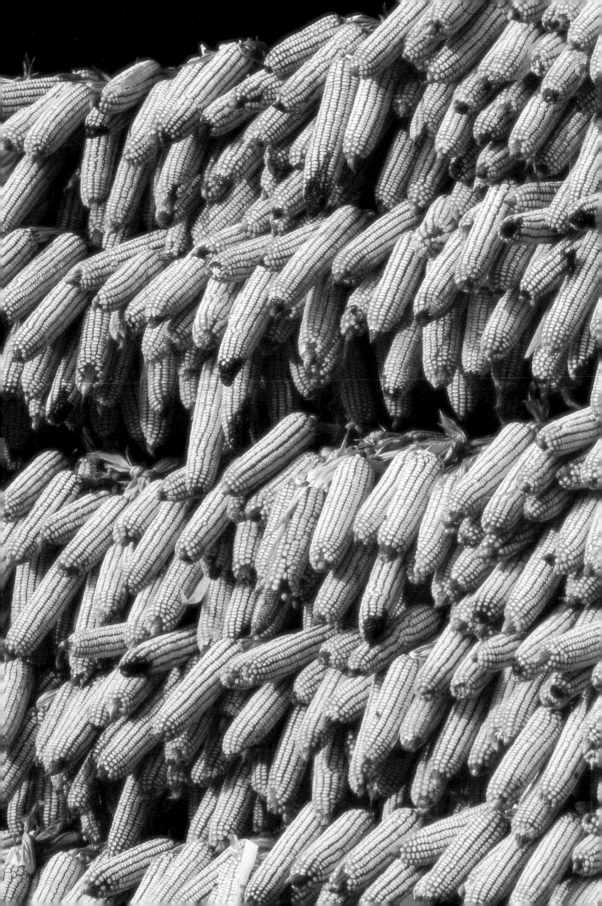

VOM PFANDLSTERZ BIS ZUM GRAMMELKRAUT

Steirische Zwischengerichte, Beilagen und Salate

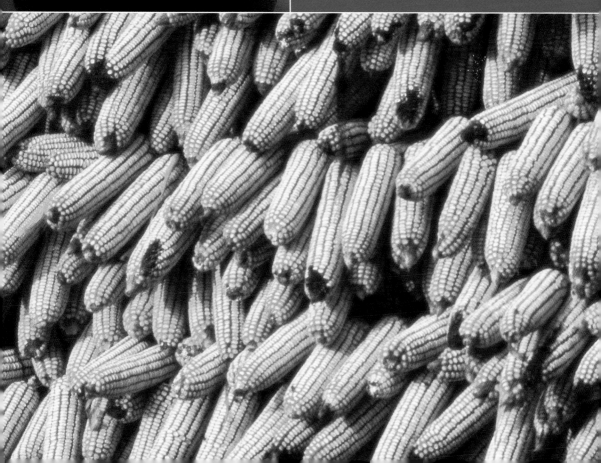

„An Knödl und a Fleisch und a Koch und an Sterz, dia holdi e dia holdi e ri di e ri di e dia holdi e dia holdi e juch! Du li i." Dieser Text aus einem steirischen Volksliederbuch des Jahres 1894 bringt das Wesen der steirischen Küche exakt auf den Punkt. Gegessen wurde, was auf den Tisch kam, und auf den Tisch kam, was gerade zur Verfügung stand.

Die Frage „Hauptgericht, Zwischenmahlzeit oder Zuspeis'?" stellte sich erst in jüngster Zeit. Vieles von dem, was in der heutigen Küche als „Sättigungsbeilage" gilt, war früher nämlich keine Beilage, sondern diente ausschließlich der Sättigung.

Diesem ganzheitlichen Ansatz verdankt die steirische Küche unzählige Gerichte, die sich schwer in das Schema klassischer Menüfolgen pressen lassen. Sterze und Breine – um zwei typische steirische Getreidegerichte zu nennen – vermochten das Gesinde eines Bauernhofs oft tagelang zu ernähren, ohne dass es dazwischen eine andere Kost gegeben hätte. Ähnliches gilt auch für Gerichte aus Erdäpfeln oder Gemüse. Ein Kürbisgemüse mit Paprika etwa war ein veritables Abendmahl, das von allen aus einer Schüssel gelöffelt wurde, während wir es uns heute fast ausschließlich als Beilage vorstellen können.

Die meisten Gerichte in diesem Kapitel sind also im heutigen Küchenalltag recht flexibel anzuwenden. Sie werten als Beilagen viele Fleischgerichte auf, eignen sich aber vor allem auch, wie es die moderne Ernährungsmedizin gerne vorschlägt, als „kleine Happen zwischendurch", als Grundlage für Trennkost, aber selbstverständlich auch als Komponenten eines mehrgängigen Menüs. Und in einer Zeit wie heute, in welcher der Trend dazu geht, das Fleisch immer stärker als Beilage zu betrachten und das ballaststoffreiche Getreide und Gemüse wieder in den Vordergrund der Ernährung zu stellen, ist die Küche des alten steirischen Bauernhauses wieder moderner denn je zuvor.

SAURE MEHLSPEISEN UND GETREIDEGERICHTE

„Gelundener" Heidensterz

ZUTATEN

ca. 500–750 ml Wasser
Salz
1–2 EL Schmalz
300 g Heidenmehl
Schmalz oder
Grammelschmalz zum
Abschmalzen

ZUBEREITUNG

Das Wasser mit Salz und Schmalz aufkochen. Heidenmehl in einer trockenen Pfanne leicht erhitzen (linden bzw. dextrinieren), bis ein angenehm nussiger Duft entsteht. Langsam bzw. nach und nach mit dem heißen Wasser aufgießen und dabei rühren, bis sich kleine gleichmäßige Klumpen bilden. Vom Feuer nehmen und zugedeckt am Herdrand etwa 20 Minuten ausdünsten lassen. Vor dem Servieren mit heißem Schmalz oder Grammelschmalz abschmalzen.

Heidensterz

Der klassische Begleiter von Rinds-, Klachel- und Schwammsuppe.

ZUBEREITUNG

Salzwasser und Schmalz in einem eher schmalen Topf aufkochen. Heidenmehl in einem Schwung dazugeben und mit dem Kochlöffel etwas formen, so dass ein großer Klumpen entsteht. Diesen vorsichtig mit etwas Kochwasser übergießen. Bei kleiner Hitze zugedeckt ca. 20 Minuten quellen bzw. leicht köcheln lassen.

Das Kochwasser vorsichtig mit Hilfe eines Deckels abgießen und auffangen. Den eher trockenen Sterzklumpen (am besten mit einer zweizinkigen Fleisch- oder Sterzgabel) zerteilen. Kochwasser in kleinen Mengen nach und nach langsam zugießen und die eher mehlige Masse mit der Gabel auflockern, so dass gleichmäßige Klümpchen entstehen. (Wird wenig Wasser zugegeben, so bleiben nur kleine Klümpchen, durch weitere Zugabe von Kochwasser werden die Sterzklumpen größer, aber auch feuchter bzw. „patzig".) Etwas Schmalz erhitzen, Speck oder Grammeln darin knusprig braten und den Sterz damit „abschmalzen" oder durchrösten.

Foto auf Seite 62

ZUTATEN

1 l Wasser
2 TL Salz
1 EL Schmalz
300 g Heidenmehl
(Buchweizenmehl)
100 g Speckwürfel
oder Grammeln
Schmalz zum Anrösten

Ein Vaterunser für den Sterz

Der Sterz, im oberen Ennstal auch Muas genannt und in altsteirischen Überlieferungen in über hundert Metamorphosen präsent, war im bäuerlichen Alltag der Steiermark nicht nur ein beliebtes Gericht, sondern ein über Jahrhunderte bewährtes Grundnahrungsmittel, das morgens zum Kaffee, vormittags zur Suppe oder zu Milch bzw. Buttermilch gegessen und je nach Jahreszeit auch mit Kirschen, Schwarzbeeren oder ähnlichen Zutaten verfeinert wurde. „Nach 18 Mal Sterz ist die Woche aus", besagte ein altsteirisches Holzknecht-Sprichwort über diese steirische Allzweck-Mahlzeit, die ihren Namen nach einem Führungsteil am Pflug trägt, der sich ebenso aufrichtet wie der Sterz, nachdem er aus dem Pfandl oder Häfen (daher auch Pfandl- und Häferlsterz) gestürzt wurde.

Geriet der Sterz einmal zu dünn oder blieb die Magd mit dem Sterzpfandl oder dem Sterzhäfen überhaupt aus, so begannen die Knechte mit dem „Sterzfordern", einer bäuerlichen Abart des Bummelstreiks. „Ein Vaterunser lang" wurde in diesem Fall die Arbeit eingestellt und die Knechte begannen, ein wildes Trommelkonzert mit Hacken und Dreschflegeln zu veranstalten, das den Gutsherren dazu bewegen sollte, den „sozialen Frieden" wiederherzustellen. War die Herrschaft zum Einlenken bereit, so war auch der Sterz schnell wieder da.

Heidener Pfannensterz

ZUBEREITUNG

Aus Heidenmehl und Wasser einen dicken Omelettenteig (Palatschinken-
teig) anrühren. In einer schweren Eisenpfanne reichlich Schmalz mit den
Grammeln erhitzen. Grammeln wieder herausheben und beiseite stellen.
Dann den Heidenmehlteig fingerdick in die Pfanne gießen und auf kleiner
Flamme langsam durchkochen lassen. Mit zwei Gabeln in kleine „Bröckerl"
zerreißen und mit den gerösteten Grammeln abschmecken. Leicht salzen.

TIPP: Diese Sterzvariante entspricht beinahe dem oststeirischen „Heiden-
tommerl", das etwa 1 cm hoch in eine Backform gegossen und im Rohr gebacken wird.

ZUTATEN
250 g Heidenmehl
(Buchweizenmehl)
ca. 250 ml Wasser
und etwas Schmalz
100 g Schmalz
100 g Schweins-
grammeln
Salz

Brennsterz (Abbrennsterz)

ZUBEREITUNG

Das Mehl linden (trocken erhitzen, bis es angenehm duftet), mit kochendem, leicht gesalzenem Wasser abbrühen und mit der Gabel zu Klümpchen
(Brocken) verrühren. Das Schmalz in einer eisernen Pfanne heiß werden
lassen und die Mehlbrocken darin gut durchrösten. Mit einer Schmarrenschaufel wenden und zerkleinern.

TIPP: Eine besonders schmackhafte Ableitung dieses Rezepts ist der Boh-
nensterz. In diesem Fall werden mit dem Brennsterz etwa 250 g weich
gekochte kleine, braune oder auch große Bohnen (Käferbohnen) mit etwas
Schmalz mitgeröstet bzw. abgeschmalzen.

ZUTATEN
250 g Mehl (Mischung
aus Roggen- und
Weizenmehl)
140 g Schmalz
250 ml Wasser
Salz

Türkensterz
(Steirische Polenta)

ZUBEREITUNG

In einer schweren Kasserolle das gesalzene Wasser mit der halben Schmalz-
menge aufkochen. Den Maisgrieß einlaufen lassen und mit einem Kochlöffel in Form einer „Achter-Schleife" rühren, bis eine breiige Masse entsteht.
Zugedeckt am Herdrand ausdünsten lassen. Mit einer Sterzgabel auflockern
bzw. zerreißen. Das restliche erhitzte Schmalz darüber gießen und am
Feuer mit einer Schmarrenschaufel durchrösten.

ZUTATEN
400–450 g grober
Maisgrieß (je nach
Konsistenz weich
oder trocken-bröselig)
100 g Schweineschmalz
1 l Wasser
Salz

Linke Seite: Heidensterz

Pilz-Polenta

ZUTATEN

500 ml Wasser
100 g Polenta (hochgelb)
oder Maisgrieß steirisch
(blassgelb)
ca. 250 g Pilze nach
Saison (ersatzweise
Champignons)
Salz
Butter
50–80 g kalte Butter
zum Binden
Salbei oder Petersilie,
gehackt

ZUBEREITUNG

In einem Topf Wasser aufkochen, leicht salzen und Polenta einrühren. Auf kleiner Flamme unter ständigem Rühren ca. 6–8 Minuten durchkochen, bis die Masse cremig weich ist. Pilze putzen, klein schneiden und in Butter anrösten. In die Polenta einrühren. Mit kalter Butter binden und mit Salz sowie etwas Petersilie oder Salbei abschmecken.

Sterzwurst (Polentarolle)

ZUTATEN für
ca. 10 Portionen

100 g gekochter Jausen-
speck, kleinwürfelig
geschnitten
100 g Zwiebeln, fein
geschnitten
2 EL Schmalz
500 ml Suppe
250 ml Milch
Salz, Pfeffer und gehack-
te Petersilie
200 g Polenta (hochgelb)
oder Maisgrieß steirisch
(blassgelb)
Öl für die Folie

ZUBEREITUNG

Jausenspeck gemeinsam mit den Zwiebeln in Schmalz anrösten. Mit Suppe und Milch (oder stattdessen mit 750 ml Wasser) aufgießen und 3–4 Minuten einkochen lassen. Mit Salz, Pfeffer und Petersilie gut würzen. Polenta oder Maisgrieß einrühren und auf kleiner Flamme unter ständigem Rühren (im Uhrzeigersinn) ca. 8–10 Minuten durchkochen, bis sich die Masse vom Topf löst. Unter weiterem Rühren etwas abkühlen bzw. rasten lassen.

Masse auf eine doppelt gelegte, geölte Alufolie geben (außen an den Enden umklappen), fest einrollen und am besten über Nacht kalt stellen. Aus der Folie wickeln, mit einem Messer mit schmaler, scharfer Klinge aufschneiden und die Scheiben in Öl bzw. Schmalz anbraten oder über Dunst wärmen.

TIPP: Die Masse kann auch in eine geölte und mit Klarsichtfolie ausgelegte Rehrückenform gefüllt werden.

Der „steirische Reis"

Getreide – das war jahrhunderte-, ja jahrtausendelang die wesentliche, oft genug auch die einzige Grundkost breitester Bevölkerungsschichten. Die klein- und bergbäuerliche Struktur der grünen Mark hat dafür gesorgt, dass viele dieser oft recht archaischen Gerichte bis heute erhalten blieben und gerade vom „Neuen Regionalismus" der 80er- und 90er-Jahre des vorigen Jahrhunderts neu entdeckt wurden.

Das Angebot an nahrhafter und sättigender Getreidenahrung ist entsprechend vielfältig. Von alters her werden in der Steiermark Gerste, Hirse, Weizen, Roggen und Hafer angebaut. Der Buchweizen, in der Steiermark auch „Heiden" genannt und gemeinhin als „ursteirisch" bekannt, gelangte indessen erst zwischen dem 14. und 15. Jahrhundert aus Kleinasien in die Steiermark, und der aus Amerika stammende Mais ist als „Türken" oder „Kukuruz" ein Kind der Türkenkriege des 17. Jahrhunderts.

Die Zubereitung der einzelnen Getreidesorten folgte uralten, keineswegs genuin steirischen Traditionen. Ursprünglich wurden die Getreideprodukte nämlich nicht zu Teig verarbeitet, sondern direkt in Wasser eingekocht. Die „steirische Brein", scherzhaft mitunter auch „steirischer Reis" genannt, war nur eine Weiterentwicklung der alten Rezepte unter Verwendung enthülster Körner. In der steirischen Küche von heute haben sich vor allem folgende Getreide durchgesetzt:

Dinkelreis: geschälter Dinkel, wie Reis gekocht oder gedünstet

Grünkern: unreifer, milchiger Dinkel, zum Kochen und Dünsten geeignet

Rollgerste: geschälte Gerste, auch Gerstbrein genannt; muss vor dem Kochen eingeweicht werden.

Buchweizen: geschälter Buchweizen, auch Heidenbrein genannt; wird durch kurzes Einweichen besser.

Hirse: Sie bildete einst, vor allem für den wärmeren Teil der Steiermark, eine wichtige Säule der Volksnahrung. Man kannte sie als klassische Rispenhirse („Hirsch"), als etwas länger zu kochende Kolbenhirse („Pfennich"), und in winzigen Mengen wurde auch Bluthirse („Himmeltau") als Kleinstkindernahrung verwendet. Geschälte Hirse, auch Hirsebrein genannt, muss vor dem Kochen unbedingt heiß abgespült werden. Übrigens: Hirsegerichte werden als letztes Gericht einer Speisenfolge gegessen, denn: „Hirse schließt den Magen."

Stierbrein

ZUBEREITUNG

Hirse in Salzwasser weich kochen und ausdünsten lassen. Geschnittene Zwiebel in Schmalz rösten und entweder über die Hirse gießen oder den weich gekochten Brein in der Pfanne mit der Zwiebel durchrösten. Nach Belieben Grammeln oder fein gehackte Fleisch- oder Speckwürfel mitrösten. Mit etwas Pfeffer vollenden.

TIPP: Diese Hirsespeise wurde meist von Salat und Most begleitet. Der Name „Stierbrein" rührt daher, dass dieses Gericht stets dann zubereitet wurde, wenn die Kühe „trocken standen", weshalb „so viel Milch verwendet wird, wie ein Stier Milch gibt" – nämlich keine.

ZUTATEN

250 g Hirse, mit heißem Wasser überbrüht
750–1000 ml Wasser
40 g Schweinsschmalz
1 kl. Zwiebel, feinst geschnitten
eventuell Speck, Schweinefleischreste oder Grammeln
Salz, Pfeffer

Brein in Milch

Ein klassisches bäuerliches Abendessen, in Bürgerhaushalten
vor allem als Kindernahrung beliebt.

ZUTATEN
200 g Hirsebrein
(ungemahlene Hirse)
750–1000 ml Milch
(Voll- oder Magermilch)
Salz

ZUBEREITUNG

Hirsebrein zwei- bis dreimal rasch mit heißem Wasser abbrühen. Milch erhitzen, die abgebrühte Hirse zugeben, ein wenig salzen und aufkochen lassen. Langsam weiterdünsten und schön aufquellen lassen.

TIPPS

■ Diese dem Grießkoch verwandte Milchspeise wurde meist als abendliches Hauptgericht gereicht. Davor gab es aus Vitamingründen meist einen Salat.

■ Während der Brein bei den Bauern ohne jegliche Verfeinerung auf den Tisch kam, wurde er in Bürgerhaushalten häufig überzuckert und mit gebräunter Butter übergossen.

Talgg'n, ganz und gar böhmisch

Sie haben bisher geglaubt, Talgg'n bestünden aus Germteig und würden nach einem altböhmischen Rezept in einer „Dalkenpfann'" in heißem Schmalz ausgebacken? – Weit gefehlt. Im oberen Murtal, auf der Koralpe und bis tief ins oststeirische Joglland hinein verstand man darunter den so genannten „Habanen Griaß", eine ziemlich urtümliche Haferspeise für Schwerstarbeiter.

Zunächst ließ man den Hafer dafür über Nacht in heißem Wasser ganz aufquellen, goss am nächsten Morgen das Wasser ab und trocknete den Hafer im Backofen dann bis zu drei Tage lang, bis er „knackte". Dann erst wurde der Hafer zwischen Mühlsteinen oder durch Stampfen am Brett zerkleinert, damit sich die Hüllen lösen konnten. Der so entstandene Talgg'n ließ sich längere Zeit lagern und musste in Wasser oder Buttermilch abermals aufquellen oder er wurde mit Eiern abgeschmalzt.

Steirischer Ritschert

ZUBEREITUNG

Geschnittene Zwiebel in Schmalz anrösten. Sellerie mitdünsten und mit Suppe aufgießen. Bohnen, Rollgerste sowie Gewürze und Knoblauch zugeben und auf kleiner Flamme langsam ca. 2 Stunden köcheln lassen. (Achtung, brennt leicht an!) Währenddessen wiederholt umrühren und eventuell noch Suppe zugießen. Nach ca. 1 Stunde die Erdäpfelwürferl dazugeben und noch eine weitere Stunde köcheln lassen. Selchfleisch einmengen, mit Salbei abschmecken und servieren.

ZUTATEN

1 EL Schmalz oder Öl
1 kl. Zwiebel,
fein geschnitten
2–3 EL Selleriewürfel
1 l Selchsuppe
(oder Rindsuppe)
100 g weiße Bohnen, in
ca. 125 ml Wasser über
Nacht eingeweicht
(ergibt ca. 200 g)
150 g Rollgerste, in ca.
200 ml Wasser eingeweicht (ergibt ca. 200 g)
2 Lorbeerblätter
Liebstöckel, Salz, Pfeffer
1 Knoblauchzehe,
geschnitten
200 g Geselchtes (von
Hals, Stelze oder Ripperl),
gekocht, kleinwürfelig
geschnitten
200 g mehlige Erdäpfel,
roh in kleine Würfel
geschnitten
Salbei zum Abschmecken

Rollgerstl mit Schwammerln

ca. 100 g Rollgerste
(eingeweicht 200 g)
oder Heidenbrein, Dinkel
oder Perlweizen
2 EL Butter
100 g Zwiebeln
etwas Weißwein
ca. 500 ml klare
Schwammerlsuppe (mit
Schwammerlabschnitten
gekocht und abgeseiht)
ca. 200 g Schwammerln,
klein geschnitten
Salz, Pfeffer
frische Kräuter,
grob gehackt
geriebener Hartkäse
(steir. Asmonte oder
Parmesan) zum
Vollenden

ZUBEREITUNG

Eingeweichtes Getreide abseihen. Butter schmelzen und geschnittene Zwiebeln darin andünsten. Getreide zugeben und mitdünsten, mit Weißwein ablöschen. Wein verkochen lassen und unter oftmaligem Rühren nach und nach die Schwammerlsuppe zugießen. Sobald das Getreide weich wird, Schwammerln in einer anderen Pfanne gut anrösten, beigeben und kurz mitdünsten. Dabei ständig umrühren und abschließend mit Kräutern und Gewürzen abschmecken. Mit etwas frischer, kalter Butter und nach Belieben auch mit geriebenem Hartkäse vollenden.

TIPPS

■ Unter Schwammerln versteht man in der steirischen Küchensprache meist Eierschwammerln, bei den übrigen Speisepilzen spricht man von Schwämmen, die für dieses Rezept selbstverständlich auch geeignet sind.

■ Besonders wohlschmeckend ist die ganz schlichte Ritschert-Variante: Eingeweichtes Getreide abseihen, in Schwammerlsuppe ca. 90 Minuten langsam weich kochen. Schwammerln in etwas Butter gut anrösten und zugeben. Mit 1–2 EL kalter Butter und geriebenem Hartkäse binden.

■ Anstelle von Schwammerln können Fische oder auch Krebse, Gemüse, Geflügel, Innereien oder nur Käse oder Kräuter verwendet werden.

Salbei-Semmelpudding

Ein „Budim" nach alter Art

ZUTATEN

1–2 EL Zwiebeln,
fein geschnitten
2–3 EL Butter oder Öl
250 ml Milch
1/2 Toastwecken, entrin-
det und klein gewürfelt
1 EL Grieß
Salz, Pfeffer, Muskatnuss,
gehackter Salbei und
Petersilie
sowie evtl. geriebener
steirischer Hartkäse
(z. B. steirischer Asmonte
oder Parmesan)
1 Eidotter
2 Eiklar
Butter und Brösel
für die Form

ZUBEREITUNG

Zwiebeln in Öl anrösten, Milch zugießen, aufkochen und unter das kleinwürfelig geschnittene Toastbrot mischen. Dann Grieß, Salz, Pfeffer, Muskatnuss, Salbei und Petersilie sowie nach Belieben geriebenen Hartkäse zugeben. Masse durchmischen und abkühlen lassen. Eiklar zu halbsteifem Schnee schlagen und gemeinsam mit dem Dotter unterrühren. Gut abschmecken. Eine Kastenform (Semmelwanne) oder kleine Auflaufförmchen mit Butter ausstreichen und mit Bröseln ausstreuen. Masse einfüllen und in einem Wasserbad im vorgeheizten Backrohr bei 200 °C ca. 50 Minuten offen (mit Krustenbildung) oder zugedeckt (ohne Farbe) garen. Herausnehmen, stürzen und ca. 10 Minuten mit der Form bedeckt stehen lassen, damit sich der Pudding besser aus der Form löst.

TIPP: Die Masse kann auch vorbereitet und erst am nächsten Tag gegart werden.

Krautauflauf mit Erdäpfeln und Grammeln

ZUBEREITUNG

Für die Erdäpfelmasse zunächst Milch mit Schlagobers vermengen. Erdäpfel schälen und sofort in die Milch-Obersmischung nicht zu dünn hineinschneiden. Mit Salz, Pfeffer, Muskatnuss sowie Kümmel würzen und etwa 15 Minuten köcheln lassen. (Die Erdäpfel sollten noch kernig sein.) Abkühlen lassen.

Weißkraut in Blätter zerteilen, weich kochen und in kaltem Wasser abschrecken. Auf einem feuchten Tuch flach klopfen. Eine tiefe Bratenpfanne gut ausfetten und mit einem Drittel der Krautblätter belegen. Die Hälfte der Erdäpfelmasse darauf verteilen und mit der Hälfte der Grammeln bestreuen. Wieder ein Drittel der Krautblätter darauf legen, mit übriger Erdäpfelmasse und Grammeln bedecken. Mit den restlichen Krautblättern abschließen.

Etwa 3–4 Esslöffel Schlagobers erhitzen und mit dem Paprikapulver kurz verkochen, abkühlen lassen und restliches Obers dazurühren. Eier einrühren und mit Salz sowie Muskatnuss würzen. Nach Belieben geriebenen Käse einstreuen und die Masse über den Krautauflauf gießen. Gut andrücken. (Die Masse sollte jetzt schön saftig sein.) Im vorgeheizten Rohr bei 180 °C ca. 30 Minuten auf mittlerer Schiene backen. Mit Salat auftragen.

TIPP: Dieser Auflauf ist eines jener Gerichte, die nach jedem Aufwärmen immer noch besser schmecken!

ZUTATEN

750 g Weißkraut
80 g Grammeln
125 ml Schlagobers
2 Eier
1 KL Paprikapulver
Salz, Muskatnuss
Butter für die Pfanne
geriebener Käse
nach Belieben

Für die Erdäpfelmasse

125 ml Milch
125 ml Schlagobers
800 g mehlige Erdäpfel
Salz, Pfeffer aus
der Mühle
Muskatnuss
Kümmel

Semmelknödel

Willi Haiders Spezialrezept ohne Mehl

ZUTATEN
für ca. 6 Knödel
250 g Knödelbrot,
getrocknet
ca. 60 ml Öl
100 g Zwiebeln,
fein geschnitten
Petersilie, Majoran
oder evtl. Liebstöckel
(Maggikraut)
250 ml Milch
Salz
3 Eier

ZUBEREITUNG

Geschnittene Zwiebeln in heißem Öl goldgelb anrösten. Milch zugießen und aufkochen lassen. Unter das Knödelbrot mischen und die noch heiße Masse mit einem Kochlöffel gut durchmischen. Mit Salz und frisch gehackten Kräutern würzen. Masse abkühlen lassen und erst dann die Eier einmengen. Gut durchkneten, bis die Masse klebrig wird. Gut andrücken, mit nassen Händen glatt streichen und rasten lassen. Mit nassen Händen glatte Knödel zu je ca. 140 g formen. Knödel in kochendes Salzwasser einlegen und zu-gedeckt ca. 15 Minuten (auch länger möglich) kochen lassen.

VERWENDUNG: Eignet sich nicht nur als Beilage, sondern auch als Fülle für Kalbs- bzw. Schweinebrust oder gefülltes Brathuhn.

TIPPS

■ Serviettenknödel werden fast aus derselben Masse zubereitet, nur werden 1–2 Eier weniger, dafür aber ca. 125 ml mehr Milch verwendet. Die Masse wird dann in ein nasses Tuch fest eingerollt und in Salzwasser gekocht.

■ Für Briocheknödel werden statt Knödelbrot frisches Briochegebäck oder frische Semmeln und nur etwa die Hälfte der Milch verwendet.

■ Die Knödel können auch auf Vorrat gekocht werden. In diesem Fall müssen sie nach dem Kochen sofort in kaltem Wasser ca. 10 Minuten abgeschreckt werden.

Heidenmehlknödel
Mein Rezept für Vorspeise, Beilage oder Suppeneinlage

ZUBEREITUNG

Speck in Schmalz anrösten, mit Milch und Suppe aufgießen, gekochten Heidenbrein einrühren und einige Minuten gut durchkochen bzw. dick einkochen lassen, vom Feuer nehmen. Abkühlen, Heidenmehl und Brösel einrühren, mit Salz und Petersilie würzen.

Wenn die Masse abgekühlt ist, werden die Eier dazugemischt. Wenn die Masse zu weich sein sollte, etwas Semmelbrösel zugeben. Rasten lassen, mit feuchten Händen kleine Knödel formen, in Salzwasser ca. 15 Min. kochen bzw. köcheln lassen.

HINWEIS: Diese Knödel passen gut als Einlage in Schwammerl-, Rind- oder Selchsuppen sowie zu Soßengerichten.

ZUTATEN

100 g Heidenmehl erwärmen (linden)
70 g Heidenbrein (Buchweizen) einweichen und kochen
1/8 l Milch
1/8 l Suppe
40 g Schweineschmalz
40 g Speckwürfel
2 kl Eier (ca. 100 g od. 0,1 l)
50 g Brösel, Salz
Petersilie

Nockerln „vom Brett"

ZUBEREITUNG

Alle Zutaten mit einem Kochlöffel rasch zu einem festen Teig schlagen, bis sich im Teig Blasen bilden. Etwas rasten lassen. In einem hohen Topf genügend Salzwasser aufkochen lassen. Teig von einem nassen Brett mit einer Palette oder einem Messerrücken fingerdick (ca. 2 cm große Nockerln) direkt ins kochende Salzwasser schaben. Nockerln immer wieder im Uhrzeigersinn kurz umrühren, damit sie nicht zusammenkleben. Etwa 5–10 Minuten (besser länger als zu kurz) kochen. Abseihen, im kalten Wasser abschrecken, abtropfen lassen und eventuell mit etwas Butter oder Öl nochmals erwärmen.

ZUTATEN

für ca. 10 Portionen
250 ml Milch
7 Eier (ca. 450 g)
4 cl Öl
700 g Mehl, griffig (Type 480)
15 g Salz
evtl. Butter oder Öl zum Durchmischen

Käsenockerln

VERWENDUNG: Nockerln sind nicht nur eine feine Beilage etwa zu Paprika-
henderl oder Kalbsrahmgulasch, sondern lassen sich durch die Beigabe von
Paradeisern, Porree, Pilzen, Eiern oder Speck auf vielfache Weise variieren.

Variante I

Käsenockerln

Die Nockerln mit gerösteten Zwiebeln und geriebenem Käse (Alpzirler,
Dachsteiner oder für milden Geschmack Moosbacher) vermengen. In ein
feuerfestes Geschirr geben, nochmals mit etwas Käse bestreuen, mit edelsü-
ßem Paprika zart bestauben und im vorgeheizten Backrohr kurz goldgelb
überbacken. Dazu schmeckt Häuptelsalat mit Kernöl.

Variante II

Spinat- oder Rote-Rüben-Spätzle

Spinat blanchieren (kurz überbrühen), trockentupfen und pürieren. Rote
Rüben kochen und ebenfalls pürieren. Nockerln wie beschrieben zubereiten-
ten, allerdings Milchzugabe etwas reduzieren und das pürierte Gemüse
unter den Teig mischen.

Variante III

Kürbiskernnockerln

Kürbiskerne in einer heißen Pfanne ohne Fett anrösten, bis sie sich (wie
Popcorn) schön aufblähen. Überkühlen lassen und reiben. Teig wie
beschrieben vorbereiten, nur statt normalem Öl Kürbiskernöl verwenden
und Kürbiskerne unter den Teig mengen.

Ausseerländer Kasspåtz'n

Nach einem alten Rezept aus dem Steirischen Salzkammergut

ZUBEREITUNG

Mehl, Eier und Salz mit dem Wasser-Milchgemisch zu einem zähen Teig anrühren. Direkt vom Brett (s. Nockerln) durch die flotte Lotte treiben oder mit dem Spätzlehobel in kochendes Wasser einkochen (= Spåtz'n machen) und garen. Abseihen. Butterschmalz in einer schweren Pfanne erhitzen, Spåtz'n zugeben und mit Käse belegt fertig braten.

BEILAGENEMPFEHLUNG: grüner Salat

TIPPS

■ Für Krautspåtz'n wird Sauerkraut in Schweinefett angebraten, mit einer Prise Zucker und Salz gewürzt. Spåtz'n darauf geben und durchbraten.

■ Für Oaspåtz'n (Eierspåtz'n) werden die Spåtz'n wiederum in zerlassener Butter kurz angebraten, mit versprudelten Eiern vermengt und mit Schnittlauch garniert.

■ Wenn man Spåtz'nteig löffelweise in heißes Wasser einkocht, werden „Spåtz'n" zu „Nocken", der klassischen Alltagskost der obersteirischen Gruben- und Bergarbeiter.

ZUTATEN

500 g Mehl, glatt und griffig zu gleichen Teilen
250 ml Milch mit Wasser vermischt
2 Eier
Butterschmalz zum Anbraten
Steirerkas nach Bedarf bzw. Asmonte oder Dachsteiner, in Scheiben oder Würfel geschnitten
Salz, Pfeffer

Schottsailing mit Sauerkraut

Feiertagskost auf der Alm

ZUBEREITUNG

Topfen, Saure Milch, Mehl und Prise Salz zu einem nockerlähnlichen Teig vermischen und 15 Minuten rasten lassen. Dann löffelweise kleine, eher längliche Nocken (à ca. 25 g) in heißem Fett bei 150 °C ca. 8–9 Minuten goldbraun herausbacken. Herausheben, auf Küchenkrepp abtupfen und mit Sauerkraut servieren.

Für das Sauerkraut das gekochte Kraut abtropfen lassen. Speck in heißem Schmalz anbraten, Sauerkraut zugeben und kräftig durchrühren.

TIPPS

■ Der Teig kann auch mit Kräutern, geriebenem Käse, geröstetem Speck oder Grammeln verfeinert werden.

■ Bevorzugt man den Teig lockerer, so können 20–30 g zerbröselte Germ eingearbeitet werden.

■ Dieses Gericht wird auch gerne als Süßspeise serviert, wofür man statt Sauerkraut Obströster (Holler- oder Zwetschkenröster) hinzugibt.

ZUTATEN

250 g Mehl, halb glatt, halb griffig
Prise Salz
250 g Topfen, 20 % Fett i. Tr. (grober Strudel- oder Bröseltopfen, s. Tipp)
250 ml Saure Milch, bei eher trockenem Topfen etwas mehr saure Milch verwenden
500 g Sauerkraut, gekocht (s. S. 93
Speckwürfel zum Anbraten
Schweinefett zum Herausbacken

Nudelteig

ZUTATEN

Variante I

250–280 g griffiges Mehl
(Type 480) oder
Universalmehl
(Type 480)
2 Eier (ca. 120 g)
1 EL Öl
Salz
Mehl für die
Arbeitsfläche

ZUTATEN

Variante II

125 g griffiges Mehl
(Type 480)
125 g Hartweizengrieß
2 Eier (ca. 120 g)
1 EL Öl
Salz
Mehl für die
Arbeitsfläche

ZUBEREITUNG

Sämtliche Zutaten am besten mit den Händen gut vermischen und ca. 10–15 Minuten kneten, bis ein geschmeidiger Teig ohne Risse entsteht. Sollte die Masse zu trocken sein, noch einige Tropfen Wasser zufügen. Mit Folie gut abdecken und kühl mindestens 1–2 Stunden, am besten jedoch über Nacht rasten lassen. Teig auf einer gut bemehlten Arbeitsfläche ausrollen und am einfachsten mit einer Nudelmaschine auf die gewünschte Stärke ausrollen und je nach weiterer Verwendung zuschneiden.

TIPPS

■ Für bunte Nudeln ersetzt man ca. 1–2 Eier gewichtsmäßig (je ca. 60 g) durch das entsprechende Püree (Spinat, Paradeisermark, Rote Rüben, Kräuter etc.).

■ Mit Frischei hergestellte Nudeln sollten immer im Kühlschrank gelagert oder noch roh portioniert und tiefgekühlt werden.

■ Für Nudeltascherln bzw. Ravioli sollte der Teig etwas weicher sein (zusätzlich etwas Wasser oder Eidotter) und nach dem Ausrollen gleich verarbeitet werden. Nudeln sollten vor dem Kochen etwas antrocknen, damit sie beim Kochen einen „Biss" bekommen.

■ Werden Nudeln länger gelagert, sollte der Teig ohne Salz und eventuell auch ohne Eier zubereitet werden.

Überbackene Schinkenfleckerln

Eines von Willi Haiders Lieblingsrezepten

ZUTATEN

250 g Fleckerln, eher
groß geschnitten
(hausgemacht oder
Lasagneblätter
vorkochen und groß
schneiden)
2 EL Butter oder Öl
100 g Zwiebeln, fein
geschnitten
250 g Geselchtes
(vom Schinken oder
Hals), gekocht
ca. 125 ml Schlagobers
Salz, Pfeffer, gehackter
Schnittlauch
1 EL Sauerrahm
1 Eidotter
1 Eiklar
40 g Käse (Moosbacher
oder Schlossdamer),
gerieben
Paprikapulver
zum Bestauben
Butter für die Form

ZUBEREITUNG

Fleckerln in reichlich Salzwasser weich kochen, kalt abschrecken und gut abtropfen lassen. Zwiebeln in Butter oder Öl andünsten, klein geschnittenes Geselchtes zugeben, kurz mitrösten und mit ca. 100 ml Obers aufgießen. Fleckerln zugeben und gut einkochen lassen. Mit Salz, Pfeffer und Schnittlauch kräftig abschmecken. Vom Feuer nehmen, Sauerrahm, restliches Obers sowie Dotter verrühren und unter die Schinkenfleckerln mischen, aber nicht mehr kochen! Eiklar mit einer Prise Salz halbsteif schlagen und unter die etwas abgekühlte Masse rühren. In eine gebutterte Form füllen, mit Käse sowie Paprikapulver bestauben und im vorgeheizten Rohr auf der untersten Schiene unter der Grillschlange ca. 3–4 Minuten goldgelb überbacken. Mit knackigem Salat servieren.

Krautfleckerln

ZUBEREITUNG

Geschnittenes Kraut mit Salz sowie Kümmel abmischen und etwa 1 Stunde ziehen lassen. Fleckerln in reichlich Salzwasser kernig kochen, abseihen, mit kaltem Wasser abschrecken und gut abtropfen. Öl oder Schmalz erhitzen und Zucker darin hell karamellisieren. Fein geschnittene Zwiebeln beigeben und durchrösten. Kraut einrühren und ebenfalls mitrösten. Bei Bedarf mit etwas Suppe oder Wasser aufgießen. Mit Salz, Pfeffer und Kümmel gut würzen und das Kraut ca. 30 Minuten kernig dünsten (dabei eher trocken als zu flüssig anrösten). Fleckerln nochmals erhitzen, mit dem Kraut vermengen und abschließend abschmecken.

TIPP: Nicht zu heiß anrichten, da die Krautfleckerln am besten lauwarm schmecken.

ZUTATEN

200 g Fleckerln, eher groß geschnitten (hausgemacht oder Lasagneblätter vorkochen und groß schneiden)
600 g Weißkraut, groß geschnitten
150 g Zwiebeln, fein geschnitten
1 EL Kristallzucker
2 EL Öl oder Schmalz
Salz, schwarzer Pfeffer aus der Mühle
Kümmel
evtl. etwas Suppe oder Wasser

Altsteirischer Krautstrudel

ZUBEREITUNG

Schmalz erhitzen und geschnittene Zwiebel gemeinsam mit Zucker dünsten. Mit Salz und Pfeffer würzen. Kraut beigeben, weich garen und wieder erkalten lassen. Strudelteig auf einem bemehlten Tuch auflegen und mit Kraut sowie Geselchtem belegen. Strudel mit Hilfe des Tuches einrollen, an den Enden gut verschließen und mit Eidotter oder flüssiger Butter bestreichen. Auf ein befettetes Backblech legen und im heißen Rohr bei gleichmäßiger Hitze ca. 45 Minuten goldgelb backen. Portionieren und eventuell mit Bratensaft anrichten.

TIPP: Am Ostrand der Steiermark wurden von alters her analog zu diesem Rezept auch Kürbis- und Rübenstrudel zubereitet.

ZUTATEN

Strudelteig, hausgemacht (s. S. 191) oder 1 Packung Strudelblätter
1 kg Weißkraut, nudelig geschnitten
1 Zwiebel, fein geschnitten
Zucker nach Belieben
500 g Geselchtes, gekocht und faschiert
Schmalz zum Braten
Salz, Pfeffer
Mehl für die Arbeitsfläche
Eidotter oder Butter zum Bestreichen
Butter für die Form
Bratensaft nach Belieben zum Anrichten

Krautstrudel mit Blutwurst

ZUTATEN

Strudelteig,
hausgemacht (s. S. 191)
oder 1 Packung
Strudelblätter
500 g Weißkraut
200 g Erdäpfel (mit
der Schale am Vortag
halbroh gekocht)
1 Zwiebel, geschnitten
80 g Schmalz
100 g Grammeln
(oder Speckwürfel)
Salz, Pfeffer aus der
Mühle, Kümmel
evtl. Eiklar zum
Einrühren
Eidotter zum Bestreichen
2 Blutwürste zum Füllen
Butter oder Schmalz
zum Bestreichen

ZUBEREITUNG

Kraut nicht zu fein schneiden. Mit Kümmel und Salz würzen, durchmischen und gut andrücken. Etwa 1 Stunde marinieren lassen. Schmalz erhitzen und Zwiebel darin anrösten, Kraut zugeben und leicht andünsten. Erdäpfel schälen, klein würfeln oder grob raspeln und dazurühren. Mit etwas Pfeffer abschmecken und abkühlen lassen. Nach Belieben das Eiklar einrühren. Strudelteigblätter auf leicht befeuchtetem Tuch ausbreiten, mit Butter oder Schmalz bestreichen. Die abgekühlte Kraut-Erdäpfelfülle auf etwa zwei Dritteln der Teigfläche verteilen. Blutwurst enthäuten, in Würfel schneiden und mit den Grammeln über die Krautfülle streuen. Den Strudel mit Hilfe des Tuches einrollen und die Enden gut verschließen. Mit Eidotter bestreichen und auf ein befettetes Backblech setzen. Im vorgeheizten Rohr bei 200 °C ca. 20 Minuten backen und nach Belieben mit Salat servieren.

TIPP: Diese Krautfülle kann freilich beliebig abgeändert werden und ganz nach Lust und Laune etwa durch kurz gebratenes Wild-, Kalb-, Lamm- oder Schweinefleisch in Kombination mit Gemüse oder Schwammerln ersetzt werden. Dabei empfiehlt sich mitunter die Zugabe von Crème fraîche.

Rogg'nkrapfen

Der „Zwillingsbruder" des Ennstaler Steirerkäses (s. Vorspeisen S. 27)

ZUBEREITUNG

Roggenmehl in einem Weidling mit kalter Milch oder Buttermilch, Salz und Kümmel abmachen und gut verkneten. Zu Rollen formen, davon Scheiben abschneiden und diese jeweils sehr dünn auf Palatschinkengröße aus-walken. In einer Pfanne in ganz heißem, bereits leicht rauchendem Fett schwimmend, kurz beidseitig backen. (Wirklich nur kurz backen, die Krapfen sind sofort durch und werden sonst hart.) Herausheben, mit Küchenkrepp abtupfen, mit Steirerkäs' bestreichen und wie Palatschinken einrollen.

ZUTATEN

1 kg Roggenmehl
ca. 750 ml Milch
oder Buttermilch
evtl. ganzer Kümmel
Salz
Öl zum Herausbacken

TIPPS

■ Der klassische Begleiter des Rogg nkrapfens ist der „Ennstaler Steirerkas", ein autochthoner Magermilchkäse, der auf den Krapfen gebröselt wird, den man dann eingerollt mit der Hand isst. Siehe auch Vorspeisen, S. 27

■ Die Krapfen, die speziell zu Sauermilch-, Bier- oder Rahmsuppe gut schmecken, lassen sich in Klarsichtfolie bis zu 2 Wochen aufbewahren.

■ Oft werden die Krapfen auch mit gekochtem Sauerkraut und/oder heißen, zerdrückten und gewürzten Erdäpfeln, mit Honig und/oder Zimt, Topfen, fallweise auch mit Beeren gegessen.

Grammelkrapferln (Pogatschen)

ZUBEREITUNG

Germ zerbröseln, in der lauwarmen Milch auflösen und mit ein wenig Mehl zu einem Dampfl rühren. Dampfl mit wenig Mehl bestreuen, bei höchstens 40 °C warm stellen und so lange aufgehen lassen, bis an der Oberfläche Risse entstehen. Sauerrahm mit Ei, Wein und gehackter Petersilie gründlich verrühren. Dampfl mit der Sauerrahmmischung, Grammeln und dem restlichen Mehl in einer Schüssel verrühren und zu einem glatten Teig abschlagen. Zudecken und an einem warmen Ort ca. 20 Minuten aufgehen lassen. Teig zusammenschlagen und nochmals ca. 20 Minuten gehen lassen. Den Teig auf einer bemehlten Arbeitsfläche fingerdick ausrollen und mit einem runden Ausstecher (oder umgedrehten Glas) Scheiben mit ca. 5 cm Durchmesser ausstechen. Restlichen Teig verkneten, ausrollen und noch-mals Scheiben ausstechen. Teigscheiben auf ein mit Öl bestrichenes oder mit Backpapier belegtes Backblech legen, mit verquirltem Dotter bestrei-chen und nochmals 15 Minuten gehen lassen. Im vorgeheizten Backrohr bei 200 °C ca. 20 Minuten goldgelb backen.

ZUTATEN

150 g kleine Grammeln
(bei Bedarf grob hacken)
150 g glattes Mehl
2–3 EL lauwarme Milch
20 g Germ
2 EL Sauerrahm
2 EL Wein
1 Ei
1 EL Petersilie, gehackt
Mehl für die
Arbeitsfläche
Dotter zum Bestreichen
Öl zum Bestreichen

TIPP: Diese Krapferln passen ausgezeichnet zu Wein oder Bier.

ERDÄPFELGERICHTE

Erdäpfelteig
Das klassische Rezept für Erdäpfelknödel und Erdäpfelnudeln

ZUTATEN
300 g mehlige Erdäpfel
100 g griffiges Mehl
(Type 480)
30 g Grieß
2 Eidotter
Salz, Pfeffer
Muskatnuss
Mehl für die
Arbeitsfläche

ZUBEREITUNG
Erdäpfel in der Schale weich kochen. Schälen und noch heiß passieren. Mit den restlichen Zutaten auf einem bemehlten Brett rasch verkneten. Teig zu einer Rolle formen und ca. 30 Minuten zugedeckt bei Zimmertemperatur rasten lassen. In entsprechend große Stücke teilen und je nach weiterer Verwendung zu Knödeln oder Nudeln formen und in Salzwasser ca. 10–15 Minuten köcheln lassen.

TIPPS
- Die Erdäpfel können auch bereits am Vortag gekocht und erst am nächsten Tag geschält und gerieben bzw. fasciert werden.
- Bestehen Sie beim Einkauf unbedingt auf möglichst mehligen Erdäpfeln und griffigem Mehl. Mit Universal- oder glattem Mehl gelingt der Erdäpfelteig nicht so gut.

Kleine Erdäpfelkunde

„Sieben Erdäpfel rauch z'sprengen noch keinen Bauch!", lautet ein altes steirisches Sprichwort über die Bekömmlichkeit ungeschälter Erdäpfel. Es dauerte freilich schon seine Zeit, bis die Erdäpfel der alten Inkas in der Steiermark Erzherzog Johanns angelangt waren, der diese über Vermittlung seiner Nichte, Erzherzogin Leopoldine und ihres Zeichens Kaiserin von Brasilien, auch in roten und blauen Varietäten erhielt und auf seinem Mustergut in Pickern bei Marburg anpflanzte. Die zunächst als giftige Zierpflanzen jahrhundertelang ins Abseits gedrängten Knollen füllten plötzlich als Erdbirnen, Fletzbirnen, Bunsen, Eschbon (Erdbohnen), Erdrüben, Erdkastanien, Erdkästen oder Krummbirnen die Mägen einer verarmten Bevölkerung, die zumal nach den Verwüstungen der napoleonischen Kriege dringend einer preisgünstigen Massennahrung bedurfte.
Mittlerweile hat der Erdapfel Karriere gemacht. Noch 1950 kannte man weit über 600 Sorten. Heute sind es leider nur noch hundert, von denen nur vierzig tatsächlich angebaut werden. Umso vielfältiger sind dagegen die Erdäpfelspeisen, deren Rezepte sich gottlob bis heute erhalten haben und die durchwegs auf den beiden archaischen Klassikern – „Erdäpfel in der Montur" (in der Schale gekocht) oder „G'röste" (zerkocht, in feine Scheiben geschnitten und mit Zwiebeln in Schmalz geröstet) – aufbauen.

Wie man Erdäpfel unterscheidet

Eine der gebräuchlichsten Unterscheidungen ist jene nach dem Ernte-
zeitpunkt. In der Steiermark beginnt die Ernte der Frühsorten (Heuri-
gen) Ende Mai, Anfang Juni.

Die Haupternte dauert bis Mitte September. Dementsprechend unterscheidet man auch sehr frühe, frühe, mittelfrühe, mittelspäte und späte
Sorten. Ein anderes Unterscheidungsmerkmal ist das Aussehen, das von
rund, rundoval, plattoval und lang bis hin zu weiß, gelb, rot und blau
reichen kann. Am besten hat sich jedoch die Unterscheidung nach dem
Kochtyp bewährt:

Festkochend – speckig

Sorten: *Sieglinde, Sigma, Kipfler, Julia, Ditta, Nicola, Stella*

Ein fester schmaler, länglicher Erdapfel, der auch bei längerem Kochen
nicht zerfällt. Das Fleisch ist feucht, glatt, schnittfest und nicht mehlig.
Der Stärkegehalt ist mit ca.10–12 % niedrig.

Ideal für: *Erdäpfelsalat, Salzerdäpfel, Buttererdäpfel*

Gut geeignet für: *Braterdäpfel (roh), Erdäpfelsuppe*

Bedingt geeignet für: *Rösti, Erdäpfelgratin*

Nicht geeignet für: *Pommes frites, Erdäpfelpüree sowie Erdäpfelteig*

Vorwiegend festkochend – schwach mehlig

Sorten: *Bintje, Conny, Christa, Ostara, Ukama, Silvana, Desiree, Linzer Rose
und Linzer Gelbe, Sirtema, Palma, Planta*

Ein eher oval-runder Erdapfel, dessen Schale beim Kochen häufig etwas
aufspringt, das Fleisch bleibt dabei jedoch im Allgemeinen fest, ist
schwach mehlig und hat einen mäßigen bis mittleren Stärkegehalt von
ca. 12–15 %.

Ideal für: *Rösti, Braterdäpfel*

Gut geeignet für: *Salz-, Buttererdäpfel, Erdäpfelgratin, Erdäpfelsalat, Erdäpfelsuppe*

Bedingt geeignet für: *Pommes frites, Erdäpfelpüree, Erdäpfelteig*

Lockerkochend – mehlig

Sorten: *Maritta, Alma, Hermes, Saturna, Eba, Aula, Welsa, Cosima,
Van Gogh*

Dieser eher runde Erdapfel springt beim Kochen meist stark auf. Sein
Fleisch ist mehlig, ziemlich trocken, grobkörnig, locker sowie von mitt-
lerem bis hohem Stärkegehalt, ca. 15–19 %.

Ideal für: *Erdäpfelpüree, Pommes frites, Gerichte aus Erdäpfelteig*

Gut geeignet für: *Erdäpfelgratin, Braterdäpfel (roh), Erdäpfelsuppe*

Bedingt geeignet für: *Rösti, Salzerdäpfel, Erdäpfelsalat*

Wie man Erdäpfel aufbewahrt

Wer die Möglichkeit hat, Erdäpfel einzulagern, sollte sie dunkel, luftig
und kühl (bei 4 bis 8 Grad), am besten auf Stellagen mit Lattenrost und
unbedingt in ungewaschenem Zustand, aufbewahren.

Wie man Erdäpfel kocht

Um beim Kochen möglichst viele Vitamine zu erhalten, sollte man die
Erdäpfel möglichst mit der Schale kochen oder dämpfen. Heurige Erd-

äpfel können mit heißem, gesalzenem Wasser zugestellt werden, ältere bzw. länger gelagerte Erdäpfel sollten mit kaltem, gesalzenem Wasser aufgestellt und – am besten nicht zugedeckt – langsam weich gekocht werden. Dadurch werden auch unterschiedlich große Erdäpfel gleichmäßig durch. Ratsam ist es auch, die Erdäpfel nach dem Kochen abzuschrecken, da sie sich dann leichter schälen lassen.

Grammelknödel aus Erdäpfelteig

ZUTATEN
für 8 Knödel
Erdäpfelteig s. S. 78
2 EL Schmalz
40 g Zwiebeln,
fein geschnitten
100 g Grammeln,
fein gehackt
1–2 EL Semmelbrösel
Salz, Pfeffer, Majoran
Knoblauch
flüssiges Grammel-
schmalz zum Begießen

ZUBEREITUNG
Erdäpfelteig wie beschrieben zubereiten und rasten lassen. Für die Fülle geschnittene Zwiebeln in heißem Schmalz anrösten. Mit den Grammeln vermengen und mit Semmelbröseln binden. Kräftig mit Salz, Pfeffer, Majoran und Knoblauch abschmecken. Kalt stellen. Aus der Masse kleine Kugeln formen und diese etwas anfrieren lassen.
Erdäpfelteig zu einer Rolle formen und eventuell nochmals kurz rasten lassen. In 8 Teile aufteilen und diese flach drücken. Grammelfülle auflegen, rundum gut mit Teig umhüllen und zu schönen Knödeln formen. In Salzwasser (anfangs zugedeckt) ca. 10–15 Minuten wallend kochen lassen. Herausheben, mit Grammelschmalz begießen und anrichten.

BEILAGENEMPFEHLUNG: warmes Sauerkraut

Erdäpfelnudeln
(Wutz'lnudeln oder Schupfnudeln)

ZUTATEN
Erdäpfelteig s. S. 78
Butter oder Schmalz

ZUBEREITUNG
Erdäpfelteig wie beschrieben zubereiten und rasten lassen. Zu einer daumendicken Rolle formen, fingerbreite Stücke abschneiden und diese mit der flachen Hand zu etwa 5–7 cm langen Nudeln walzen bzw. wutzeln. In kochendem Salzwasser ca. 5–8 Minuten ziehen lassen, herausheben, abtropfen lassen und eventuell kurz kalt abschrecken. In einer Pfanne Butter oder Schmalz erhitzen und die Schupfnudeln darin etwas nachgaren lassen. Je nach weiterer Verwendung können die Erdäpfelnudeln dabei mehr oder weniger Farbe bekommen, aber auch in Butterbröseln geschwenkt oder mit Nüssen oder Mohn serviert werden.

TIPP: Erdäpfelnudeln und -knödel eignen sich sehr gut zum Tiefkühlen. Dafür legt man sie am besten nebeneinander aufgereiht auf ein Tablett und bedeckt sie mit Klarsichtfolie.

Überbackene Erdäpfel
(Erdäpfelgratin)

ZUBEREITUNG

Erdäpfel schälen, kurz abspülen, aber nicht im Wasser liegen lassen (die Stärke würde ausgelaugt werden, wodurch es keine sämige Bindung mehr gäbe). Milch und Obers in einem Topf vermengen und die Erdäpfel in gleichmäßigen, nicht zu dünnen Scheiben direkt hineinschneiden. Mit Salz, Pfeffer und Muskat gut würzen. Kernig weich kochen und dabei wiederholt umrühren, damit sich nichts anlegt. Rasch abkühlen lassen (eventuell in kaltes Wasser stellen).

Eine feuerfeste Form oder Backblech (ergibt mehr Kruste) mit Knoblauch ausreiben, mit Butter ausstreichen und ein wenig ganzen Kümmel einstreuen. Die Erdäpfelscheiben flach verteilen und im heißen Rohr bei Oberhitze (obere Schiene) oder bei Grillschlange (auf unterster Schiene) ca. 15–20 Minuten überbacken.

VERWENDUNG: ideal als Beilage zu Lamm-, Grill- und Bratengerichten

TIPPS

■ Die Erdäpfel können auch mit Zucchini, Porree oder Pilzen (angedünstet oder blanchiert) belegt und vor dem Überbacken evtl. mit geriebenem Käse bestreut werden.

■ Für ein Erdäpfel-Spargelgratin wird zusätzlich gekochter Spargel unter die Erdäpfel gemischt und dann überbacken.

ZUTATEN
für ca. 10 Portionen
1,5 kg speckige Erdäpfel
(geschält 1,2 kg)
250 ml Milch
250 ml Schlagobers
Salz, Pfeffer, Muskatnuss
Kümmel, Knoblauch
Butter oder Öl
für die Form

Erdäpfel-Selleriepüree

ZUBEREITUNG

Sellerie und Erdäpfel schälen, vierteln, in Salzwasser – nach Belieben mit etwas Milch vermischt – weich kochen. Abseihen und mit einem Erdäpfelstampfer stampfen oder kurz pürieren. Mit Salz und etwas weißem Pfeffer würzen, mit Milch oder Obers sowie Butter geschmacklich abrunden.

TIPP: Besonders nett sieht dieses Püree aus, wenn man es mit feinen, frittierten Selleriestreifen dekoriert.

VARIATIONEN

Nach dem Vorbild des Erdäpfel-Selleriepürees lassen sich zahlreiche Gemüsepürees, z. B. von Karfiol, Spargel, Porree usw., zubereiten. Die Gemüse werden dafür gewaschen, bei Bedarf geschält, klein geschnitten oder grob geraspelt. Dann werden die Gemüse in leichtem Salzwasser mit etwas Obers weich gekocht und bei Bedarf mit etwas kalter Butter oder Öl gestampft oder püriert. Wichtig: Das Gemüsepüree wird flaumiger und cremiger sowie auch zarter im Geschmack, wenn es mit mehligen Erdäpfeln (1 Teil Gemüse auf 2 Teile Erdäpfel) gekocht bzw. mitpüriert wird.

ZUTATEN
300 g Sellerie
200–300 g mehlige
Erdäpfel
etwas Milch oder
Schlagobers
50–80 g Butter
Salz, weißer Pfeffer
aus der Mühle

Erdäpfelstrudel

ZUTATEN

Strudelteig, haus-
gemacht oder 1 Packung
Strudelteigblätter
500 g Erdäpfel
2 EL Öl oder Schmalz
1 Eidotter
1 TL Kräuter je nach
Angebot (Petersilie,
Majoran)
Salz, Pfeffer
Butter zum
Bestreichen

ZUBEREITUNG

Erdäpfel waschen und mit kaltem Wasser sowie einer Prise Salz zustellen und nicht zu weich kochen. Mit kaltem Wasser abschrecken, auskühlen lassen und schälen. Grob raspeln oder klein schneiden. In einer Pfanne Öl oder Schmalz erhitzen und die Erdäpfel beidseitig gut anrösten. Mit Salz, etwas Pfeffer und Majoran oder anderen Kräutern gut würzen. Etwas abkühlen lassen.

Die Strudelblätter auf einem zart befeuchteten Geschirrtuch übereinander legen, mit flüssiger Butter bestreichen und auf ca. einem Drittel der Strudel-teigfläche die abgekühlte Erdäpfelmasse verteilen. Mit Hilfe des Geschirr-tuches einrollen und auf ein geöltes Backblech heben. Mit Eidotter bestreichen und im vorgeheizten Rohr bei ca. 200 °C ca. 30 Minuten backen. Etwas abkühlen lassen und lauwarm eventuell mit Salat servieren.

TIPP: Für einen Schwammerlstrudel mengt man gut angeröstete Schwammerln oder Pilze unter die Erdäpfelmasse.

Erdäpfelwurst

(aus rohen Erdäpfeln)
Original-Rezept der Fleischerei Peter und Roman Feiertag in Weiz

ZUTATEN

1,5 kg speckige Erdäpfel
ca. 30 g Salz
100 g Grammeln
50 g Schmalz oder
Bratlfett
2–3 Knoblauchzehen,
zerdrückt
40 g Grieß
20 g Semmelbrösel
Majoran, weißer Pfeffer
aus der Mühle
Wurstdarm zum Füllen
Öl für das Backblech

ZUBEREITUNG

Geschälte, rohe Erdäpfel fein schaben und in kaltes Wasser geben. Schmalz oder Bratlfett mit den Grammeln kurz anschwitzen, restliche Zutaten sowie gut ausgedrückte Erdäpfel zugeben. Rasch vermischen und in einen Wurstdarm füllen. In einem Topf bei 80 °C ca. 45 Minuten köcheln lassen und kurz kalt abschrecken. Auf ein geöltes Backblech legen und im vorgeheizten Rohr bei 220 °C ca. 45 Minuten braten.

VERWENDUNG: mit Sauerkraut als Hauptspeise oder zu Bratengerichten als Beilage

Der Erdäpfelkorporal

*Auf welch verschlungenen Wegen das Volksnahrungsmittel Erdapfel Einzug in
die grüne Mark hielt, beweist die Geschichte des Würzburger Korporals, der im
Regiment des Barons Lattermann diente, welches 1774 aus Siebenbürgen nach
Leoben verlegt wurde. In seinem Tornister führte der Korporal damals gezähl-
te fünf Stück Erdäpfel mit, die er beim Leobener Tullerbauer auspflanzte. Der
Versuch fiel so erfolgreich aus, dass bald das ganze Regiment mit Erdäpfeln ver-
sorgt werden und der „Erdäpfelkorperl" nicht nur die wertvollen Samen, das
Maßl um 5 Kreuzer, an die interessierten Einheimischen verkaufen konnte,
sondern vom Leobener Kreisamt für seine Bemühungen eine Förderung von
10 fl. jährlich, auszufolgen in Silberzwanzigern, erhielt.*

Eschdbonkoh
Das Ausseerländer Originalrezept

ZUBEREITUNG

Die roh geschnittenen Erdäpfel in heißem Schmalz so lange anbraten, bis
sich an der Unterseite eine Kruste bildet. Im Ganzen umdrehen (am besten
mit Hilfe eines flachen, in die Pfanne passenden Deckels), mit Gabeln oder
Bratenwender zerreißen, weitergaren und würzen.

TIPP: Im Ausseerland isst man dieses „Erdbohnenkoch" gerne gemeinsam
mit saurer Suppe oder Krautstrudel. Es gibt davon auch eine Fassung für
Holzknechte, die das „Eschdbonkoh" unter Zugabe von gekochten Nudeln,
Zwiebeln und Wurst zu einem „Grenadierla" (Grenadiermarsch) umwan-
delten.

ZUTATEN
1 kg Erdäpfel, roh,
feinblättrig geschnitten
Schweineschmalz
Salz, Pfeffer

Dreatschnkoh

*Ein klassisches Holzknechtgericht, ursprünglich
über offenem Feuer zubereitet*

ZUTATEN

1 kg speckige Erdäpfel,
gekocht, abgekühlt,
feinblättrig geschnitten
250 ml Wasser
250 g Grieß
2 Zwiebeln,
fein geschnitten
Schweineschmalz
zum Braten
8 Eier, versprudelt
Salz

ZUBEREITUNG

Zwiebeln in heißem Schmalz anlaufen lassen, Erdäpfel beifügen und rösten. Grieß salzen, mit kochendem Wasser übergießen und aufquellen lassen. Dann über die Erdäpfel schütten. Mit Salz abschmecken. Versprudelte Eier darüber geben und nochmals kurz durchrösten.

TIPP: Dieses kräftigende Holzfällergericht wird meist mit grünem Salat oder warmem Speckkrautsalat serviert.

Erdäpfelsterz

ZUTATEN

750 g mehlige Erdäpfel
300 g griffiges Mehl
150 g Schmalz
Salz, Pfeffer
evtl. Majoran

ZUBEREITUNG

Erdäpfel am Vortag mit der Schale nicht zu weich kochen, abseihen und auskühlen lassen. Am nächsten Tag schälen und grob reiben bzw. reißen. Mit Salz und Pfeffer sowie nach Geschmack mit etwas Majoran würzen und mit dem Mehl vermischen bzw. abbröseln. In einer schweren Eisen- oder Alugusspfanne das Schmalz erhitzen und darin die Erdäpfelmasse langsam anbraten. Zwischendurch den Sterz mit einer Sterz- oder Schmarrenschaufel wenden.

TIPPS

- In vielen Gegenden werden zum Erdäpfelsterz auch gerne frische Schwammerlsuppe oder saure Rahmsuppe serviert.
- Für einen klassischen Schwammerl-Erdäpfelsterz werden Pilze oder Schwammerln mit dem Sterz geröstet oder extra angeröstet und erst vor dem Auftragen untergemischt.

Erdäpfel-Blunz'n-Gröstl

ZUTATEN

800 g speckige Erdäpfel,
am Vortag nicht zu
weich gekocht
4 Blutwürste
2 Zwiebeln, in halbierte
Ringe geschnitten
Salz, Pfeffer aus der
Mühle, frischer Majoran

ZUBEREITUNG

Gekochte Erdäpfel am besten über Nacht auskühlen lassen. Schälen, blättrig schneiden und in heißem Schmalz gut anrösten. Wenden und auf der anderen Seite langsam fertig braten. Von den Blutwürsten die Haut abziehen, in 1 cm dicke Scheiben schneiden und in einer anderen Pfanne in heißem Schmalz kurz beidseitig anbraten. Gleich aus der Pfanne nehmen. Nochmals etwas Schmalz in die Pfanne geben und die Zwiebeln darin anrösten. Erdäpfel und Blutwurst beigeben, kurz durchschwenken und alles mit Salz, Pfeffer und frischem Majoran abschmecken.

Erdäpfelgröstl

ZUBEREITUNG

Gekochte Erdäpfel am besten über Nacht auskühlen lassen. Erdäpfel schälen, blättrig schneiden und in heißem Schmalz gut anrösten. Wenden und auf der anderen Seite langsam fertig braten.

In einer zweiten Pfanne die Zwiebeln ebenfalls in heißem Schmalz gut anrösten. Erdäpfel und Zwiebeln vermischen, kurz durchschwenken und mit Salz, Pfeffer, frischem Majoran abschmecken und anrichten.

TIPPS

- Für ein Schwammerlgröstl mischt man unter die Erdäpfel geröstete Eierschwammerln, für ein Fischgröstl geröstete Fische, etwa Karpfen oder Räucherfisch.
- Obwohl das klassische Gröstl in einer einzigen Pfanne hergestellt wird, ist es bei mehreren Zutaten (z. B. Erdäpfel und Schwammerln) sowohl aus geschmacklichen als auch aus optischen Gründen besser, zwei Pfannen zu verwenden.
- Als Pfanne eignet sich am besten eine Gusspfanne mit dickem Boden oder eine leichtere, versiegelte Aluminium-Gusspfanne.
- Achtung: Sind Zwiebeln (wie in vielen Rezepten angegeben) erst einmal angeröstet und werden weitere Zutaten wie Erdäpfel oder Schwammerln zugegeben, so können diese nicht mehr geröstet werden, da die Zwiebeln sonst verbrennen würden. Daher werden zuerst die Pilze oder Erdäpfel bis zu einer schönen Farbe angeröstet, dann erst sollte man die (am besten extra angerösteten) Zwiebeln hinzufügen.
- Gröstl kann sowohl als Beilage als auch als Zwischenspeise oder als Hauptspeise mit Salat serviert werden.

ZUTATEN

1 kg speckige Erdäpfel, am Vortag nicht zu weich gekocht
2–3 Zwiebeln, in halbierte Ringe geschnitten
Salz, Pfeffer aus der Mühle
frischer Majoran
Schweineschmalz zum Braten

Erdäpfel-Blunz'n-Gröstl

Erdäpfelragout mit Spargel
Nach Art eines Risottos

ZUTATEN

800 g mehlige Erdäpfel
500 g Spargel, gekocht
100 g Zwiebeln,
fein geschnitten
Öl zum Anrösten
125 ml Weißwein, trocken
Spargelfond oder Suppe
zum Aufgießen
Salz, weißer Pfeffer
kalte Butter zum Binden

ZUBEREITUNG

Erdäpfel in ganz kleine Würfel schneiden (oder in ganz feine Fächer und anschließend quer auf einem Gemüsehobel in feinste Würfel schneiden) und in kaltem Wasser auswässern.

Fein geschnittene Zwiebeln in heißem Öl etwas anlaufen lassen. Abgetropfte Erdäpfelwürfel zugeben, mit Weißwein ablöschen und einkochen lassen. Nach und nach mit Spargelfond bzw. Suppe aufgießen, so dass die Erdäpfel stets bedeckt sind, aber nicht schwimmen. (Nur so viel zugießen, wie aufgenommen wird.) Unter oftmaligem Rühren ca. 30–40 Minuten köcheln lassen. Mit Salz und weißem Pfeffer würzen. Gekochten Spargel in mundgerechte Stücke schneiden, zugeben und kurz erwärmen. Mit kalten Butterstückchen binden, aber nicht mehr kochen.

TIPP: Statt Spargel kann auch jedes andere passende Gemüse (Erbsen, Kohlrabi, Schwarzwurzeln etc.) verwendet werden.

Erdäpfelragout mit Spargel

Erdäpfelgulasch

ZUBEREITUNG

Fein geschnittene Zwiebeln in heißem Schmalz goldgelb anrösten. Etwas Paradeisermark einrühren, Hitze verringern, Paprikapulver zugeben und in lauwarmem Fett 1–2 Minuten durchrühren. Mit warmer Suppe oder Wasser aufgießen. Hitze wieder erhöhen, mit Salz, Pfeffer, Kümmel, Majoran, Lorbeer, Knoblauch und etwas Pfefferoni oder Chilischote vorsichtig würzen. Etwa 30 Minuten nicht zugedeckt kräftig kochen lassen. Nun Hitze reduzieren und den Saft ca. 2 Stunden auf kleiner Flamme ganz langsam köcheln lassen, damit sich die Bitterstoffe und blähenden Stoffe verkochen.

Zwischendurch bei Bedarf mit etwas kaltem Wasser aufgießen und abfetten. Sobald der Gulaschsaft einen angenehmen Geschmack erreicht hat, die grob geschnittenen Erdäpfel zugeben. Nach etwa 15 Minuten die grob gewürfelte Braunschweiger einmengen und langsam mitkochen, bis die Erdäpfel weich sind. Bei Bedarf abschließend etwas Sauerrahm und Mehl glatt rühren und das Gulasch damit binden.

ZUTATEN

250 g Zwiebeln,
fein geschnitten
80 g Schmalz
Paradeisermark
1 EL Paprikapulver,
edelsüß
ca. 500 ml Suppe
oder Wasser
Salz, Pfeffer, Kümmel
Majoran, Lorbeerblatt,
Knoblauch
Pfefferoni oder
Chilischote
1 kg mehlige Erdäpfel,
roh geschält
250 g Braunschweiger-
Wurst
eventuell etwas
Sauerrahm und Mehl
zum Binden

GEMÜSEGERICHTE

Stöcklkraut

ZUTATEN
1 mittelgroßer Krautkopf
Salz, Pfeffer, Kümmel
Salzwasser oder
Selchsuppe
Bratlfett oder Bratensaft

ZUBEREITUNG
Das Kraut mit dem Strunk in vier Viertel schneiden und in Salzwasser oder Selchsuppe ca. 20 Minuten weich kochen. Gut abtropfen, Strunk wegschneiden und beim Anrichten mit heißem Bratensaft begießen.

VERWENDUNG: zu allen Arten von Bratln, Würsten und Knödeln

Grammelkraut

ZUTATEN
1 mittelgroßer Krautkopf
Öl oder Schmalz
Salz, Pfeffer, Kümmel
Suppe
Grammelschmalz
zum Begießen

ZUBEREITUNG
Das Kraut mit dem Strunk in vier Viertel schneiden und in Öl oder Schmalz rundum gut anbraten. Mit Salz, Pfeffer sowie etwas Kümmel würzen, etwas Suppe zugießen und zugedeckt am Herd oder im Rohr ca. 20 Minuten weich schmoren. Vor dem Anrichten den Strunk wegschneiden und Kraut mit heißem Grammelschmalz begießen bzw. abschmalzen.

Paprikakraut

ZUBEREITUNG

Weißkraut oder Chinakohl fein schneiden, mit Salz sowie Kümmel würzen und etwas anziehen lassen. In heißem Schmalz oder Butter andünsten. Paprikapulver einrühren, mit einem Schuss Essig ablöschen und mit wenig Suppe aufgießen. Weich dünsten. Paprikaschoten putzen, mit einem Sparschäler schälen und kleinwürfelig schneiden. Kurz vor Garungsende Paprikawürferl einmengen und noch mitdünsten. Bei Bedarf etwas Rahm einrühren. Abschließend mit Salz und Pfeffer abschmecken.

TIPPS

■ Statt der Paprikawürferl kann auch gegen Garungsende etwas Paprika-soße zugegeben werden.

■ Paradeiserkraut wird nach demselben Rezept zubereitet, nur werden gegen Schluss 2–3 geschälte, würfelig geschnittene Paradeiser (auch aus der Dose) mitgedünstet.

ZUTATEN

ca. 500 g junges Weiß-
kraut oder Chinakohl
Salz, Pfeffer, Kümmel
Schmalz oder Butter
zum Andünsten
1 EL Paprikapulver,
edelsüß
Schuss Essig
1–2 Paprikaschoten,
rot oder grün
etwas Suppe
evtl. Sauerrahm

Karfiol mit Butter und Bröseln

ZUBEREITUNG

Karfiol putzen und in Röschen zerteilen. In genügend Salzwasser kochen und abseihen. Butter aufschäumen, Brösel einrühren und über die heißen Karfiolröschen gießen (abschmalzen).

TIPP: Diese Zubereitungsart passt auch für Kohlsprossen, Spargel, Schwarz-wurzeln, Brokkoli und ähnliches Gemüse.

ZUTATEN

1 großer Karfiol
100 g Butter
2–3 EL Semmelbrösel

Rahm-Kürbisgemüse

ZUBEREITUNG

Kürbisfleisch gut einsalzen, durchmischen und stehen lassen. Geschnittene Zwiebeln in Butter anschwitzen, Paradeisermark zugeben und kurz ver-rühren. Kürbis gut ausdrücken und zugeben. Mit Salz, Kümmel und Dille würzen. Sauerrahm mit etwas Wasser und Mehl glatt rühren, einrühren und Kürbis auf kleiner Flamme ca. 45 Minuten weich dünsten.

ZUTATEN

500 g Kürbisfleisch,
geschnitten
Salz
1 EL Butter
100 g Zwiebeln,
klein geschnitten
1 KL Paradeisermark
Kümmel, Dille
500 ml Sauerrahm
1 KL Mehl

Rahm-Specklinsen

100 g Zwiebeln,
fein geschnitten
100 g gekochter Speck,
gewürfelt
250 g Linsen
(eingeweicht oder
gekeimt)
Apfelbalsamessig
evtl. Mehl zum Stauben
125 ml Schlagobers
Salz, Pfeffer, Majoran

ZUBEREITUNG

Linsen am Vortag einweichen, am nächsten Tag Einweichwasser abgießen und in leicht gewürztem Wasser oder Fond langsam weich kochen. (Das Einweichen entfällt bei gekeimten rohen Linsen.) Zwiebel- und Speckwürfel gemeinsam anrösten und Linsen zugeben. Mit etwas Apfelbalsamessig ablöschen. Eventuell mit etwas Mehl stauben, mit Obers aufgießen und kurz einkochen. Mit Salz, Pfeffer und Majoran abschmecken.

VERWENDUNG: zu Wild-, Lamm- oder Schweinefleischgerichten

TIPPS

- Am besten eigenen sich für Linsengerichte die kleinen Berglinsen.
- Durch Ankeimen von Getreide, Hülsenfrüchten oder Samen erhöhen sich die Spurenelemente und Vitamine um ein Vielfaches, weiters verkürzt sich bei Hülsenfrüchten die Kochzeit. Für das Ankeimen werden Linsen oder Getreide in lauwarmem Wasser mindestens 1 Std. eingeweicht, abgeseiht und in einer Glasschüssel mit durchlöcherter Klarsichtfolie oder Leinentuch abgedeckt. Linsen danach 3–5 Tage am Fenster ohne direkte Sonnenbestrahlung stehen lassen, bis sich ein ca. 1 cm langer Keimling gebildet hat. Keimlinge täglich einmal abspülen und abtropfen lassen.

Rote Rüben mit Rahm und Kren

ZUBEREITUNG

Rote Rüben waschen und mit kaltem Wasser zustellen, aufkochen und das erste Wasser weggießen. Nochmals mit kaltem Wasser zustellen, mit Salz, Zucker, Essig, Kümmel und Lorbeer würzen. Je nach Größe und Alter weich kochen (nicht zudecken, damit der erdige Geruch entweichen kann!). Schälen, in Streifen, Stäbchen, Spalten oder Würfel schneiden, mit etwas Obers, Essig und je nach Geschmack mehr oder weniger Kren kurz erwärmen. Mit Salz und eventuell Kümmel abschmecken.

ZUTATEN

ca. 500 g Rote Rüben
Prise Zucker
Salz, Kümmel (ganz),
Lorbeerblatt
Schuss Essig
etwas Schlagobers
Kren, frisch gerissen,
nach Belieben

Chinakohl-Apfelgemüse

ZUBEREITUNG

Fein geschnittenen Chinakohl mit Salz würzen und 30 Minuten leicht angepresst stehen lassen. Äpfel nach Belieben schälen und in nicht zu kleine Stücke schneiden (oder grob raspeln). In heißem Schmalz andünsten. Chinakohl etwas ausdrücken und zugeben, mit dem Apfelessig ablöschen und zugedeckt langsam weich dünsten.

ZUTATEN

800 g Chinakohl
2 Äpfel
3 EL Apfel- oder
Apfelbalsamessig
Salz
Butter- oder Schweine-
schmalz zum Andünsten

Weißer Rettich (Dachsteinzapfen)

ZUTATEN

1 kg weißer Rettich
100 g Butter
50 g Semmelbrösel
Salzwasser
Milch, Zitronensaft
Zucker nach Belieben

ZUBEREITUNG

Den Rettich schälen und in gleichmäßige, etwa 2 cm starke Stücke schneiden. Salzwasser mit Zucker, etwas Milch sowie Zitronensaft aufstellen und den Rettich darin weich kochen. Abseihen und gut abtropfen lassen. Mit Butterbröseln anrichten.

VERWENDUNG: als aparte Beilage zu gebratenem Fleisch

Glasierte Maroni

ZUTATEN

200 g Maroni,
nicht ganz weich
gekocht, geschält
50 g Zucker
ca. 60 ml Wasser
kalte Butter

ZUBEREITUNG

In einer trockenen Pfanne den Zucker langsam goldgelb schmelzen. Mit Wasser aufgießen, aber NICHT UMRÜHREN, sondern einkochen lassen. Geschälte Maroni zugeben, kurz erwärmen und ein größeres Stück kalte Butter zugeben. Maroni einkochen lassen und dadurch glasieren.

TIPP: Auf dieselbe Weise lassen sich auch junge Erbsen, Karotten- oder Kohlrabiwürfel glasieren, wobei das Wasser durch Rindsuppe ersetzt und das Gemüse vor dem Servieren mit gehackter Petersilie bestreut wird. Glasiertes Gemüse passt als Beilage zu Kalbsbraten, Faschiertem oder am Rost Gebratenem.

Maroni und Schilchersturm

Da sich die Zeit der Weinlese mit jener der Maronireife geradezu glückhaft überschneidet, steht die weststeirische Herbstidylle alle Jahre wieder im Zeichen jener schweren, gusseisernen Kastanienpfannen, in denen die kleinen Objekte der Begierde über der Holzkohlenglut munter herumhüpfen, während der zwiebelrot leuchtende Schilchersturm dekorativ in der untergehenden Abendsonne schimmert.

„Eine Allianz, die eine Vorahnung des lukullischen Elysiums auslöst", hat der steirische Dichter Reinhard Peter Gruber diese kulinarische Begegnung der einfachsten Art einmal genannt. Und wer wollte ihm da schon ernsthaft widersprechen?

Rotweinzwiebeln

ZUTATEN

500 ml Rotwein
2 EL Zucker
1 Lorbeerblatt
Salz, Pfeffer
1 EL Apfelbalsamessig
500 g Zwiebeln

ZUBEREITUNG

Rotwein mit Zucker, den Gewürzen und Essig aufkochen. Zwiebeln in gröbere Ringe oder Spalten (Viertel) schneiden und im gewürzten Rotwein auf kleiner Flamme zugedeckt ca. 45 Minuten langsam köcheln, bis der Rotwein verdunstet ist. Dabei wiederholt umrühren, damit die Zwiebeln nicht anbrennen. Vor dem Servieren nochmals abschmecken.

VERWENDUNG: zu gegrilltem, gebratenem oder gekochtem Fleisch, Wild sowie auch zu Fisch

Sauerkraut

ZUBEREITUNG

Zwiebeln in heißem Schmalz hell anrösten. Kraut zugeben und mit Suppe aufgießen. Gewürze (nach Belieben in ein Teesäckchen gebunden) zugeben und Erdapfel dazuschaben. Mit Salz sowie Pfeffer abschmecken und langsam ca. 90 Minuten weich dünsten. Dabei wiederholt umrühren, damit das Kraut nicht anbrennt.

TIPP: Das Sauerkraut kann auch durch die Zugabe von Karotten-, Sellerie- oder Apfelstreifen geschmacklich variiert werden. Anstelle von Sauerkraut können auch saure Rüben nach demselben Rezept zubereitet werden.

ZUTATEN

50 g Schweineschmalz
50 g Zwiebeln, fein geschnitten
500 g Sauerkraut
1 l Wasser oder Suppe (Selchsuppe oder Rindsuppe)
Lorbeer, Wacholder, Kümmel, Knoblauch
evtl. 1 mehliger Erdapfel, roh geschabt zum Binden
Salz, Pfeffer

Sauerkraut mit Käferbohnen
Ein Lieblingsgericht der West- und Südsteirer

ZUBEREITUNG

In eine Schüssel zuerst das gekochte, abgeseihte Sauerkraut einschichten. Gekochte, abgeseihte Bohnen darauf anrichten und mit Bröseln und Salz bestreuen. Grammelfett kräftig erhitzen, Knoblauch einmengen und über die Bohnen gießen. Erst bei Tisch kurz vermischen und portionieren.

ZUTATEN

200 g Käferbohnen, gekocht
300 g Sauerkraut, gekocht
100 g Grammelfett (Schweinefett mit Grammeln)
2 Knoblauchzehen, zerdrückt
2 EL Semmelbrösel
Salz

Rotkraut

500 g Rotkraut,
fein geschnitten
30 g Zucker
Salz
1/4 Zimtrinde und
5 Gewürznelken
(evtl. in ein Teesäckchen
gebunden)
30 g Rosinen
1 Apfel (evtl. geschält),
klein gewürfelt
oder geschabt
500 ml Rotwein
Mehl und Rotwein
zum Binden

ZUBEREITUNG

Geschnittenes Rotkraut mit allen Zutaten vermengen, gut andrücken und 1 Tag marinieren lassen. Dann zugedeckt ca. 10–15 Minuten zuerst bei großer, später kleinerer Hitze langsam nicht zu weich dünsten (das Kraut sollte noch Biss haben). Wenig Mehl mit etwas Rotwein glatt rühren und das Kraut damit binden.

TIPPS

■ Rotkraut, das übrigens nach nochmaligem Aufwärmen bei milder Hitze noch besser schmeckt, kann etwa durch die Zugabe von Kastanien, Ananas, Trauben, Orangen oder Preiselbeeren äußerst vielfältig variiert werden.

■ Wer auf Wein verzichten möchte, ersetzt ihn einfach durch Wasser, bindet das Kraut mit einem mitgekochten, geschabten mehligen Erdapfel und erhält somit Blaukraut.

Kohlgemüse

ZUTATEN

250 g Kohlblätter
125 ml Schlagobers
Salz, Pfeffer
Muskatnuss,
Kümmel (ganz)
Speckwürfel zum
Garnieren

ZUBEREITUNG

Kohlblätter in kochendem Salzwasser bissfest blanchieren (kurz überkochen) und in Eiswasser abschrecken. Den eher festen Strunk ausschneiden, klein schneiden, mit Obers, Salz, Pfeffer sowie etwas Muskat weich kochen und aufmixen (als Bindemittel). Blanchierte Kohlblätter in gewünschte Größe schneiden und mit dem Kohlpüree erwärmen. Nach Belieben mit Kümmel (gegen Blähungen) würzen und mit gerösteten Speckwürfeln garnieren.

Gebackener Spargel mit Rahm-Tartare-Soße

ZUBEREITUNG

Spargel gut schälen, holzige Teile entfernen und in leicht gesalzenem Wasser je nach Stärke 15–25 Minuten langsam köcheln. In Eiswasser abschrecken und gut abtupfen. Mit Salz und frisch gemahlenem weißem Pfeffer würzen. In Mehl, kurz verschlagenem Ei und Bröseln panieren. In heißem Fett goldgelb frittieren, auf Küchenpapier abtropfen und mit der Soße anrichten. Für die Rahm-Tartare-Soße die Zutaten fein hacken. Geschnittene Zwiebeln heiß abspülen, kalt abschrecken und gut ausdrücken. Alle angeführten Zutaten rasch verrühren und gut abschmecken (durch zu langes Rühren wird der Sauerrahm dünnflüssig!).

ZUTATEN
1 kg Spargel
Salz, weißer Pfeffer
aus der Mühle
Mehl, Eier und Brösel
(am besten von
frischem, entrindetem
Weißbrot)
Öl zum Herausbacken

Für die Soße
1 Becher Sauerrahm
2 hart gekochte Eier,
fein gehackt
2 Essiggurkerl,
fein gehackt
1 EL Kapern, fein gehackt
1 EL Zwiebeln, fein
geschnitten
Senf, Schnittlauch, Kerbel

Spargel mit Butter und Bröseln

ZUBEREITUNG

Spargel gut schälen, holzige Teile entfernen und in leicht gesalzenem Wasser je nach Stärke 15–25 Minuten langsam köcheln. In Eiswasser abschrecken. Vor dem Servieren mit etwas ausgetretener Spargelflüssigkeit oder Spargelsud wieder langsam erwärmen. In einer anderen Pfanne genügend Butter schmelzen und Brösel darin braun rösten. In einer Kasserolle zusätzlich Butter braun aufschäumen lassen. Spargel gut abtropfen bzw. mit Küchenkrepp abtupfen und erst bei Tisch mit Butterbröseln bestreuen sowie mit etwas brauner Butter beträufeln.

ZUTATEN
1 kg Spargel
Salz
Butter und Brösel

TIPPS

- Spargel möglichst erst 2–3 Tagen nach dem Stechen verwenden, da er in dieser Zeit bereits Bitterstoffe verloren hat.
- Geschälten Spargel vor dem Kochen in lauwarmes Wasser einlegen, um weitere Bitterstoffe zu entziehen.
- Wenn Sie Spargel tiefkühlen möchten, sollte er nach dem Schälen in kochendem Salzwasser ca. 3–4 Minuten blanchiert sowie kalt abgeschreckt und gut abgetrocknet werden. Dann die Spargel nebeneinander, ohne dass die Stangen einander berühren, auf ein Blech mit Klarsichtfolie legen, einzeln anfrieren und dann gefroren portionsweise verpacken und verschließen. Spargel bei Bedarf tiefgekühlt in leicht kochendes Salzwasser geben und bissfest kochen.

KERNÖL, APFELBALSAMESSIG & CO

Eine kleine steirische Salatkunde

Was den Südländern ihre Dressings aus Essig und Olivenöl und den Franzosen ihre Mayonnaisen, das waren dem steirischen Bauernvolk bei der Salatzubereitung – einmal mehr – Schmalz und Grammeln. Der klassische steirische Rohsalat wurde daher, ob er nun aus gesammelten Wildkräutern, Rapinsel (Vogerlsalat), Röhrlsalat (Löwenzahn), Feldsalat (wilder Vogerlsalat) oder einfach nur aus Kraut bestand, durch Überbrühen mit zerlassenem, heißem Speck, heißer Butter oder Butterschmalz, Grammelfett oder – so vorhanden – mit heißem Verhackertem zubereitet.

Nach Bedarf wurde dann mit mildem, aus Molke, Obst, Trauben oder Beeren selbst gemachtem Essig abgeschmeckt. Auch saure Milch und Sauerrahm wurden, insbesondere für Rettich und Gurken, gerne verwendet. An Ölen stand im Land früher fast ausschließlich Leinöl zur Verfügung, das aber bei der Salatzubereitung nur während der Fastenzeit, wenn tierisches Fett verboten war, eine Rolle spielte. In manchen Gegenden wurde auch mit Mohnöl, an speziellen Festtagen hin und wieder auch mit Nuss- oder Haselnussöl abgeschmeckt.

Das berühmteste steirische Salatöl — das Kürbiskernöl — wurde erst relativ spät für kulinarische Zwecke entdeckt und war früher fast ausschließlich den Apotheken als Heilmittel vorbehalten. „Das heilsame Oel, so aus diesen Kernen gepreßt wird", hieß es in einer Verordnung der Böhmisch-Österreichischen Hofkanzlei vom 13. März 1773, in der Kindern ausdrücklich das Naschen von Kürbiskernen verboten wurde, „ist viel zu edel und kostbar, als dass wir es zu unseren Speisen gebrauchen sollten, sondern wird vielmehr zu Salben und Pflastern für die Leidenden verwendet."

Erst zu Beginn des 20. Jahrhunderts entstand schließlich eine Sonderzüchtung unter der komplizierten Bezeichnung *Cucurbita pepo L. convar. pepo var. styriaca GREB*, die es ermöglichte, die Kernölproduktion durch die Verwendung von schalenlosen, relativ locker im Fruchtfleisch sitzenden Kernen zu erleichtern und dadurch auch wirtschaftlich auf eine breitere Basis zu stellen.

Seinen weit über die Grüne Mark hinausreichenden Siegeszug trat das Steirische Kernöl erst an, als es in den 80er- und 90er-Jahren von immer mehr heimischen und internationalen Spitzenköchen als Aromageber von höchster Qualität entdeckt wurde, der sich obendrein hervorragend mit dem ebenfalls aus der Steiermark stammenden Apfelbalsamessig aufs Trefflichste vermählte.

Eine weitere Spezialität, die vom vielleicht bekanntesten steirischen Ölproduktionsbetrieb, der biologisch zertifizierten Ölmühle Fandler in Pöllau, hergestellt wird, ist das kalt gepresste Traubenkernöl, das 2003 seine Österreich-Premiere feierte, den Charakter der steirischen Weingärten authentisch einzufangen vermag und in drei Varianten angeboten wird: Das *Traubenkernöl Rot (Zweigelt)* eignet sich mit seiner fruchtigen, zart-herben Note besonders zum Marinieren von Paradeisern, Vogerlsalat, Pilzen und Schwammerln. Das *Traubenkernöl Weiß (Welschriesling)* verfeinert mit seiner frisch-fruchtigen Lebendigkeit zarte Blattsalate und Rohkost. Und das *Traubenkernöl Schilcher (Blauer Wildbacher)* erweist sich – fruchtig, fein-würzig und rassig, wie es ist – als optimaler Begleiter für Kraut, Sauerkraut, Erdäpfel und zart-bittere Blattsalate.

Und seit in der Steiermark auch Raps angebaut wird, ist die steirische Marinadenkultur sogar noch vielfältiger geworden.

Vielfältig sind freilich auch die Möglichkeiten, einen Salat durch eine Überdosis an Marinade oder falsche Würzung zu verpfuschen. Wer das verhindern will, hält sich am besten an die folgenden Regeln.

Guter Rat für guten Salat

- Wählen Sie Salate (Blattsalate, Gemüse, Rohkost) je nach Saison aus und verarbeiten Sie diese möglichst frisch.
- Reinigen Sie Gemüse- und Blattsalate rasch durch gründliches Durchwaschen und tropfen Sie diese (am besten mit einer Salatschleuder) gut ab. Bewahren Sie den Salat bis zur Weiterverwendung in einem etwas höheren Gefäß auf, das Sie mit einem leicht befeuchteten Tuch abgedeckt haben.
- Verwenden Sie nicht zu große Blätter, schneiden Sie aber auch nicht zu fein.
- Achten Sie darauf, dass alle Zutaten vor der Zubereitung Raumtemperatur haben.
- Rühren Sie zunächst die Marinade nicht bei Tisch an, sondern bereiten Sie diese sorgfältig in der Küche vor.
- Achten Sie auf ein richtiges Verhältnis von Essig und Öl.
- Empfehlenswert sind 2 Teile Öl und 1 Teil Essig (oder, bei sehr säuerlichen Essigen, auch das Verhältnis 3:1). Verzichten Sie auf das mancherorts beliebte „Strecken" mit Wasser.
- Kosten Sie die Marinade unbedingt, bevor Sie diese, am besten mit beiden Händen, locker unter den Salat mischen. Sie sollte eher sauer, leicht salzig und in jedem Fall harmonisch, aber auch Appetit anregend sein.
- Servieren Sie marinierte Blattsalate möglichst sofort nach dem Abmachen.
- Lassen Sie Salate von Gemüse oder Hülsenfrüchten vor dem Servieren einige Zeit durchziehen.
- Überbrühen Sie Zwiebeln, Porree und eventuell auch Paprika kurz in kochendem Wasser und schrecken Sie diese in kaltem bzw. Eiswasser ab, um blähende Stoffe zu entfernen.
- Wenn Sie lauwarme Zutaten wie Hühnerbrust oder Fisch mit Salat bzw. Blattsalat servieren, so sollten Sie die warmen Produkte nicht auf, sondern um den Salat herum anrichten, da dieser sonst seine Knackigkeit einbüßt und unansehnlich wird.

Steirische Vinaigrette (Grundrezept)

ZUTATEN

2–3 Teile Öl (Nuss-, Sonnenblumen-, Distel-, Raps-, Mohnöl u. a.)
1 Teil Essig (Rotwein-, Apfelbalsam-, Weißwein-, Most- oder Apfelessig)
Salz, Pfeffer aus der Mühle
Zitronensaft und Senf nach Belieben
Kräuter nach Belieben, fein gehackt
evtl. geschnittene Zwiebeln (vorher kurz überbrüht und abgeschreckt)
Paradeiserwürfel (geschält) und passierte, hart gekochte Eier nach Belieben

ZUBEREITUNG

Essig mit Salz und Pfeffer verrühren. Öl mit einer Schneerute oder Stabmixer einrühren, bis die Masse schön sämig ist. Restliche Zutaten einrühren und cremig binden.

VERWENDUNG: für alle Blattsalate und gemischte Salate (z. B. Blattsalate, die mit leichten Zutaten wie Gemüse- oder Pilzstreifen kombiniert werden), aber auch zum Marinieren von rohen oder gekochten Gemüse-Salaten wie Spargel, Karfiol, Porree, Paradeiser, Kürbis, Keime und Sprossen
TIPP: Wird Kernöl verwendet, so sollte der Ölanteil im Verhältnis 1 Teil Kernöl : 1 Teil neutrales Öl gemischt sein, da das Kernöl sonst zu dominant vorschmecken würde.

Salatmayonnaise (Grundrezept)

ZUTATEN

1 Eidotter
Salz
1 TL scharfer Senf
weißer Pfeffer aus der Mühle
Zitronensaft oder Essig (2–3 TL)
250 ml Öl

ZUBEREITUNG

Eidotter und Salz, Senf, Pfeffer sowie etwas Zitronensaft mit einem Schneebesen oder Handmixer gut verrühren. Öl ganz langsam nach und nach einrühren, bis die Soße schön bindet.

VERWENDUNG: als Basis für Mayonnaisesalate, Cocktailsoße oder Fleischsalate, wobei die Soße je nach Verwendung auch mit Essig oder Suppe verdünnt werden kann
TIPPS
■ Öl und Ei müssen bei Raumtemperatur verarbeitet werden!
■ Gebundenes Nussöl-Dressing wird ebenso hergestellt, nur kommt eben Nussöl zum Einsatz. Derart marinierter Vogerl- oder Blattsalat harmoniert besonders gut mit Fisch- oder Geflügelgerichten.

Joghurtdressing

ZUTATEN

2 Teile Joghurt
1 Teil Topfen oder Sauerrahm
1 Spritzer Zitronensaft
Salz, Pfeffer
Kräuter nach Belieben

ZUBEREITUNG

Joghurt mit Topfen oder Sauerrahm, Zitronensaft, Salz, Pfeffer und vielen Kräutern vermischen.

VERWENDUNG: für Blattsalate, Rohkost

Obersdressing

ZUBEREITUNG

Obers mit Zitrone bzw. Essig, Salz, Pfeffer und scharfem Senf aufschlagen, mit Kräutern verfeinern.

VERWENDUNG: für Blattsalate, Rohkost

ZUTATEN
100 ml Obers
1 Spritzer Zitronensaft oder Essig
Salz, Pfeffer
1 Msp scharfer Senf
Kräuter nach Belieben

Röhrlsalat mit warmem Erdäfeldressing

ZUBEREITUNG

Röhrlsalat putzen und in lauwarmem Wasser waschen (entzieht Bitterstoffe). Gut abtropfen oder trockenschleudern. Für die Marinade den gekochten Erdapfel in Salzwasser kochen, schälen und heiß passieren. Mit Essig und Öl zu einer sämigen Soße rühren, bei Bedarf mit etwas Suppe oder Wasser verdünnen. Mit Salz und Pfeffer abschmecken. Röhrlsalat mit dem Erdäpfeldressing abmachen. Mit gehacktem Ei bestreichen und ganz nach persönlichem Geschmack noch mit gerösteten Kürbiskernen und/oder Gänseblümchen garnieren.

TIPP: Dieses Erdäpfeldressing kann auch noch mit Speck- und/oder Zwiebelwürfeln verfeinert werden und passt ideal zu allen Kräutersalaten (z. B. Kresse) mit leicht bitterem Aroma, aber auch zu Endiviensalat.

ZUTATEN
100 g Röhrlsalat (Löwenzahn)
1 kleiner mehliger Erdapfel
Apfel-Essig
Sonnenblumenöl, nach Belieben mit etwas Kürbiskernöl vermengt
Salz, Pfeffer aus der Mühle
1 Ei, hart gekocht und klein gehackt
Suppe oder Wasser nach Bedarf
geröstete Kürbiskerne und/oder Gänseblümchen zum Garnieren

Röhrl- oder Wildkräutersalat mit Erdäpfeln

Ein Kernöl-Salat aus dem oberen Murtal

ZUBEREITUNG

Die Erdäpfel kochen, schälen und noch warm in Scheiben schneiden. Aus Kernöl, Mostessig und etwas Salz eine Marinade anrühren. Röhrlsalat mit Erdäpfelscheiben vermengen und mit der Marinade abmachen.

TIPP: Diese Zubereitungsart eignet sich für alle Wildsalate wie Kresse, Sauerampfer, Gundlrebe, Pimpernelle, Schafgarben, Taubnessel und dergleichen. Legen Sie die Kräuter vor der Verwendung 20 Minuten in warmes Wasser – so verlieren die Kräuter ihre Bitterstoffe!

ZUTATEN
250 g junger Röhrlsalat (Löwenzahn), vor der Blüte geschnitten
2 große Erdäpfel, gekocht
Kürbiskernöl
Mostessig
Salz

Erdäpfelsalat

ZUTATEN

ca. 750 g speckige
Erdäpfel (Sieglinde,
Kipfler u. a.)
2–3 EL (ca. 4 cl)
Most- oder Weinessig
je nach Säure
3–4 EL (ca. 6 cl) Sonnen-
blumen-, Maiskeim-
oder Kürbiskernöl
5–6 EL (ca. 8 cl) Rind-
suppe, heiß
100 g Zwiebeln,
geschält und in Würfel
oder Ringe geschnitten
Salz, weißer Pfeffer
aus der Mühle
1 TL Senf
evtl. Schnittlauch oder
Kresse sowie
Zwiebelringe zum Gar-
nieren

ZUBEREITUNG

Die Erdäpfel gut waschen, mit kaltem Wasser zustellen und salzen. Am besten ohne Deckel (dadurch kann ein eventuell vorhandener erdiger Geruch
entweichen) langsam weich kochen. Abseihen, eventuell ganz kurz mit kaltem Wasser abschrecken und noch heiß schälen. In gleichmäßige Scheiben
schneiden (am besten mit Erdäpfel- oder Eierschneider). Alle Zutaten für
die Marinade verrühren und mit den noch warmen Erdäpfelscheiben locker
vermischen. Nach Belieben mit Zwiebelringen und Schnittlauch oder
Kresse dekorieren.

TIPPS

■ Die Zwiebel ist bekömmlicher und leichter verträglich, wenn sie erst
unmittelbar vor der Verwendung geschnitten (und nicht gehackt) und
sofort mit heißem Wasser überbrüht wird. Anschließend gleich kalt
abschrecken und gut abtropfen lassen.

■ Zwiebeln durch fein geschnittenen Porree (in Stäbchen oder Ringen)
ersetzen.

■ Zwiebeln in Speck rösten, mit Essig ablöschen und mit ganz wenig
Kernöl zu den Erdäpfeln mischen.

■ In altsteirischen Schlossküchen wurde der Erdäpfelsalat „Majones"
(s. Rezept Salatmayonnaise) schon während der Donaumonarchie zubereitet.

Der erste Erdäpfelsalat der Steiermark

Das Rezept dafür kursierte zuvor nur unter Botanikern, die es untereinander gerne weitergaben. In der kulinarischen Welt der Steiermark hielt der Erdäpfelsalat allerdings erst Einzug, als er ins 1790 erschienene „Grätzerische durch Erfahrung geprüfte Kochbuch" einging, wo es heißt: „Man kann auch einen Salat davon machen, wenn man die (mit in Butter und Senf gerösteten Zwiebeln in Rindsuppe) gesottenen und in Scheiben geschnittenen Erdäpfel salzt, mit Essig und Baumöhl mengt, aber der Salat muss etwas fett und mit Pfeffer überstreut werden." Das damals als „Baumöhl" bezeichnete Olivenöl ist inzwischen freilich dem Kernöl, aber auch dem Raps- oder dem Traubenkernöl gewichen.

Warmer Krautsalat mit Speck

ZUBEREITUNG

Kraut feinnudelig schneiden oder hobeln. Gut einsalzen, mit Kümmel würzen und stehen lassen. Den Speck kleinwürfelig schneiden und in einer heißen Pfanne knusprig anrösten. Mit Essigwasser übergießen und mit Salz sowie Pfeffer würzen. Die so entstandene heiße Marinade mit dem Kraut vermengen, etwas ziehen lassen und geröstete Speckgrammeln darunter mischen. Warm servieren.

TIPPS

■ Das Speckdressing kann je nach Geschmack und Verwendung (es passt auch hervorragend zu Koch- oder Linsensalat) mit Knoblauch, Kräutern und Zwiebelwürfelchen verfeinert werden.

■ Ähnlich wie in diesem Rezept kann warmer Salat auch aus Endivien-, Häuptel-, Koch- und Wildsalaten (Röhrl-, Kresse-, Sauerampfer, Fenchelkraut) mit oder ohne Erdäpfel, auf jeden Fall aber ohne Kümmel zubereitet werden.

ZUTATEN
500 g Kraut
Salz, Kümmel (ganz)

Für das Speckdressing
ca. 100 g Jausen- oder
Frühstücksspeck,
nicht zu mager
Wein- oder Mostessig
nach Geschmack
Salz, Pfeffer aus
der Mühle

Mayonnaisesalat

ZUBEREITUNG

Erdäpfel in der Schale weich kochen. Kurz abschrecken, schälen und noch heiß in Scheiben schneiden. Mit Essigwasser, Salz und frisch gemahlenem Pfeffer marinieren und einige Zeit stehen lassen. Überschüssiges Essigwasser abgießen und mit Mayonnaisesoße vermengen. Ist die Soße zu dickflüssig, mit etwas Suppe oder Essigwasser verdünnen.

TIPP: Besonders raffiniert schmeckt dieser Erdäpfel-Mayonnaisesalat, wenn man ihn etwa mit Gurken- oder Karottenscheiben, Erbsen und Spargel, aber auch Räucherforellenstückchen kombiniert.

ZUTATEN
ca. 500 g Erdäpfel
mit Wasser verdünnter
Essig
Salz, weißer Pfeffer
aus der Mühle
Salatmayonnaise
(s. S. 98)

Käferbohnensalat

ZUTATEN
500 g Käferbohnen, vorgeweicht, in mildem Salzwasser mit Lorbeerblatt gekocht
100 g Zwiebeln, fein geschnitten oder in Scheiben geschnitten
3 EL Kernöl
6 EL Mostessig
Salz, Pfeffer
etwas Knoblauch

ZUBEREITUNG
Die weich gekochten Bohnen mit den restlichen Zutaten deftig abschmecken.

TIPPS
■ Dieses Rezept eignet sich auch für andere Bohnensorten.
■ Linsensalat und Fisolen-(Bohnenschoten-)salat werden nach demselben Rezept zubereitet.
■ Statt mit Zwiebeln wurde Bohnensalat in der Steiermark früher häufig auch mit weißem Rettich (Radi) bzw. rohem Sauerkraut zubereitet.

Paradeisersalat

ZUTATEN
500–750 g Paradeiser
1 Zwiebel
Salz und Pfeffer aus der Mühle
Weißweinessig
Traubenkern- oder Kürbiskernöl
Petersilie, fein gehackt

ZUBEREITUNG
Stiele ausschneiden und Paradeiser in gleichmäßige Scheiben schneiden, Zwiebel fein schneiden. Aus Salz, Pfeffer, Essig und Öl eine Marinade zubereiten und diese mit den fein geschnittenen Zwiebeln vermengen. Die Paradeiserscheiben schichtenweise in die Schüssel füllen und jede Schicht mit Marinade übergießen. Den Salat etwa eine halbe Stunde kalt ziehen lassen und, mit Petersilie bestreut, servieren.

Rettich mit Rahm
Ein Traditionsgericht aus der Bergbauernküche

ZUTATEN
300 g Rettich
125 ml süßer Rahm (Schlagobers)
reichlich Kümmel, gemahlen
Salz

ZUBEREITUNG
Rettich unter fließendem Wasser sauber bürsten und dann schaben. Mit reichlich Kümmel würzen, salzen und mit Rahm begießen. Vor dem Servieren etwas stehen lassen.

TIPPS
■ Der Kümmel und der Rahm nehmen dem Rettich seine blähende Wirkung, machen ihn also auch als Abendessen geeignet.
■ Je nach Geschmack kann Sauerrahm oder etwas Most- bzw. Weinessig beigegeben werden.

Kürbissalat

ZUTATEN
500 g Kürbis, geschält
Salz
Paprikapulver, edelsüß
125 ml Sauerrahm

ZUBEREITUNG
Geschälten Kürbis hobeln, gut salzen und 30 Minuten stehen lassen. Ausdrücken und mit dem Paprikapulver sowie Sauerrahm gut durchmischen.

Sauerkrautsalat

ZUBEREITUNG

Das locker durchgemischte rohe Sauerkraut mit Kernöl und der fein geschnittenen Zwiebel gut vermischen.

TIPP: Dieser Salat kann auch aus sauren Rüben bereitet werden. Bevorzugt man den Salat besonders mild, so sollte man das Kraut (Rüben) vorher gut waschen und mit etwas Mostessig säuern.

ZUTATEN
500 g Sauerkraut, roh
4 EL Kernöl
1 Zwiebel, fein
geschnitten
Salz

Rote-Rüben-Salat

ZUBEREITUNG

Rohnen gut waschen und in Salzwasser ca. 2,5 Stunden weich kochen. Schälen und in dünne Scheiben oder Streifen schneiden. Mit Kümmel, frisch gerissenem Kren, Salz und Mostessig abmachen.

VARIATIONEN

Anstatt mit Kümmel oder Kren kann man den Salat mit gepresstem Knoblauch, Kernöl, Mostessig und Salz aromatisieren.
Nach neueren Zubereitungsarten wird dem Rohnensalat auch eine Prise Zucker beigefügt.

ZUTATEN
500 g Rohnen
(Rote Rüben)
1 TL Kümmel
1 EL Kren,
frisch gerieben
Salz
Mostessig
Sonnenblumen-
oder Rapsöl

Apfel-Nuss-Salat

ZUBEREITUNG

Apfelwürfel und grob gehackte Walnüsse mit Sauerrahm kurz verrühren. Mit Salz und Zitrone abschmecken.

ZUTATEN
4 Äpfel, geschält,
geputzt und gewürfelt
100 g Walnüsse,
grob gehackt
Sauerrahm nach
Belieben
1 Schuss Zitronensaft

Rotkraut-Apfelsalat

ZUBEREITUNG

Alle Zutaten 24 Stunden marinieren. Vor dem Anrichten eventuell in einer Pfanne kurz erwärmen, damit sich das Aroma besser entfalten kann.

TIPP: Der Rotkrautsalat schmeckt sehr gut in Kombination mit Wild- oder Wildgeflügel sowie zu Ente oder Gans und kann auch als warme Vorspeise oder zu Hauptspeisen angerichtet werden.

ZUTATEN
ca. 300 g frisches, rohes
Rotkraut, in ganz feine
Streifen geschnitten
1 kleiner Apfel, in Würfel
oder Streifen geschnitten
4 cl Apfelsaft
4 cl Apfelbalsamessig
2 cl Rotwein
1 EL Rotweinessig
2–3 EL Sonnenblumen-,
Distel-, Mohn- oder
Sesamöl
Salz, Prise Zucker

VOM WURZELKARPFEN BIS ZUM FLUSSKREBSERL

Aus steirischen Gewässern

Die Steiermark ist zwar kein Land der großen Seen, besitzt aber unzählige Teiche und fließende Gewässer mit vielen Staustufen, die alle zusammen einen idealen Lebensraum für die rund sechzig Fischarten des Landes bilden. Zwei Jahrtausende christlicher Kultur haben dieses Reservoir auch dringend benötigt. Denn die komplexen Fastengebote der katholischen Kirche führten zur Entstehung einer regelrechten kulinarischen Gegenwelt unterhalb der Wasseroberfläche.

In seinem „Vollständigen Küchen- und Keller-Dictionarium Anno 1716" belehrt uns Paul Jacob Marperger recht eindrucksvoll über den tieferen Sinn der kirchlichen Fastengebote und die Beweggründe, die dazu führen, Fisch als eine Art von „minderem Fleisch" zu betrachten.

„Was nun die an denen Fasttagen verbohtene Speisen betrifft/so sind für solche/nicht allein alles Fleisch/der auf Erden und in der Lufft sich aufhaltenden Thiere/als nemlich der Vierfüssigen und der Vögel/sondern auch das/was von fleischigten Thieren herkommt/als Eyer/Milch, Butter/Käse zu zehlen; Die Fische aber/ob man zwar meynen möchte/daß sie ein Fleisch an sich haben/darff man essen/denn es haben solche kein rechtes wahres Fleisch."

In den klösterlichen Refektorien schien man diese Ansicht durchaus zu teilen. Man sann also darauf, wie man der Ausschließlichkeit des Fischessens während der Fastenzeit mit allerlei ausgeklügelten scholastischen Tricks entkommen und doch während der Fastenzeit auch Gustiöseres als Bratfisch auf den Tisch bringen konnte. Schnecken (weithin berühmt waren jene aus Mariazell), Frösche, Biber, Ottern, ja sogar Duckentchen, Reiher und Schwäne wurden daher kurzerhand zu Fastenspeisen erklärt, da sie ja wie die Fische ebenfalls in jenem Element zuhause waren, aus dem Gott am Anfang aller Dinge die Erde geschaffen hatte, und daher vom Bösen wohl nicht sein konnten.

Viele dieser alten „Fastenspeisen" stehen heute mit Recht unter Naturschutz, dafür hat sich die Verfügbarkeit besonders beliebter Speisefische mittlerweile wesentlich verbreitert. Waren etwa der Saibling früher vor allem auf das Ausseer Land, die Gebirgsforelle auf das Ennstal und die Mur-Mürz-Furche sowie der Karpfen auf Gewässer in der Süd-, West- und Oststeiermark beschränkt, so finden sich dieselben heute dank kleiner und größerer Fischzuchtanlagen auch außerhalb ihres natürlichen Heimatgebietes in der ganzen Steiermark. Und die steirischen Teichwirte versorgen den Süßwasserfisch-Genießer mit einem sehr reichhaltigen Angebot, welches in einer wirklich noch intakten und sauberen Wasserwelt heranwächst.

FORELLEN UND ANDERE SALMONIDEN

Foto rechts
von oben nach unten:
Goldforelle, Lachsforelle
Regenbogenforelle
Bachforelle
Bachsaibling

Zur Familie der Salmoniden (lachsartige Fische mit strahlenloser Fettflosse hinter der Rückenflosse) zählen neben der Bach-, der Regenbogen- und der Goldforelle auch die gezüchtete und fettreiche rote Lachsforelle, der edle Bach- und der Seesaibling, die Reinanke, der festfleischige Huchen sowie die rare und unter Gourmets heiß begehrte Äsche.

Forelle blau

Grundrezept für das Blaukochen von Süßwasserfischen

ZUBEREITUNG

Damit die Forellen beim Kochen blau werden, unbedingt frisch abgeschlagene Exemplare mit unverletzter Schleimhaut verwenden und die Fische beim Putzen und Waschen nur vorsichtig mit nassen Händen berühren. Nach Möglichkeit in einer Fischwanne mit Einsatz Wasser mit Salz, Essig und Weißwein zum Kochen bringen, Forellen vorsichtig einlegen und ca. 12–15 Min. ziehen lassen. (Sobald die Forellen gar sind, färben sich die Augen weiß und fallen fast heraus!) Forellen herausheben und mit Zitronenspalten garniert und flüssiger Butter beträufelt servieren.

BEILAGENEMPFEHLUNG: Salzerdäpfel mit gehackter Petersilie, Dille oder Schnittlauch, helle oder braune Butter, Zitronenmayonnaise oder auch eine Sauce hollandaise (s. S. 175).

TIPPS

■ Dieses Rezept eignet sich nicht nur für Forellen, sondern etwa auch für Saiblinge, Schleien, Reinanken u. v. a.

■ Am besten serviert man die blau gekochten Fische direkt in der Fischwanne und hebt sie erst bei Tisch aus dem Sud.

■ Bei allen Forellen, die, wie z. B. in guten Fischrestaurants, unmittelbar nach dem Abschlagen gegart werden, platzt die Haut. Will man das vermeiden, sollte man die Forellen mindestens 4–5 Stunden nach dem Abschlagen gerade liegend aufbewahren.

ZUTATEN
4 Forellen à ca. 280 g, frisch geschlagen
Salz
125 ml Weißwein- oder Apfelessig
125 ml trockener Weißwein, z. B. Welschriesling
Zitronenspalten
40 g Butter

Forelle gebraten
mit brauner Butter und Petersilie
Der Klassiker nach „Müllerin Art"

ZUTATEN
4 Forellen oder
Saiblinge
(ausgenommen
je ca. 250 g)
2 Zitronen, davon 1
gepresst und 1 in
Scheiben geschnitten
Salz
ca. 60 ml Öl
griffiges Weizen-
oder Maismehl
200 g Butter
2–3 EL Petersilie,
gehackt

ZUBEREITUNG

Geputzte und gewaschene Forellen salzen, mit etwas Zitronensaft beträufeln und in griffigem Mehl wenden. Öl nicht zu stark erhitzen und Forellen darin je nach Größe auf jeder Seite ca. 7–9 Minuten langsam braten. Forellen aus der Pfanne heben und warm stellen. Bratfett aus der Pfanne abgießen und Butter darin aufschäumen. Petersilie dazugeben und etwas salzen. Forellen anrichten, mit Zitronenscheiben garnieren und mit der Petersilbutter beträufeln.

BEILAGENEMPFEHLUNG: Petersilerdäpfel

TIPPS

■ Durch das langsame Braten in eher reichlich Öl werden die Fische schön knusprig und lassen sich auch sehr leicht wenden. Rasch gebratene Fische kleben dagegen leicht an und zerfallen beim Wenden.

■ Diese Zubereitungsart ist auch als „Müllerin Art" bekannt. Mit Knoblauch und Petersilie in der Butter spricht man von „Triestiner Art." Bei der „Serbischen Art" wird der Fisch vor dem Bemehlen mit Knoblauch und Paprika eingerieben und dann in Butter oder Schmalz gemeinsam mit Zwiebel- und Paprikastreifen, Knoblauch und Petersilie angeschwitzt bzw. geschwenkt.

Lachsforellenfilet
mit lauwarmem Spargelsalat

ZUBEREITUNG

Die Lachsforellenfilets sorgfältig (am besten mit einer Pinzette) entgräten. Mit Salz und etwas Zitronensaft würzen und ganz nach Belieben auf der Hautseite in griffigem Mehl wenden. Sonnenblumenöl oder Butter erhitzen und Filets auf der Hautseite langsam (ca. 5–6 Minuten) knusprig anbraten, wenden und auf zweiter Seite kurz fertig braten. Mit dem lauwarmen Spargelsalat servieren.

Für den Spargelsalat Spargel schälen, holzige Teile entfernen und in Salzwasser je nach Stärke 15–25 Minuten nicht zu weich kochen. Kurz abschrecken, in Stücke schneiden und mit einer Marinade aus 2 Teilen Öl und 1 Teil Essig marinieren. Hart gekochte Eier nach Wunsch klein hacken und untermengen. Lauwarm auftragen.

TIPP: Die Filets können auch auf einen gefetteten Siebeinsatz gelegt und über kochendem Kräuter-Fischfond zugedeckt ca. 3–4 Minuten gedämpft oder aber auch auf eine gefettete Platte oder Backblech mit etwas Weißwein gelegt und im vorgeheizten Rohr bei ca. 200 °C je nach Größe 5–6 Minuten gegart werden.

ZUTATEN

2 Lachsforellenfilets,
halbiert, mit Haut
Salz, Zitrone
Öl oder Butter
evtl. griffiges Mehl
750–1000 g Spargel,
weiß und grün gemischt
Essig und Öl für die
Vinaigrette
hart gekochte Eier
nach Wunsch

Lachsforellen-Palatschinkenrolle
mit Porree

ZUTATEN

für 2–3 Palatschinken
1 gr. Lachsforellenfilet
ohne Haut (ca. 350 g)
etwas Blattspinat
als Fülle
500–750 g Porree
Butter oder Schlagobers
zum Andünsten
Salz und Pfeffer
aus der Mühle
Fischfarce aus Lachs-
forellenfilet hergestellt

**Für den
Palatschinkenteig**
125 ml Milch
1 Ei
40–50 g Mehl
Salz
Kräuter nach Belieben
Butter zum
Herausbacken

ZUBEREITUNG

Aus ca. 200 g Lachsforellenfilet die Farce laut Rezept herstellen und kalt stellen. Restliches Filet (die eher dickeren Stücke) für die Einlage beiseite stellen. Für die Palatschinken alle Zutaten kurz verrühren und mindestens 30–60 Minuten stehen lassen. Je nach Belieben noch gehackte Kräuter untermengen. In einer Pfanne etwas Butter schmelzen, etwas Teig eingießen, durch Schwenken in der Pfanne verteilen und anbacken. Sobald die Palatschinke goldgelb ist, wenden und fertig backen. Restlichen Teig ebenso zu Palatschinken backen. Auskühlen lassen.

Für das Porreegemüse die weißen Teile in gleichmäßige Ringe schneiden, in Salzwasser bissfest kochen und anschließend sofort in Eiswasser abschrecken. Gut abtropfen lassen. In etwas Butter oder Obers andünsten und mit Salz und Pfeffer würzen. Blattspinat kurz blanchieren (überbrühen) und gut abtropfen lassen.

Palatschinken auf etwa zwei Dritteln der Fläche dünn mit Lachsforellenfarce bestreichen, mit etwas Blattspinat belegen. Wieder etwas Farce darauf streichen. Beiseite gestelltes Forellenfilet mit Salz und Zitronensaft würzen und auf eine Seite der Palatschinken auflegen. Links und rechts etwa 1 cm einschlagen, dann einrollen und in Alufolie gut eindrehen. In sanft kochendem Salzwasser je nach Größe ca. 20–30 Minuten ziehen lassen. Aus der Folie wickeln, schräg aufschneiden und auf dem Porreegemüse anrichten.

Saiblingsfilets mit knuspriger Haut auf Röstgemüse

Ein kleiner Ausflug Willi Haiders ins „Steirasische"

ZUBEREITUNG

Saiblingsfilets sorgfältig entgräten (am besten mit einer Pinzette) und mit Salz sowie Zitronensaft würzen. Mit der Hautseite nach oben in eine mit Butter ausgestrichene feuerfeste Form einlegen. Mit etwas Weißwein beträufeln und im Rohr unter der Grillschlange (oder bei 200 °C) ca. 5–6 Minuten garen. Kurz rasten lassen. Die Haut abziehen, in schmale Streifen schneiden und in heißem Fett ca. 30 Sekunden frittieren. (Achtung! Spritzt sehr stark beim Einlegen ins Fett, am besten nach dem Einlegen sofort kurz zudecken.) Auf Küchenpapier abtropfen und etwas salzen.

Geschnittenes Gemüse in einer Pfanne (wenn nötig, in kleinen Mengen hintereinander) in heißem Öl scharf anbraten. Mit Kräutern und etwas Knoblauch abschmecken, kurz nachdünsten lassen und auf heißen Tellern anrichten. Fischfilets darauf platzieren und mit knuspriger Haut dekorieren.

TIPP: Garnieren Sie die Fischfilets noch mit einigen frittierten Petersilzweigen.

ZUTATEN

4 Saiblingsfilets mit Haut
Salz und Zitronensaft
Butter
Weißwein
Sonnenblumenöl
zum Frittieren
400 g bunt gemischtes
Gemüse (Mangold,
Chinakohl, bunte
Paprikastreifen, weiße
und rote Zwiebeln,
Kürbis, Kohlrabi, Porree
u. a.), klein geschnitten
Kerbel, Schnittlauch
oder Petersilie, gehackt
Knoblauch

KARPFEN UND ANDERE CYPRINIDEN

Foto links:
Schuppenkarpfen
(oben) und
Spiegelkarpfen (unten)

Zu den karpfenartigen Fischen – typisches Merkmal sind die Zwischenmuskelgräten – zählen neben Wildkarpfen, Spiegel-, Schuppen- und Lederkarpfen auch Koi (Buntkarpfen), Amur (Graskarpfen), Silberamur (Tolstolob), gefleckter Silberamur (Marmorkarpfen) und Schleien.

Steirischer Wurzelkarpfen

ZUTATEN

ca. 800 g Karpfenfilet
(1 großes oder 2 kleinere),
geschröpft
Salz und Zitronensaft
Butter
etwas Weißwein
250 ml Karpfen- oder
Fischsud (ersatzweise
milde Suppe)
50 g kalte Butter
50 g mehlige Erdäpfel,
gekocht
Dille oder Schnittlauch,
gehackt
Knoblauch
400–500 g Wurzel-
gemüse nach Wahl
(Karotten, gelbe Rüben,
Sellerie, Petersilie,
Pastinaken, Porree)
frisch geriebener Kren
und Schnittlauch oder
Dille als Garnitur

ZUBEREITUNG

Geschröpftes Karpfenfilet mit Salz und Zitrone gut würzen und in entsprechende Stücke teilen. In eine mit Butter ausgefettete Pfanne oder Form einlegen, mit etwas Weißwein untergießen und für ca. 8–9 Minuten in den auf 200 °C vorgeheizten Ofen geben.

Währenddessen Wurzelgemüse in feine Streifen schneiden und in Salzwasser bissfest kochen. Karpfen- oder Fischsud aufkochen und mit den noch warmen Erdäpfeln sowie kalter Butter im Mixer pürieren (binden). Mit Dille oder Schnittlauch und etwas Knoblauch abschmecken. Wurzelgemüse in den gebundenen Sud einmengen. Den gegarten Fisch in tiefen vorgewärmten Tellern anrichten und mit dem gebundenen Wurzelsud begießen. Nach Belieben mit frisch geriebenem Kren und Schnittlauch oder Dille garnieren.

BEILAGENEMPFEHLUNG: gekochte Erdäpfelwürferl
TIPP: Anstelle von Wurzelgemüse können auch andere Gemüsesorten wie etwa Mischgemüse, Zucchini, Paprikastreifen, Kohlrabi usw. verwendet werden.

Steirischer Wurzelkarpfen

Keine Angst vor „fetten" Karpfen

Lange Zeit litt der Karpfen unter seinem Image als „Fettbombe". Eine Studie des Instituts für Ernährung und Stoffwechselerkrankungen in Laßnitzhöhe wies jedoch unter der Federführung von Primarius Dr. Meinrad Lindschinger erst unlängst nach, dass der Cholesterinspiegel durch den Genuss steirischer Teichkarpfen keineswegs erhöht wird, sondern vielmehr ein erhöhter Serumspiegel der genannten Fettsäuren eine schützende Wirkung auf die Gefäße und somit auf das gesamte Herz-Kreislauf-System entfaltet.

Der hohe Anteil an ungesättigten Fettsäuren wird insbesondere durch die Aufnahme von Plankton und Schalentieren aus dem Wasser und die Zufütterung von Getreide erreicht. Vor allem Amur und Silberamur haben als reine Pflanzenfresser einen hohen Anteil an ungesättigten Fettsäuren.

FAZIT: *Der steirische Karpfen ist durchaus eine ernst zu nehmende Alternative in der gesundheitsbewussten und leichten Küche. Und wer weiß, vielleicht wird es in der Steiermark schon bald heißen: „A Karpfen a day keeps the doctor away!"*

Festtagskarpfen
Die steirische Alternative zur Weihnachtsgans

ZUTATEN

1 Spiegelkarpfen
(ca. 1,8–2 kg), geschuppt
und ausgenommen
125 ml trockener
Weißwein
je 2 rote und weiße
Zwiebeln
je 1 rote und grüne
Paprikaschote
4 Knoblauchzehen
500 g speckige Erdäpfel
Thymian (am besten
frisch) und
1–2 Lorbeerblätter
1 EL gehackte Petersilie
1 Zitrone
Salz
griffiges Weizen-
oder Maismehl
Suppe

ZUBEREITUNG

Den vorbereiteten Karpfen schröpfen oder bereits vom Fischhändler schröpfen lassen. Innen und außen gut salzen und mit Zitronensaft beträufeln.
Einige Thymianzweige und Lorbeerblätter in die Bauchhöhle des Karpfens
legen und den Fisch ca. 30 Minuten marinieren lassen.
Karpfen beidseitig mit Mehl bestauben, in eine passende Pfanne (Fischpfan-
ne, Bratenpfanne oder auf ein tiefes Backblech) setzen (s. Tipp). Erdäpfel
schälen, einige Minuten vorkochen und in kleinere Stücke schneiden. Zwiebeln in Ringe, geputzte Paprikaschoten in Streifen schneiden, Knoblauch
fein hacken und alles rund um den Fisch verteilen. Mit Weißwein begießen
und im vorgeheizten Backrohr bei 200–220 °C auf der unteren Schiene
ca. 40–50 Minuten knusprig braten. Nach Belieben mit ein wenig Suppe
untergießen, aber nicht übergießen. Wenn möglich, den Karpfen im Ganzen stehend auf einer Platte anrichten. Gemüse um den Karpfen drapieren,
mit gehackter Petersilie bestreuen und servieren.

VARIANTE

Das Gemüse kann auch separat jeweils bissfest vorgekocht und der Fisch
ohne Gemüse gebraten werden. In diesem Fall den Bratensaft dann abseihen, unter das Gemüse mengen und mit etwas kalter Butter binden.

TIPP: Wenn man den Fisch (mit der Bauchöffnung nach unten) auf eine oder auch zwei umgestülpte Kaffeetassen oder Souffleeförmchen setzt, so verhindert man nicht nur, dass er beim Braten umfällt. *(Abb. 1–3)*. Er wird durch das Stehen beim Braten auch beidseitig schön gleichmäßig knusprig und kann bei Tisch problemlos portioniert werden, indem man am Rückgrat entlangschneidet und die Filets portionsweise abhebt.

Karpfen mit Thymianbröseln gebacken

ZUTATEN

600–800 g Karpfen-
filetstücke (klein
geschnitten und
geschröpft)
Salz, Zitronensaft
Mehl, Ei
frische Weißbrotbrösel
und getrockneter
Thymian
Öl zum Backen

ZUBEREITUNG

Karpfenstücke mit Salz und Zitronensaft gut würzen und ca. 20 Minuten marinieren lassen. Anschließend in Mehl, verschlagenem Ei und mit Thymian vermengten frischen Weißbrotbröseln panieren. In einer großen Pfanne ausreichend viel Öl erhitzen und die Karpfenstücke bei ca. 160 °C ausbacken. Herausheben und auf Küchenkrepp abtropfen lassen.

BEILAGENEMPFEHLUNG: Petersilerdäpfel und Gurkensalat mit Kernöl oder Erdäpfelsalat

TIPP: Für „normalen" gebackenen Karpfen lässt man bei den Bröseln den getrockneten Thymian einfach weg.

Gulasch vom steirischen Teichkarpfen

ZUTATEN

1 kg Karpfen, Amur u. a.
200 g Erdäpfel
250 g Porree
je 1/2 Paprikaschote,
rot und grün,
in feine Streifen
geschnitten
1 EL Dillspitzen,
gehackt
8 cl Öl
1 Zwiebel, fein
geschnitten
2 Knoblauchzehen,
fein geschnitten
Majoran, Kümmel,
Thymian
1 EL Paradeisermark
2 EL Paprikapulver,
edelsüß
Salz, Zitronensaft
etwas Sauerrahm

Für den Sud

1 l Wasser
250 ml Weißwein
1/2 Zitrone
1 Lorbeerblatt
einige Pfefferkörner
20 g Salz
150 g Wurzelwerk
(Zwiebeln, Karotten,
Sellerie, Petersilwurzel)

ZUBEREITUNG

Für den Sud Wasser mit Wein, den gut gewaschenen Fischabschnitten, Wurzelwerk, Zitrone und den Gewürzen ca. 40 Minuten kochen und dann abseihen. Erdäpfel schälen und in Würfel, Porree in Scheiben schneiden. Zwiebel in Öl hellbraun anrösten, Paradeisermark zugeben und kurz weiterrösten. Hitze reduzieren, Paprikapulver einrühren und mit dem Sud aufgießen.

Erdäpfel, Porree, Paprikastreifen sowie Gewürze beigeben und auf kleiner Flamme weich kochen.

Währenddessen Fischstücke mit Salz sowie Zitronensaft würzen und sorgfältig entgräten oder schröpfen. Hitze auf ein Minimum reduzieren (evtl. auch Topf dann von der Platte ziehen), Gulaschansatz bei Bedarf nachsalzen und Fischstücke darin ca. 10 Minuten garen. Fischgulasch in tiefen, vorgewärmten Tellern anrichten. Mit gehackter Dille bestreut und einem Tupfer Sauerrahm garniert zu Tisch bringen.

BEILAGENEMPFEHLUNG: Teigwaren (Nockerln, Spätzle oder Nudeln) oder knuspriges Brot

TIPP: Für eine noch etwas feinere Variante kann man auch entgrätete und in mundgerechte Stücke geschnittene Fischfilets im Gulaschsud kurz vor dem Servieren gar ziehen lassen.

Amurstreifen in Bier- oder Weinteig

Eine Spezialität vom besonders gesunden Graskarpfen

ZUBEREITUNG

Die portionierten Amurkarpfenstücke mit Salz sowie Zitronensaft gut würzen und ca. 20 Minuten marinieren lassen. Anschließend in wenig Mehl wenden. Dotter mit Bier oder Wein, einer Prise Salz und Öl anrühren. Eiklar mit einer Prise Salz steif schlagen und unterrühren. Amurstücke in den Teig tauchen, abtropfen lassen und im (nicht allzu) heißen Fett bei ca. 150–160 °C ausbacken. Auf Küchenpapier abtropfen lassen und servieren.

BEILAGENEMPFEHLUNG: Petersil- oder Dillerdäpfel mit Zitronenspalten

TIPPS

- Noch lockerer und luftiger wird der Bier- oder Weinteig, wenn man etwas Germ (Frisch- oder Trockengerm) einrührt.
- Nach demselben Rezept können auch andere Fischfilets (Zander, Wels, Lachsforelle etc.) zubereitet werden.

ZUTATEN

600–800 g Amurkarpfen-Filetstücke, klein geschnitten und geschröpft
Salz
Zitronensaft, evtl. Knoblauch und Kräuter
2 Eidotter
125 ml Bier oder Weißwein (Welschriesling, Schilcher)
2 EL Öl
150 g glattes Mehl
2 Eiklar
Öl zum Backen

Gulasch vom steirischen Teichkarpfen

Karpfenröster

Das klassische Rezept für Fischgröstl

ZUTATEN

400–500 g Fischmilch
und Rogen
100 g Zwiebeln,
fein geschnitten
Salz, Pfeffer aus
der Mühle
Kümmel, gehackt
evtl. Majoran
2–3 Eier
Öl oder Fett

ZUBEREITUNG

Fischmilch vor dem Zubereiten ca. 20 Minuten wässern. Nach Belieben Häutchen entfernen und gut abtropfen. Grob schneiden bzw. hacken und am besten in einer Antihaftpfanne in Fett anrösten. Währenddessen wie bei einem Rösti mit einer Backschaufel eher vorsichtig wenden, aber nicht rühren! Zwiebeln zugeben und kurz mitrösten. Mit Salz und den Gewürzen kräftig würzen. Eier kurz verschlagen und unterrühren. Nur kurz stocken lassen und anrichten.

BEILAGENEMPFEHLUNG: Schwarzbrot oder Salat

TIPPS

■ Der Fischröster kann auch als herzhafter Appetithappen direkt auf Brot angerichtet und zu einem Glas Wein oder Bier serviert werden.

■ Anstelle der Eier können auch knusprig angebratene Erdäpfel untergerührt werden.

Gebackene Karpfenmilch

ZUBEREITUNG

Karpfenmilch trockentupfen, Haut nach Belieben entfernen und Fischmilch in beliebig kleine Stücke teilen. In einem Teller Eier kurz verschlagen. Karpfenmilch zuerst in Mehl wenden, durch die Eier ziehen und in den Bröseln wälzen. In einer Pfanne etwas Butterschmalz mit Öl erhitzen und die Karpfenmilch bei nicht zu großer Hitze rundum knusprig backen. Herausheben, auf Küchenkrepp abtropfen lassen, salzen und mit Zitronenspalten garniert anrichten.

BEILAGENEMPFEHLUNG: Salz- oder Petersilerdäpfel, Paradeisersalat oder grüner Salat

ZUTATEN

600 g Karpfenmilch, gewässert
Weißbrot, entrindet und frisch gerieben
Mehl und Eier zum Panieren
Öl und Butterschmalz zum Herausbacken
Salz
Zitronenspalten zum Garnieren

ZANDER UND ANDERE BARSCHARTIGE FISCHE

Zu den barschartigen Fischen, die wegen ihrer zweigeteilten stacheligen Rücken-flosse auch „Stachelflosser" genannt werden, zählen neben dem Zander (auch Fogosch, Schill oder Hechtbarsch) auch der Flussbarsch (Egli), der Schwarz- und der Forellenbarsch.

Zanderfilet gebraten auf Roten Rüben mit Krensoße

ZUTATEN
4 Zanderfilets mit Haut,
je ca. 180 g, entgrätet
Salz, Prise Zucker und
Schuss Apfelessig
Kümmel, ganz und
gemahlen
Lorbeerblatt
evtl. griffiges Mehl
(Weizen- oder
Maismehl)
Öl zum Braten
2 Rote Rüben, mittelgroß
etwas Schlagobers
ca. 125 g Sauerrahm
1 EL Kren, frisch gerieben

ZUBEREITUNG
Zanderfilet mit Salz und gemahlenem Kümmel würzen. Nach Belieben kurz in Mehl wenden und in nicht zu heißem Öl auf der Hautseite ca. 5–6 Minuten anbraten, wenden und noch kurz in der Pfanne lassen. Zander aus der Pfanne nehmen, vorbereitete Rote Rüben auf heißen Tellern anrichten und den Zander darauf legen. Mit etwas Krensoße umgießen.

Für das Rote-Rüben-Gemüse die Roten Rüben waschen, mit kaltem Wasser zustellen, aufkochen und das erste Wasser weggießen. Nochmals mit kaltem Wasser zustellen, mit Salz, Zucker, Essig, ganzem Kümmel und Lorbeerblatt kräftig würzen. Nicht zugedeckt weich kochen. Schälen und in feine Streifen schneiden, mit etwas Obers, Apfelessig und Salz kurz erwärmen. Für die Krensoße den Sauerrahm mit einer Prise Salz und frisch geriebenem Kren kurz glatt rühren.

BEILAGENEMPFEHLUNG: Kümmelerdäpfel

HECHTE
ODER
ESOCIDEN

*Der Hecht (Esox lucius) zählt zur Gattung der Knochenfische und ist ein Raub-
fisch mit verlängerten Kiefern, spitzen Hundezähnen und weit nach hinten
verlängerter Rücken- und Afterflosse. Sein Körper ist torpedoförmig und dunkel
marmoriert.*

Hechtfilet mit
roter Buttersoße und Porreegemüse

ZUBEREITUNG

Für die Buttersoße zunächst den Rotwein mit Salz, Lorbeerblatt und Prise
Zucker aufkochen. Zwiebeln feinnudelig schneiden, heiß abspülen, zugeben und langsam einkochen lassen. Sobald der Wein verkocht ist, mit
Fischsud oder Suppe aufgießen und nochmals einkochen lassen. Erst kurz
vor dem Servieren die eiskalten Butterstücke einrühren, aber nicht mehr
kochen lassen.

Hechtfilets mit Salz und Zitronensaft würzen und etwas ziehen lassen. In
eine gut mit Butter ausgestrichene Form oder Pfanne legen, wenig Weißwein
zugießen und im vorgeheizten Rohr bei 200 °C ca. 8 Minuten garen.
Währenddessen Porree in gleichmäßige Ringe schneiden und gut waschen.
In einer heißen Pfanne mit etwas Wasser und einer Prise Salz zugedeckt ca.
5 Minuten weich dünsten. Mit wenig Rahm oder Butter verfeinern. Porree
und vorbereitete rote Buttersoße nebeneinander auf Tellern anrichten und
das Hechtfilet in der Mitte platzieren.

TIPP: Die Hechtfilets können auch in einem Dämpfeinsatz über einem
recht würzigen Sud zugedeckt 7–8 Minuten gedämpft werden.

ZUTATEN

4 Hechtfilets à ca. 180 g
(entgrätet bzw.
geschröpft)
Salz, Zitronensaft
500 g Porree
250 ml Rotwein
150 g Zwiebeln
Lorbeerblatt
Prise Zucker
125 ml Fischsud
oder Suppe
150 g Butter, eisgekühlt
Butter für die Pfanne
Weißwein zum Angießen
Sauerrahm oder Butter
für den Porree

WALLER ODER SILURIDEN

Der Waller, auch Wels oder Schaden genannt, ist ein schwarzvioletter bis dunkelolivgrüner Raubfisch mit breitem Kopf, großer Mundspalte sowie Barteln am Ober- und Unterkiefer. Auffallend ist die kleine, sehr weit vorne sitzende Rückenflosse, die Fettflosse fehlt ganz. Verwandt ist der Zwergwels, der jedoch Fettflosse und Schleienschwanz aufweist. Vorsicht: Welse haben sehr spitze Brustflossen, an denen man sich leicht verletzen kann!

Waller mit Dillgurken

ZUTATEN

ca. 700 g Wallerfilets (Wels)
etwas Fischfond oder Weißwein für die Form
Butter für die Form
Salz, weißer Pfeffer aus der Mühle
Zitronensaft
200 ml Fischfond
ca. 80 g Butter
1 Gurke
Dillspitzen
gekochte Erdäpfel (als Beilage) nach Belieben

ZUBEREITUNG

Wallerfilets mit Salz und Zitronensaft würzen, 20 Minuten marinieren lassen. Eine Pfanne oder geeignete Form mit Butter ausstreichen, wenig Weißwein oder Fischfond eingießen und Filets einlegen. Im vorgeheizten Rohr bei 200 °C ca. 8 Minuten garen (oder über Dunst ca. 7–8 Minuten dämpfen).

Fischfond mit Dille aufkochen, kalte Butterstücke zugeben und (am besten mit dem Mixer) durchschlagen, bis eine sämige Soße entsteht. (Je mehr Butter verwendet wird, umso dicker wird sie.) Erdäpfel kochen, schälen, kleinwürfelig schneiden und warm halten. Gurke schälen, entkernen, in kleine Würfel schneiden und diese kurz überbrühen. In Eiswasser abschrecken. Abtropfen lassen, mit der Dillsoße vermischen und mit Salz, weißem Pfeffer sowie Dille würzen. Welsfilets in heißen Suppentellern mit den gekochten Erdäpfelwürfeln anrichten und mit den Dillgurken begießen.

TIPPS

■ Noch attraktiver sieht das Gericht aus, wenn man unter die Gurkenwürfel noch 1–2 klein geschnittene Paradeiser mischt.

■ Die Soße könnte auch statt mit kalter Butter mit gekochten, mehligen Erdäpfeln gebunden werden.

WEISSFISCHE ODER CYPRIDEN

Foto links
von oben nach unten:
Silberkarausche
Goldkarausche
Aitl
Schleie
Rotauge
Rotfeder
Brachse

Sie zählen nicht zu den edelsten unter den Süßwasserfischen, können aber, vor allem in Fischeintöpfen, sehr schmackhaft sein. Zu den Weißfischen zählen u. a. Döbel oder Aitel, Barben, Flussbarben, Nasen, Rapfen oder Schiede, Karauschen, Giebel oder Silberkarauschen, Rotaugen oder Plötze, Rotfedern, Bleie oder Brachsen und Lauben.

Heiß abgesottenes Fisch-Allerlei
Filets von Weißfischen, auf Wurzelgemüse gebettet

ZUBEREITUNG

Aus Gräten und Köpfen der Fische sowie aus den beim Reinigen des Gemüses anfallenden Schalen einen Fischfond ansetzen (s. auch S. 173 und diesen 40 Minuten sanft köcheln lassen. Abseihen und mit Weißwein vermengen. In der Hälfte dieses Fonds Wurzelgemüse sowie Zwiebeln bissfest kochen. In der zweiten Hälfte des Fonds die Fischfilets pochieren (unter dem Siedepunkt langsam garen). In einem Suppenteller das Zwiebel-Wurzelgemisch kuppelförmig anrichten, die Fischfilets drauflegen. Den Kochsud mit dem Wurzelsud vermischen und gut fingerhoch in den Teller eingießen. Gehackten Knoblauch mit Semmelbröseln, Petersilie und Dillspitzen vermischen und über die Fischfilets verteilen. Mit gut gebräunter Butter übergießen.

ZUTATEN
800 g filetierte Weiß-
fische oder andere Fisch-
filets nach Angebot
(Karpfen, Amur,
Schleien u. a.)
150 g Wurzelwerk, grob-
nudelig geschnitten
150 g Zwiebeln, blättrig
geschnitten
250 ml Weißwein
50 g Butter
50 g Semmelbrösel
je 10 g Petersilie und Dillspitzen, fein gehackt
20 g Knoblauch,
fein gehackt

EDEL- ODER FLUSSKREBSE

Vor über 100 Jahren waren Krebse ein Volksnahrungsmittel und ein wöchentlich wiederkehrendes „Personalessen" in Herrschaftshäusern. Nach der um 1870 in Frankreich einsetzenden Krebsenpest wurden allmählich alle mitteleuropäischen Bestände vernichtet. Erst in jüngster Zeit werden Fluss-, Stein- und Signalkrebse wieder aus heimischen Zuchten, allerdings zu ziemlich hohen Preisen, angeboten. Die Krebssaison dauert von Mai bis August.

Flusskrebserl in steirischem Himbeeressig

ZUTATEN
20–24 Flusskrebse
(Grundzubereitung
s. unten)
ca. 600 g Brokkoli-
und Karfiolröschen
2–3 Teile Sonnenblumen-
öl
1 Teil steirischer
Himbeeressig
Salz, Pfeffer aus der
Mühle
Blattsalat nach Belieben
Estragonblätter

ZUBEREITUNG
Öl und Essig für das Dressing gut verrühren, mit Salz und schwarzem Pfeffer aus der Mühle würzen. Karfiol und Brokkoli in Salzwasser bissfest kochen und abschrecken. Abtropfen lassen und mit dem Dressing marinieren. Krebse nach dem Grundrezept zubereiten und noch lauwarm ebenfalls mit dem Dressing marinieren. Blattsalat marinieren und auf Tellern anrichten. Krebse sowie Gemüse darauf platzieren und mit Estragonblättern dekorieren.

Flusskrebse natur (Grundrezept)

ZUTATEN
ca. 2 kg Flusskrebse
(etwa 20–24 Stück),
lebend
Salz, Kümmel, Dille
(Dillspitzen oder
Dillstängel)
eventuell Fenchelholz

ZUBEREITUNG
In einem großen Topf genügend Salzwasser mit den Gewürzen aufkochen *(Abb. 1, gegenüberliegende Seite)*. Lebende Krebse einlegen *(Abb. 2)* – sie sind in Sekundenschnelle getötet –, Topf beiseite ziehen oder Hitze auf ein Minimum reduzieren und die Krebse noch ca. 3–4 Minuten ziehen lassen *(Abb. 3)* – sie verfärben sich dabei rötlich. Krebsschwänze aber auf keinen Fall kochen, da sie dadurch hart werden! Herausheben und die etwas abgekühlten Krebse auslösen *(Abb. 4)*.

TIPP: Achtung! Nur frische bzw. lebende Krebse verarbeiten, da bei länger getöteten Krebsen bzw. Krustentieren Vergiftungsgefahr (Eiweiß- bzw. Fischvergiftung) besteht.

Kleiner Krebsen-Knigge

Keine Angst vor kniffligen Krebsen! Das „Panzerknacken" ist gar nicht so schwer. Trennen Sie zunächst den Krebsschwanz mit einer leichten Drehung vom Körper ab (Abb. 1, nächste Seite). Drücken Sie den Schwanzpanzer an beiden Seiten etwas zusammen und ziehen Sie ihn vorsichtig vom Fleisch ab (Abb. 2). Schneiden Sie den ausgelösten Krebsschwanz an der Oberseite in Längsrichtung etwas ein und ziehen Sie den Darm, einen etwa suppennudel-dünnen Faden, aus dem Fleisch, damit dieses danach nicht bitter schmeckt (Abb. 3).

Drehen Sie nun die Scheren, am besten mit Hilfe eines Geschirrtuches oder einer Serviette, aus dem Panzer (Abb. 4). Drehen Sie die kleine, bewegliche Schere vorsichtig ab (Abb. 5) und schneiden Sie die große Schere entweder mit einem Messer auf (Abb. 6) oder verwenden Sie zum Aufknacken einen Nussknacker oder eine Krebsenzange. Auch ein Schnitzelklopfer kann gute Dienste tun, wenn man den Krebs zuvor mit einem Tuch abdeckt, damit er unter der Wucht nicht zerbirst. Sobald die Schere geknackt ist, lässt sich das Fleisch leicht herausziehen und genießen (Abb. 7).

Bitte werfen Sie Panzer und Scheren nicht weg. Denn wenn Sie das Krebs-nase genannte Kopfteil vollkommen ausputzen (Abb. 8) und mit den restlichen Schalen von Schwanz und Scheren im lauwarmen Rohr trocknen, brauchen Sie es nur noch mit dem Schnitzelklopfer etwas zu zerkleinern und können es für die Herstellung von Krebssoße oder Krebsbutter (s. Seite 173) weiterver-wenden.

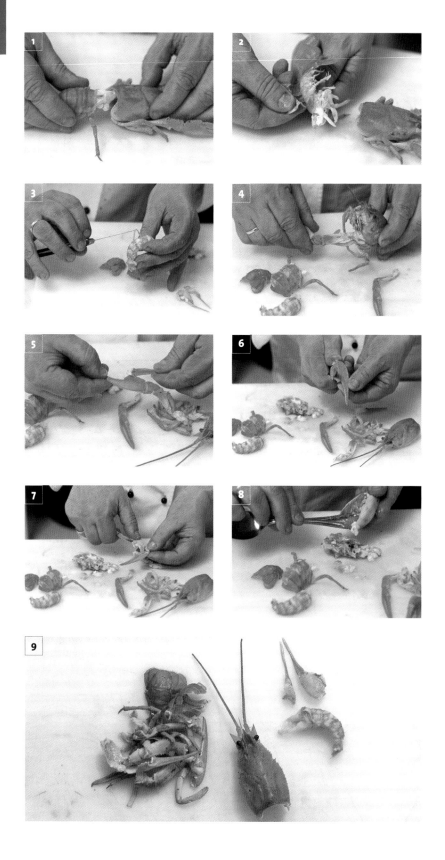

Flusskrebse im Wurzelsud

ZUBEREITUNG

Krebs- oder Fischsud mit gekochtem Erdapfel und kalter Butter (oder Krebs-butter) im Turmmixer oder mit dem Stabmixer aufmixen bzw. binden (montieren). Mit Basilikum oder Petersilie und Weinbrand kräftig abschme-cken. Gekochtes, kleinwürfelig geschnittenes Gemüse einrühren. Fluss-krebse wie auf Seite 124 f. beschrieben kochen und auslösen. Die ausgelös-ten Flusskrebsschwänze in tiefen Tellern anrichten und mit der gebundenen Soße begießen.

TIPP: Etwas ausgiebiger gerät dieses Gericht, wenn man unter die Krebs-schwänze noch gekochte Erdäpfelwürfel mengt.

ZUTATEN

20–24 Flusskrebs-schwänze und Scheren
250 ml kräftiger Krebs-oder Fischsud und Krebsbutter (s. S. 173)
50 g mehliger Erdapfel, gekocht, zum Binden
50 g kalte Butter oder Krebsbutter
Basilikum oder Petersilie, gehackt
Schuss Weinbrand
300 g Gemüse (Wurzel-oder Mischgemüse), gekocht

Kalte Gurkensuppe mit Flusskrebsen

ZUBEREITUNG

Die Krebse kochen und Schwänze auslösen (s. S. 125 f.). Gurken schälen, entkernen und mit Sauerrahm (Joghurt oder Buttermilch) aufmixen. Mit Salz, Pfeffer, Dille und etwas Knoblauch würzen. In vorgekühlten Tellern anrichten, Gurken- und Paradeiserwürfel sowie Krebsschwänze einlegen und mit Dille garniert auftragen.

TIPP: Nach demselben Rezept lassen sich statt Gurken auch Paradeiser mit frischem Basilikum oder mit gehackten Kräutern für diverse kalte Suppen verarbeiten.

ZUTATEN

2 mittelgroße Gurken
500 ml Sauerrahm, Joghurt oder Buttermilch
Salz, weißer Pfeffer aus der Mühle, Dille und etwas Knoblauch

Für die Einlage
12–16 Krebsschwänze nach Belieben, ausgelöst
Gurken- und Paradeiser-würfel, Dillzweige

VOM POULARD BIS ZUM LAMMKARREE

Aus steirischen Fleischtöpfen

HAUSGEFLÜGEL

Gefüllte steirische Poularde

ZUTATEN
für 4–6 Portionen
1 Poularde (Masthuhn)
ca. 1,5–2 kg
evtl. Innereien (Leber,
Herz, Magerl)
3 Semmeln, klein-
würfelig geschnitten
Öl
ca. 80 g Zwiebeln,
fein geschnitten
125 ml Milch
1–2 Eier
Petersilie und evtl. Liebstöckel, Salz, Majoran
Suppe oder Wasser
zum Übergießen

ZUBEREITUNG
Ausgenommenes Huhn waschen und mit Küchenkrepp trockentupfen. Innen und außen gut salzen. Für die Fülle Zwiebeln in Öl hell anrösten. Mit Milch aufgießen, aufkochen und über die Semmelwürfel gießen. Gut durchmischen und rasten lassen. Nach dem Abkühlen Eier, Petersilie, Salz und Majoran einarbeiten. Nach Wunsch die Innereien kurz anbraten, etwas zerkleinern und unter die Fülle mengen. Fülle in die Bauchhöhle füllen und die Öffnung vernähen.

Bratenform mit Öl ausstreichen, Huhn hineinsetzen und im vorgeheizten Backrohr etwa 1 Stunde braten. Danach die Hitze auf ca. 130 °C verringern und noch ca. 1–1,5 Stunden fertig braten. Währenddessen wiederholt mit Bratensaft (bei Bedarf etwas Suppe oder Wasser zugießen) übergießen.

TIPP: Damit die Brust schön saftig bleibt, kann das Huhn auch unter der Haut gefüllt werden. Dazu hebt man die Haut vorsichtig ab (ohne sie zu zerreißen) und schiebt die Fülle zwischen Haut und Fleisch.

Brathuhn auf südsteirische Art

ZUTATEN
1 Brathuhn (ca. 1,5 kg)
mit Innereien, halbiert
500 g Erdäpfel, feste
Sorte
20 g Butter
Salz
100 g Wurzelwerk
(Karotten, Petersil-
wurzel), in grobe Stücke
geschnitten
50 g Zwiebeln, mit
Schale grob geschnitten
Petersilie, Porree und
anderes Suppengrün

ZUBEREITUNG
Innereien, Hals, entferntes Fett, Wurzelwerk, Zwiebeln und Suppengrün in etwa 1 Liter Wasser aufstellen und zu einer kräftigen Hühnersuppe kochen. Mit Salz abschmecken und abseihen. Erdäpfel schälen und in gleichmäßige Stücke schneiden. Das halbierte Huhn gut salzen. Mit der Haut noch oben in eine schwere, mit Butter ausgestrichene Pfanne legen und im vorgeheizten Rohr bräunen. Herausnehmen und im selben Fett die Erdäpfel anbraten. Hühnerhälften wieder darüber legen, mit etwas Suppe begießen und im Rohr ca. 1 Stunde fertig braten.

TIPP: In der Untersteiermark wird das Huhn mit den Erdäpfeln in der Pfanne aufgetragen.

Huhn weststeirisch

Der Hendlklassiker aus dem Sulmtal mit reichlich Wurzelgemüse

ZUBEREITUNG

Das Huhn waschen, trockentupfen und in acht Teile tranchieren. Kaltes Wasser mit Hühnerklein (samt Fett) und Gemüseabschnitten (Reste vom Putzen) aufsetzen und zu einer Hühnersuppe kochen. Suppe abseihen und etwa 500 ml bereithalten. Hühnerteile mit Salz, Pfeffer und Muskatnuss würzen. In Mehl wenden und in einer Pfanne in heißem Fett rundum anbraten. Herausheben, Zwiebeln und geschabtes Gemüse im selben Fett anrösten. Mit Schilcher ablöschen und etwas Suppe zugießen. In eine Kasserolle mit dickem Boden umfüllen und die Hühnerteile einlegen. Zugedeckt ca. 1 Stunde weich dünsten. Dann die Hühnerteile wieder herausnehmen. Mit restlicher Suppe aufgießen, Sauerrahm mit etwas Mehl verrühren und die Soße damit binden. Nochmals gut durchkochen. Mit geriebener Zitronenschale abrunden.

Die Hühnerstücke in der Soße nochmals erwärmen. Mit gehackter Petersilie bestreut zu Tisch bringen.

BEILAGENEMPFEHLUNG: Teigwaren, Erdäpfel oder Rollgerstl

TIPP: Dieses Gericht wurde früher meist mit Sulmtaler oder Altsteirer Hühnern zubereitet, zwei Rassen, die heute leider kaum noch erhältlich sind. Das Rezept kann jedoch auch mit klein geschnittenem Hühnerfleisch sowie gekochtem Gemüse oder gekochten Pilzen zu Geflügelragout abgewandelt werden.

ZUTATEN

1 Masthuhn (ca. 1,5 kg)
50 g Karotten, grob geschabt
50 g Sellerieknolle, grob geschabt
50 g Petersilwurzel, grob geschabt
50 g Zwiebeln, fein geschnitten
50 g Butterschmalz oder Hühnerfett
125 ml Schilcher (ersatzweise kräftiger Roséwein)
Petersilie, gehackt
5 cl Sauerrahm
Mehl zum Wenden
Zitronenschale, gerieben
Muskatnuss
Salz
weißer Pfeffer

Steirisches Backhuhn
Auf typisch steirische Art mit Innereien serviert

ZUTATEN

1–2 Hühner (je nach
Größe) mit Innereien
2–3 Eier, versprudelt
und gesalzen
Salz
100 g Semmelbrösel
von bester Qualität
Mehl
Schweine- oder
Butterschmalz
Petersilie zum
Garnieren
Öl

ZUBEREITUNG

Das Huhn waschen, trockentupfen und in 4 bzw. 8 Stücke teilen. Leicht salzen. Eier versprudeln und zart salzen. Hühnerteile mit der Haut sowie die Innereien zunächst in Mehl wenden, durch die Eier ziehen und in Bröseln panieren. In einer großen Pfanne genügend Schweine- oder Butterschmalz erhitzen, Hühnerteile einlegen und auf beiden Seiten goldgelb backen. Bruststücke dabei kürzer als Keulenstücke in der Pfanne lassen. Herausheben und abtropfen lassen. Petersilie im heißen Fett frittieren und Backhuhn damit garnieren.

BEILAGENEMPFEHLUNG: Erdäpfel- oder Kopfsalat (grüner Salat) mit Kernöl

TIPPS

◼ Wird das Backhuhn mit Haut paniert, sollte es bereits am Vortag zerteilt und eingesalzen werden. Dadurch schmeckt es nicht nur viel besser, sondern die Panier hat einen besseren Halt!

◼ Fast zum Klassiker avanciert ist der beliebte Backhendlsalat, jene Backhuhn-Spielart, bei der knusprig herausgebackene Backhendlstücke auf frischem, meist mit Kernöl mariniertem Blattsalat als Vorspeise oder kleines Zwischengericht serviert werden.

◼ Köchinnen und Köche mit geschickten Händen haben das Backhuhn vor dem Servieren so zusammengesetzt, dass es seine ursprüngliche Form erhielt. Macht etwas Mühe, sieht aber auch heute noch gut aus.

SCHWEINEFLEISCH

Steirisches Wurzelfleisch
Das typische „Krenfleisch"

ZUBEREITUNG

Die Knochen kurz blanchieren (überbrühen) und dann kalt abspülen. Schweinefleisch und Knochen mit leicht gesalzenem heißem Wasser bedecken und mit den Abschnitten vom Wurzelgemüse, mit Knoblauch sowie den Gewürzen langsam ca. 90 Minuten weich köcheln lassen. Zwischendurch den sich bildenden Schaum abschöpfen.

Sobald das Fleisch weich ist, etwas Kochsud abseihen und das in Streifen geschnittene Wurzelgemüse der Reihe nach (gelbe Rüben, Karotten und Sellerie) in Abständen von ca. 2 Minuten einlegen und weich kochen. Den Wurzelsud mit Essig abschmecken. Das Fleisch in Scheiben schneiden und mit dem Wurzelgemüse sowie mit etwas Suppe anrichten. Mit frisch geriebenem Kren und Schnittlauch bestreuen und sofort servieren. (Restlichen Sud für Suppen oder Soßen weiterverwenden.)

BEILAGENEMPFEHLUNG: Salz- oder Kümmelerdäpfel

TIPPS

▪ In manchen Gegenden wird das Wurzelfleisch würfelig geschnitten serviert und auch als Krenfleisch bezeichnet.

▪ Werden anstelle der Schulter Schweinshaxelscheiben verwendet, so wird diese Speise in einigen steirischen Orten als Klachelfleisch bezeichnet.

▪ Übrig gebliebenes Wurzelfleisch sofort in kaltem Wasser abschrecken! Es bleibt dadurch saftiger, zerkocht bzw. zerfällt nicht, trocknet nicht an und verfärbt sich nicht dunkel.

ZUTATEN

ca. 900 g Schweinsschulter oder Schopf
einige Schweinsknochen
300 g Wurzelgemüse (Sellerie, Karotten, gelbe Rüben)
Salz
2 Lorbeerblätter
Pfefferkörner
2 Knoblauchzehen
2 EL Weißweinessig
3 EL Kren, gerieben
Schnittlauch

Zwiebelfleisch

ZUBEREITUNG

Zwiebeln in Ringe schneiden und in reichlich Fett anrösten. Paradeisermark einrühren, gut durchrösten und mit Rotwein langsam ablöschen. Dunkel einkochen lassen und mit Suppe aufgießen. Mit Salz, Pfeffer, Lorbeerblatt und Majoran zurückhaltend würzen und 30 Minuten köcheln lassen. Fleisch würfelig schneiden, mit Salz und Pfeffer würzen und in etwas Fett rasch rundum anbraten. In den Saft geben und zugedeckt (oder im Rohr) ca. 90 Minuten langsam weich dünsten. Saft bei Bedarf vor dem Servieren mit etwas in Rotwein angerührtem Mehl binden.

BEILAGENEMPFEHLUNG: Hörnchen, Makkaroni oder Spiralnudeln, die auch direkt in das Zwiebelfleisch eingerührt werden können.

ZUTATEN

ca. 800 g Schweinefleisch (Schulter)
750 g Zwiebeln
Schmalz oder Öl zum Anbraten
2 EL Paradeisermark
125 ml Rotwein
ca. 750 ml milde Suppe
Salz, Pfeffer
Majoran, Lorbeerblatt
Mehl nach Bedarf

Szegediner Gulasch

ZUTATEN

für ca. 10 Portionen

1,5 kg Schweinefleisch,
nicht zu mager (Hals,
Schulter oder Brüstl)
1 kg Sauerkraut, roh
250 g Zwiebeln,
fein geschnitten
ca. 100 g Schmalz
2 EL Paradeisermark
3 EL Paprikapulver,
edelsüß
ca. 2 l Suppe oder Wasser
Salz, Pfeffer
Kümmel, ganz
Lorbeerblatt, Knoblauch
eventuell etwas
Sauerrahm und Mehl
zum Binden

ZUBEREITUNG

Zwiebeln in heißem Schmalz goldgelb anrösten. Paradeisermark einrühren, Hitze verringern und Paprikapulver zugeben. Im lauwarmen Fett 1–2 Minuten durchrühren, dann mit warmer Suppe oder Wasser aufgießen. Hitze erhöhen, mit Salz, Pfeffer, Kümmel, Lorbeerblatt und Knoblauch würzen und 30 Minuten nicht zugedeckt kräftig kochen lassen (der Gulaschsaft wird dadurch nicht bitter). Hitze reduzieren und das würfelig geschnittene rohe Fleisch zugeben. Nach 30 Minuten das Sauerkraut zugeben und alles auf kleiner Flamme ganz langsam insgesamt ca. 90 Minuten weich köcheln lassen. Zwischendurch, wenn notwendig, mit etwas Suppe oder Wasser aufgießen. Abschließend etwas Sauerrahm und Mehl verrühren und das Szegediner Gulasch damit binden.

BEILAGENEMPFEHLUNG: Salz- oder Kümmelerdäpfel

Schweinsmedaillons mit Paradeisern und Edelschimmelkäse überbacken

ZUBEREITUNG

Paradeiser an der Kuppe kreuzweise einritzen und ca. 20 Sekunden in kochendes Wasser geben. Kalt abschrecken, Haut abziehen, vierteln, entkernen und in Würfel (Concassé) schneiden. (Dosenparadeiser grob hacken und abtropfen lassen.) Zugeputzte Medaillons mit wenig Salz und Pfeffer würzen. In heißem Öl kurz auf beiden Seiten jeweils ca. 1,5 Minuten (halbdurch) anbraten. Mit Paradeiserwürfeln sowie Käse belegen und mit Paprikapulver zart bestauben. Im vorgeheizten Rohr bei 200 °C ca. 5–7 Minuten überbacken.

BEILAGENEMPFEHLUNG: Erdäpfel und Blattspinat

ZUTATEN
8–12 Schweins-
medaillons
Salz, Pfeffer aus
der Mühle
2 Paradeiser (oder
Dosenparadeiser)
Edelschimmelkäse
(Österkron)
Paprikapulver
Öl zum Anbraten

Borstenvieh und Kindersegen

Dass die Steirer auch in ökonomisch harten Zeiten niemals Kostverächter waren, ist immer auch Reiseschriftstellern und anderen „externen Beobachtern" aufgefallen. Einer von ihnen war Joseph Rohrer, der in seinem „Versuch über die deutschen Bewohner der österreichischen Monarchie" die Steirer kurzerhand mit den von ihnen favorisierten Hühnern und Schweinen verglich und meinte: „Obgleich ich nun zwar dem Steiermärker es nicht verarge, dass er sein junges, zum Abstechen bestimmtes Feder- und Borstenvieh stopft, so tut mir doch leid, dass er analogisch mit seinen eigenen Kindern verfährt und in ihnen durch beständiges Überfüttern mit fettem Mehlbrei den Sinn verdrängt, zu beurteilen, wann sie genug haben."

Schweinsbrüstl (Schwartenbraten)
Der klassische steirische Schweinsbraten

ZUTATEN

für ca. 6–8 Portionen
ca. 1,5 kg Schweinsbrüstl (auch Schweinsschulter oder Karree), mit Schwarte, ohne Knochen
Salz, Kümmel (ganz)
Knoblauch

ZUBEREITUNG

Schweinsbrüstl vor dem Braten in heißes Salzwasser geben, mit Salz sowie Kümmel würzen und ca. 30 Minuten vorkochen. Mit einem scharfen Messer erst quer bzw. parallel zum Anschnitt und dann längs ein Schachbrettmuster einschneiden (schröpfen).

In eine Bratenpfanne mit der Schwarte nach oben setzen, mit etwas Kochwasser untergießen und im vorgeheizten Rohr bei ca. 220 °C ungefähr 1 Stunde knusprig braten. Währenddessen nicht übergießen, da die Schwarte sonst nicht knusprig wird! Hitze auf 120–130 °C zurückschalten und je nach Größe fertig braten, bis beim Anstechen mit einem Spießchen nur mehr klarer Saft austritt. Abschließend Knoblauch mehr oder weniger fein schneiden und mit etwas Kümmel in das „Natursaftl" einrühren. Braten mit einem scharfen Messer tranchieren.

BEILAGENEMPFEHLUNG: mitgebratene Erdäpfel, Sauerkraut, Kürbisgemüse, Semmel- oder Grammelknödel

TIPPS

- Der fertige Braten lässt sich noch leichter tranchieren, wenn man ihn zu Beginn gleich in der gewünschten Breite der späteren Bratenscheiben schröpft.
- Wenn Sie über ein Bratenthermometer verfügen, so sollte die Kerntemperatur im Braten ca. 80 °C betragen.

VARIANTE: *Surbraten*

Statt rohem Schweinefleisch wird ein meist 3 Wochen mariniertes (gesurtes) Fleischstück aus der Schulter oder auch Karree gebraten. Ein weiteres Würzen des Bratens ist in diesem Fall nicht mehr nötig. Braten im heißen Rohr bei ca. 150 °C etwa 2,5 Stunden braten. Knödel und Kraut sind Standardbegleiter eines Surbratens.

Surbraten mit Semmelknödel und Sauerkraut

Deftige Kost braucht viel Most

Während der steirische Weinbau erst von Erzherzog Johann systematisiert und kultiviert wurde, war der Most seit jeher das „steirische Nationalgetränk". Schon in einem Bericht aus dem Sulmtal des Jahres 1780 heißt es: „Das tägliche Geschenk ist der Most, der regelmäßig zu den vier Mahlzeiten von beiden Geschlechtern genossen wird. In früheren Zeiten erhielten ihn auch regelmäßig alle Kinder, oft schon ab dem dritten Lebensjahre." Einzelne Bauern, so berichtet der Zeitgenosse, würden problemlos zehn bis fünfzehn Liter pro Tag konsumieren, und einer von ihnen habe auf die Frage nach seinem Tagesbedarf an Most geantwortet: „Ich brauch ein Schaff voll, so viel wie ein Ochs Wasser!"

KALBFLEISCH

Kalbsgulasch

ZUTATEN

ca. 1 kg Kalbsvögerl
(ausgelöste Wade oder
Haxe) oder Kalbsschulter
250 g Zwiebeln
Öl oder Kalbsnierenfett
1 EL Paradeisermark
1 EL Paprikapulver,
edelsüß
500 ml Kalbssuppe
oder Wasser
Salz
2–3 Lorbeerblätter
Zitronenschale, gerieben
125 ml Schlagobers
oder Sauerrahm
1 EL Mehl, glatt

ZUBEREITUNG

Kalbfleisch in nicht zu kleine Würfel schneiden. Zwiebeln fein schneiden und in reichlich Öl oder flüssigem Kalbsnierenfett goldgelb anrösten. Paradeisermark zugeben, kurz mitrösten, Hitze reduzieren. Paprikapulver einrühren, 1–2 Minuten bei geringer Hitze anrösten und dann kalte Suppe langsam nach und nach zugießen. Mit wenig Salz, Lorbeerblättern und Zitronenschale würzen. Etwa 15 Minuten kräftig durchkochen, dann auf kleiner Flamme noch 45 Minuten halb zugedeckt köcheln lassen (damit die blähenden Stoffe beseitigt werden).

Gulaschsaft abschmecken, eventuell abseihen und die rohen Fleischstücke (ohne anzubraten) einlegen. Etwa 1,5–2 Stunden ganz langsam und halb zugedeckt köcheln lassen. (Je langsamer das Gulasch kocht, umso besser wird der Geschmack und das Fleisch wird gleichmäßig weich.) Bei Bedarf hin und wieder etwas Wasser nachgießen. Schlagobers oder Sauerrahm mit Mehl verrühren, in das Gulasch einrühren und kurz durchkochen.

BEILAGENEMPFEHLUNG: Nockerln (s. S. 71)

Heiß abgesottenes Kalbfleisch

Eine Spezialität aus der Fürstenfelder Bürgerküche, die unter Viehhändlern häufig auch als „Jaus'n" serviert wurde

ZUBEREITUNG

Knochen in kochendem Wasser blanchieren (überbrühen), kalt abschrecken und in 1 Liter kaltem Wasser frisch zusetzen. Wurzelwerk schälen und in 3 mm dicke Scheiben schneiden. Die Schalen gemeinsam mit der Zwiebel sowie den Gewürzen zugeben und alles langsam kochen lassen. Nach ca. 30 Minuten das Fleisch dazugeben und bei schwacher Hitze kernig weich werden lassen (Garprobe durch Anstechen machen!). Durch ein feines Sieb so viel Suppe seihen, dass man das Wurzelwerk darin garen kann. Gegartes Gemüse abseihen, Fleisch in mundgerechte Stücke schneiden.

Nun sowohl den Fleisch-Kochsud als auch den Wurzelgemüsesud zusammen aufsetzen und jetzt erst salzen. Knoblauch, Petersilie und geröstete Brösel miteinander vermischen. Gemüse in vorgewärmten tiefen Tellern anrichten, obenauf das gekochte Fleisch setzen und so viel Suppe eingießen, dass immer noch ein 2–3 cm hohes „Fleischhäubchen" herausragt. Dieses mit dem Brösel-Knoblauchgemisch bestreuen. Butter aufschäumen und darüber träufeln.

BEILAGENEMPFEHLUNG: gekochte Erdäpfel

TIPP: Nach demselben Rezept lässt sich auch ein heiß abgesottenes Huhn herstellen, wobei man in diesem Fall auf die Würzung mit Gewürznelken und Piment verzichten kann.

ZUTATEN

800 g Kalbfleisch, vorzugsweise Brustspitz oder Hals
250 g Kalbsknochen (Zuwaage)
100 g gelbe Rüben oder Karotten
100 g Sellerieknolle
100 g Petersilwurzel
1 Zwiebel, mit Schale halbiert, mit Nelken gespickt
1 Lorbeerblatt
10 Gewürznelken
10 Pfefferkörner
5 Pimentkörner (Neugewürz)
2 Knoblauchzehen, fein geschnitten
1 Petersilbund, fein gehackt
50 g Semmelbrösel, im Rohr gebäht (geröstet)
60 g Butter
Salz

Reisfleisch

ZUBEREITUNG

Kalbfleisch in nicht zu große Würfel schneiden, mit Salz und Pfeffer würzen und in Fett rasch goldgelb anrösten. Aus der Kasserolle heben, noch etwas frisches Öl zugießen und die Zwiebeln hell anschwitzen. Hitze reduzieren, Paprikapulver zugeben und 1–2 Minuten durchrühren. Mit warmer Suppe oder Wasser aufgießen, Hitze steigern und mit Salz, Pfeffer, Lorbeer sowie Knoblauch würzen. Etwa 15 Minuten nicht zugedeckt kräftig kochen lassen. Hitze reduzieren, das angebratene Fleisch zugeben und weich dünsten. Nach ca. 1 Stunde etwa 250 ml Saft abgießen und beiseite stellen. Rohen Reis unter das Fleisch mengen und alles langsam am Herd oder im Rohr ca. 30 Minuten weich dünsten lassen. Sauerrahm mit Mehl verrühren, in den beiseite gestellten Saft einrühren und kräftig durchkochen lassen. Das Reisfleisch mit einem nassen Schöpfer auf Teller stürzen, mit der Soße umgießen und mit etwas geriebenem Käse bestreut servieren.

ZUTATEN

200 g Zwiebeln, fein geschnitten
ca. 80 g Öl oder Kalbsnierenfett
2 EL Paprikapulver, edelsüß
ca. 1,5 l Kalbssuppe oder Wasser
Salz, Pfeffer
Lorbeerblatt, Knoblauch
600 g Kalbsschulter
150 g Langkornreis
etwas Sauerrahm und Mehl zum Binden
Hart- bzw. Reibkäse zum Bestreuen

Linke Seite: Heiß abgesottenes Kalbfleisch

Geschmorte Kalbsvögerl

ZUTATEN

ca. 1 kg Kalbsvögerl
(ausgelöste Kalbsstelze
oder Haxe)
1 Zwiebel, fein
geschnitten
Öl oder Kalbsnierenfett
zum Anbraten
ca. 250 ml Suppe
Salz, weißer Pfeffer
aus der Mühle
2 Teile flüssige Butter
1 Teil Mehl

ZUBEREITUNG

Die ausgelösten Muskelstränge der Kalbsstelze in der Längsrichtung teilen. Die Haut, die den Muskel umschließt, aber nicht wegschneiden. Mit Salz und weißem Pfeffer aus der Mühle würzen, in Fett rundum anbraten und aus der Pfanne heben. Zwiebel in derselben Kasserolle hell anrösten. Angebratene Kalbsvögerl zugeben und mit Suppe untergießen. Am Herd zugedeckt oder im vorgeheizten Rohr bei sanfter Hitze ca. 2,5–3 Stunden langsam weich schmoren. Vögerl herausheben und Saft abseihen. Flüssige Butter mit Mehl vermengen und den Saft damit binden. Vögerl nochmals kurz einlegen und mit dem Saft anrichten.

BEILAGENEMPFEHLUNG: Schwammerlreis, Rollgerstl mit Schwammerln (s. S. 68), Petersilerdäpfel und Salat

TIPP: Kalbsvögerl werden meistens gespickt, bei sanfter Garung bleiben die Vögerl jedoch auch ohne Spicken sehr saftig.

Gekochtes Rindfleisch

ZUBEREITUNG

Knochen kurz blanchieren (überbrühen) und gemeinsam mit eventuell vorhandenen Rindfleischabschnitten (Parüren) mit kaltem Wasser zustellen. Wurzelgemüse, Lorbeer, Petersilstängel und etwas Salz zugeben und ca. 45 Minuten ziehen lassen. Dabei Fett und Schaum abschöpfen. Fleisch einlegen und bei 85 °C ca. 3–4 Stunden weich köcheln. Währenddessen zwischendurch mit kaltem Wasser aufgießen und abfetten bzw. abschäumen. (Nicht aufkochen lassen, Suppe würde dadurch trüb werden!)

Weich gegartes Fleisch herausheben und sofort in kaltem Wasser abschrecken. Suppe kräftig abschmecken und in Scheiben geschnittenes Fleisch darin langsam erwärmen. Gemüse nach Belieben mitservieren und mit gehacktem Schnittlauch bestreuen.

BEILAGENEMPFEHLUNG: Semmelkren, Rösterdäpfel, Schnittlauchsoße sowie Kohl, Dillfisolen etc.

TIPPS

- Verwenden Sie, solange das Fleisch in der Suppe ist, keinesfalls Suppenwürze – sie würde das Fleisch verfärben!
- Nach demselben Rezept lässt sich auch Kalbsschulter kochen, deren Kochsud man zusätzlich noch mit Nelken aromatisieren kann.
- Noch besser schmeckt gekochtes Rindfleisch, wenn man größere Stücke kocht. Übrig gebliebenes Rindfleisch eignet sich auch bestens für kalte Gerichte und Salate.
- Der Semmelkren kann auch auf die tranchierten Fleischscheiben aufgetragen und bei großer Oberhitze goldbraun überbacken werden.

ZUTATEN
1 kg Tafelspitz
(Schulterspitz, Schulterscherzel, Beinfleisch etc.)
Fleischknochen
(Zuwaage)
1 Karotte
je 1 Stück Sellerie
und Lauchstange
Lorbeerblätter
Petersilstängel
Salz
Schnittlauch

Rindfleisch-Biereintopf mit Paprika

ZUTATEN

1 kg Rindfleisch
(Wadel oder Schulter)
500 g Zwiebeln,
grob geschnitten
125 ml Öl oder Schmalz
2 EL Paradeisermark
1 EL Paprikapulver
500 ml Bier
500 ml Suppe
Salz, schwarzer Pfeffer
Lorbeer, Kümmel
1 kl. Pfefferoni oder Chili
1 rote und 1 grüne
Paprikaschote,
würfelig geschnitten
1 EL Mehl, mit etwas
Bier verrührt

ZUBEREITUNG

Zwiebeln in heißem Öl langsam goldgelb anrösten. Paradeisermark einrühren, weiterrösten, Hitze verringern und Paprikapulver zugeben. Noch 1–2 Minuten rühren, dann mit Bier ablöschen und 15 Minuten gut durchkochen lassen. Mit Suppe aufgießen und auf kleine Flamme schalten. Würfelig geschnittenes Fleisch mit Salz und Pfeffer würzen, eventuell in der Pfanne kurz anrösten und in den Zwiebelsaft einlegen. Mit Salz, Pfeffer, Lorbeer, Kümmel und Pfefferoni abschmecken und auf ganz kleiner Flamme ca. 2,5–3 Stunden langsam köcheln lassen. Nach ca. 2 Stunden die grob geschnittenen Paprikastücke zugeben. Abschließend Mehl mit etwas Bier verrühren und den Saft damit binden.

BEILAGENEMPFEHLUNG: Erdäpfelnudeln, Knödel oder Sterzwurst (s. S. 64)

Zwiebelrostbraten

ZUBEREITUNG

Rostbraten (am besten zwischen starker Klarsichtfolie) klopfen und die Ränder etwas einschneiden, damit sich das Fleisch beim Braten nicht wölbt. Mit Salz sowie Pfeffer würzen und in nicht zu heißem Öl anbraten, wenden und nach ca. 1 Minute aus der Pfanne nehmen. In eine kalte Kasserolle legen.

Etwas frisches Öl in der Pfanne erhitzen und Zwiebeln darin goldgelb anrösten. Paradeisermark einrühren und auf kleiner Flamme gut durchrösten. Nach und nach mit Rotwein ablöschen, weiterrösten, bis eine schöne dunkle Farbe entsteht, und dann mit Suppe langsam aufgießen. Gut durchkochen lassen und über den Rostbraten gießen. Mit Alu-Folie abdecken und im vorgeheizten Rohr bei 80 °C ca. 2,5–3 Stunden ganz langsam weich dünsten lassen. (Das Fleisch sollte noch ganz zart rosa und saftig sein.)

BEILAGENEMPFEHLUNG: in Butter geschwenkte Erdäpfel oder Braterdäpfel

TIPPS

■ Die hier geschilderte „Niedertemperaturvariante" ist nur für wirklich mürbes und gut abgehangenes Fleisch zu empfehlen, das im Übrigen, wenn man die Fett- und Sehnenränder wegschneidet, auch kurz (5–10 Minuten, je nach Stärke) gebraten werden kann. Eine weitere Möglichkeit besteht darin, den Rostbraten in der zugedeckten Pfanne weich zu dünsten, was je nach Fleischqualität 1–2 Stunden dauert. Sollte die Fleischqualität nicht optimal sein, so empfiehlt es sich, den Rostbraten rechtzeitig oder bereits am Vortag zugedeckt bei nicht zu starker Hitze weich zu dünsten. Der Rostbraten braucht dann bei Bedarf nur noch langsam angewärmt zu werden, wodurch man viel Zeit und Ärger sparen kann.

■ Garnieren Sie den Rostbraten mit Zwiebelringen, die zuerst in griffigem Mehl gewendet, dann in heißem Öl frittiert und gut trockengetupft werden. Vor dem Servieren noch leicht salzen.

VARIANTE: *Schwammerlrostbraten*

Nur etwa die Hälfte der Zwiebeln verwenden und gegen Ende der Garzeit 250–300 g geschnittene und in Öl angeröstete Pilze oder Schwammerln dazugeben. Kurz in der Soße mitdünsten und mit Thymian sowie Petersilie verfeinern.

ZUTATEN

4 Rostbratenscheiben vom Ochsen, à ca. 220 g
400 g Zwiebeln, feinnudelig geschnitten
30 g Paradeisermark
125 ml Rotwein
500 ml Suppe
Salz, Pfeffer aus der Mühle
Öl zum Braten

Rindsgulasch

für ca. 10 Portionen

1 kg Zwiebeln
2 kg Gulaschfleisch
(Wadl bzw. Wadschinken
oder Haxe, Hals oder
Schulter, würfelig
geschnitten)
ca. 200 g Schmalz
Paradeisermark
2–3 EL Paprikapulver,
edelsüß
ca. 2 l Suppe, notfalls
auch Wasser
Salz, Pfeffer
Kümmel, Majoran
Lorbeerblatt
Knoblauch
Pfefferoni oder
Chilischote
eventuell etwas Mehl
und Wasser zum
Binden

ZUBEREITUNG

Fein geschnittene Zwiebeln in einer größeren Kasserolle in reichlich Schmalz bei mittlerer Hitze ca. 30 Minuten goldgelb anrösten *(Fotos 1 und 2)*. Etwas Paradeisermark einrühren *(Foto 3)*, Hitze verringern, Paprikapulver zugeben *(Foto 4)* und im lauwarmen Fett 1–2 Minuten durchrühren. Mit warmer Suppe oder Wasser aufgießen *(Foto 5)*. Hitze wieder erhöhen, mit Salz, Pfeffer, Kümmel, Majoran, Lorbeer, Knoblauch und etwas Pfefferoni oder Chilischote vorsichtig würzen *(Foto 6)*. Etwa 30 Minuten nicht zugedeckt kräftig kochen lassen. Dann Hitze etwas reduzieren.

Gulaschfleisch salzen *(Foto 7)* und ohne Anbraten zugeben *(Foto 8)* und 3–3,5 Stunden auf kleiner Flamme ganz langsam köcheln lassen *(Foto 9)*. Währenddessen bei Bedarf mit etwas kaltem Wasser aufgießen und entfetten. Gulasch je nach Wunsch mit etwas Mehl und Wasser (verrührt) binden.

VARIANTEN

Kalbs- oder Schweinsgulasch: Fleisch erst ca. 1,5–2 Stunden später einlegen, da durch die kürzere Kochzeit die Zwiebeln sonst nicht ausreichend verkochen würden.

Saftgulasch: Es werden gleich viel Zwiebeln wie Fleisch verarbeitet.

So gelingt das Gulasch wie zu Omas Zeiten

1. Verwenden Sie für ein Saftgulasch gleich viel Zwiebeln wie Fleisch, für ein Kalbsgulasch deutlich weniger Zwiebeln als Fleisch. Schneiden Sie die Zwiebeln erst unmittelbar vor dem Anrösten. Zwiebeln, die gehackt oder in geschnittener Form länger gelagert werden, schmecken bitter!

2. Rösten Sie geschnittene Zwiebeln in einer schweren und möglichst geräumigen Kasserolle in reichlich Schmalz an. Eine breite und schwere Kasserolle sorgt für eine gleichmäßige Hitzeverteilung. Durch die große Fläche kann das Wasser aus den Zwiebeln besser und schneller verdunsten. Fett erleichtert das Umrühren und fördert so ein gleichmäßiges Durchrösten der Zwiebeln.

3. Lassen Sie sich für das Einrühren des Paprikapulvers ins Fett vor dem anschließenden Aufgießen ein bis zwei Minuten Zeit, da der Paprika sich besser auflösen kann, wodurch eine schönere Farbe und ein besserer Geschmack entstehen.

4. Kochen Sie diesen Gulaschansatz ca. 45 Minuten ohne Deckel kräftig am Herd, damit sich Zwiebeln und Paprika gut verkochen sowie blähende Stoffe sich auflösen können.

5. Verzichten Sie, wenn Sie eine genügend große Zwiebelmenge verwendet haben, getrost auf das Binden mit Mehl und gießen Sie mit einer geeigneten Flüssigkeit auf (Rindsuppe für Saftgulasch, Kalbssuppe für Kalbsgulasch oder Schwammerlfond für Schwammerlgulasch).

6. Lassen Sie sich Zeit. Eine ausgelöste Rinderhaxe (Wadl), das klassische Gulaschfleisch, dauert bei gemütlicher Hitze etwa 3 Stunden und erübrigt das Passieren. Achten Sie dabei aber auf niedrige Hitze.

7. Halten Sie sich an das alte Sprichwort, demzufolge ein aufgewärmtes Gulasch viel besser mundet als ein frisch zubereitetes.

ZUTATEN

500 g Faschiertes
vom Styria-Beef
Strudel- oder Blätterteig,
hausgemacht oder
fertig gekauft
50 g Wurzelgemüse,
geraspelt (z. B. Karotten,
Sellerie, Petersilwurzel)
2 EL Semmelbrösel
1 Ei
Salz, schwarzer Pfeffer
aus der Mühle
Senf (am besten
Dijonsenf)
Majoran, Thymian und
Liebstöckel, gehackt
3–4 Mangoldblätter,
kurz überbrüht und
abgeschreckt
Fett zum Anrösten
Mehl für das Tuch
Butter zum Bestreichen
Eidotter zum Bestreichen

Styria-Beef-Strudel

ZUBEREITUNG

Die Hälfte des Faschierten evtl. kurz anrösten (für besseren Geschmack) und geraspeltes Wurzelgemüse mitrösten. Mit Salz, Pfeffer, Senf und gehackten Kräutern nach Geschmack würzen. Masse abkühlen lassen. Dann mit Ei, Bröseln und restlichem, rohem Faschiertem vermengen. Nochmals gut abschmecken.

Strudelteig (auf bemehltem Tuch) oder Blätterteig ausbreiten, mit etwas flüssiger Butter bestreichen und die Fleischfülle auf zwei Drittel der Teigfläche verteilen. Blanchierte, abgeschreckte Mangoldblätter auflegen und Strudel einrollen. Enden gut verschließen. Auf ein mit Backpapier ausgelegtes Backblech (oder gefettetes) setzen und den Strudel mit einem Spießchen mehrmals einstechen (damit er nicht aufplatzt). Mit Eidotter bestreichen und im vorgeheizten Rohr bei 180 °C ca. 25 Minuten backen. Etwas abkühlen lassen und am besten mit einem Elektromesser aufschneiden.

BEILAGENEMPFEHLUNG: Chinakohl-Apfelgemüse (s. S. 91)

Steirisches Bierfleisch

Nach einem historischen Rezept

ZUBEREITUNG

Das Rindfleisch in ca. 5 mm dicke Scheiben schneiden. Pfeffern, salzen und in ein irdenes Gefäß geben. Essig und Wasser aufkochen, über das Fleisch gießen und 2 Stunden marinieren.

In einer Pfanne Fett erhitzen, das Fleisch rundum anbraten und wieder herausheben. Zwiebeln mit Mehl bestäuben und in frischem heißem Fett goldbraun rösten. Fleisch in einer Kasserolle mit gerösteten Zwiebeln vermischen, Bier zugießen und alles bei kleiner Flamme je nach Qualität ca. 3 Stunden langsam weich dünsten.

BEILAGENEMPFEHLUNG: Hörnchen, Spiralennudeln oder Salzerdäpfel
TIPP: Nach alter Rezeptur wurde das Fleisch am Rost auf offenem Feuer gegrillt.

ZUTATEN
800 g Rindfleisch
(gut durchwachsener
Wadschinken)
400 g Zwiebeln,
feinnudelig geschnitten
50 g Schmalz oder
Backfett
100 ml Weinessig
100 ml Wasser
100 ml dunkles Bier
Mehl zum Stauben
Salz, Pfeffer

Wadschunken in Rotweinsoße

Die steirische Antwort auf das Wiener Saftgulasch

ZUBEREITUNG

Zwiebeln in reichlich Fett anrösten und nach Belieben Wurzelgemüse mitrösten. Paradeisermark einrühren und langsam dunkelbraun rösten. Mit Mehl stauben, kurz durchrösten und nach und nach mit Rotwein ablöschen. Einkochen lassen, dann mit Suppe aufgießen, aufkochen und ca. 45 Minuten kräftig kochen lassen. Knoblauch, Kräuter und Gewürze zugeben.

Fleisch in größere Stücke schneiden, mit Salz, Senf sowie Pfeffer würzen und in heißem Schmalz oder Öl rundum langsam anbraten. In die Soße einlegen und auf kleiner Flamme (oder im Rohr bei 130–140 °C) ca. 3,5–4 Stunden köcheln bzw. weich schmoren lassen. Währenddessen Fleisch wenden. Vor dem Servieren nochmals mit Salz und Pfeffer abschmecken. Ist die Soße noch nicht mollig genug, etwas Mehl in Rotwein anrühren und die Soße damit binden.

BEILAGENEMPFEHLUNG: Semmelknödel oder Salbei-Semmelpudding (s. S. 68), Sterzwurst, Teigwaren, Erdäpfel und Gemüse
TIPP: Garnieren Sie dieses Gericht noch mit Petersilie oder Gemüsestreifen und mengen Sie zusätzlich noch Paradeiser- oder Paprikawürfelchen unter die Soße – so schmeckt der Braten noch feiner.

ZUTATEN
für 8–10 Portionen
1,5–2 kg Rinder-Haxe
ohne Knochen (Wade,
Wadl, Stelze, Vogerl)
750 g Zwiebeln,
fein geschnitten
evtl. Wurzelgemüse,
geraspelt
200 g Schmalz oder Öl
500 ml Rotwein
1 EL Mehl zum Stauben
500 ml Rindsuppe
Salz, schwarzer Pfeffer
aus der Mühle
Senf, eher scharf
(Dijonsenf)
1 EL Paradeisermark
evtl. Rosmarin- und
Thymianzweig
2–3 Lorbeerblätter
2–3 Knoblauchzehen
etwas Rotwein,
mit Mehl verrührt

LAMMFLEISCH

Gebackenes Lamm (Kitz)

ZUTATEN
Portionsstücke nach
Wunsch und Bedarf
von Lammschulter,
-brust und -hals, teils
mit Knochen, à ca. 100 g
Salz
Eier, versprudelt
Mehl und Brösel
zum Panieren
Schmalz oder Öl
zum Backen
Petersilie zum
Garnieren

ZUBEREITUNG

Die Lammstücke zart salzen und zuerst in Mehl wenden, durch versprudeltes Ei ziehen und in Semmelbröseln panieren. In nicht zu heißem Fett (bei ca. 120 °C) wie ein Backhuhn langsam schwimmend herausbacken. Herausheben und auf Küchenkrepp gut abtropfen lassen. Mit frittierter Petersilie garnieren.

BEILAGENEMPFEHLUNG: Petersil- oder Kräutererdäpfel, Erdäpfel-Porreesalat mit Kürbiskernöl oder Vogerlsalat mit warmen Erdäpfeln

TIPPS

■ Gebackenes Kitz wird auf dieselbe Weise zubereitet.

■ Befürchtet man, dass das Lammfleisch nicht weich wird, so können die Lammfleischstücke in Salzwasser vorher weich gekocht werden. Im Kochsud erkalten lassen oder kurz in kaltem Wasser abschrecken, abtrocknen, evtl. mit wenig Senf würzen und panieren. Nun allerdings bei ca. 160 °C goldgelb backen.

■ Die Brösel können zur Verfeinerung des Aromas in der Küchenmaschine mit frischem Thymian vermischt werden.

Von Kitz bis Schöps

Steirisches Lammfleisch wird für seine hohe Qualität mit Recht gerühmt. Um das richtige Fleisch für das richtige Gericht einzukaufen, sollte man sich freilich auch in der Terminologie auskennen:

Lamm: Als Lämmer bezeichnet man junge Schafe von 3 bis 6, maximal 8 Monaten (35–40 kg Lebendgewicht, küchenfertig: ca. 20 kg).

Milchlamm (Kitz): Milchlämmer, manchmal auch Lammkitze oder nur Kitze genannt, sind ganz junge, zarte Lämmer (5–8 Wochen), die sich von Muttermilch und Trockenfutter ernähren und sich wegen ihres zarten Eigengeschmacks besonderer Wertschätzung unter Gourmets erfreuen.

Hammel: Unter Hammelfleisch versteht man allgemein das Fleisch junger Schafe und Hammel, im engeren Sinne jedoch das Fleisch von nicht zu alten Hammeln.

Schöps (auch: Kastraunenes): Diese altsteirische Spezialität wird aus dem Fleisch kastrierter männlicher Schafe (Schafsböcke) zubereitet.

Schaf: Als Schafffleisch im engeren Sinne bezeichnet man das Fleisch alter Schafe und Böcke.

Pot-au-feu vom Lamm
Der klassische steirische Lamm-Suppentopf

ZUBEREITUNG

Lammkopf oder Lammknochen in kochendem Wasser 2–3 Minuten blanchieren (überbrühen), abseihen und mit kaltem Wasser gut waschen. Mit 3–4 Liter frischem, kaltem Wasser zustellen und leicht salzen. Einen Teil des Wurzelgemüses und der Zwiebeln in dekorative Stücke schneiden (Stäbchen, Ringe, Scheiben) und getrennt bissfest vorkochen, in Eiswasser kurz abschrecken. Paprikastreifen ebenfalls vorkochen, Kohlblätter blanchieren. Das restliche Wurzelgemüse mit sämtlichen Kräutern (etwas Schnittlauch zum Garnieren beiseite legen), Knoblauch, restlichen Zwiebeln und Gewürzen zum Lammkopf bzw. Knochen geben und ca. 1 Stunde köcheln lassen. Lammschulter, Zungen und Stelzen in die heiße Suppe geben und auf kleiner Flamme ca. 1 1/2–2 Stunden weich kochen. Fleisch in kaltem Wasser abschrecken bzw. gut abkühlen lassen und klein schneiden. Suppe abseihen und mit dem vorgekochten Gemüse, Kohlblättern und den Fleischstücken kurz wärmen. Nochmals gut abschmecken und mit Schnittlauch bestreut servieren.

TIPP: Pot-au-feu-Reste können zu einer schmackhaften Sulz verarbeitet werden. Für ca. 500 ml Suppe werden 14 Blatt eingeweichte Gelatine mit dem klein geschnittenen Fleisch und Gemüse vermischt, kräftig gewürzt und in eine geölte und mit Klarsichtfolie ausgelegte Form gegeben. Über Nacht kalt stellen.

ZUTATEN
1/2 Lammkopf oder
ca. 500 g Knochen
und Abschnitte
500 g Lammschulter
2 Lammzungen
(wenn vorhanden)
1–2 Lammstelzen
1 kl. Sellerie
2 Karotten
je 1 Petersilwurzel
und kleiner Porree
2–3 Kohlblätter
bunte Paprikastreifen
nach Belieben
1 kl. Bund Petersilie
2 Zwiebeln
2–3 Lorbeerblätter
2 Knoblauchzehen
Salz, Schnittlauch

Ragout vom Lammschlögel mit Schalotten und Karotten

ZUTATEN

1/2 Lammschlögel
(ausgelöst)
Kräuter (Lorbeer,
Knoblauch, Majoran,
Thymian, Rosmarin)
zum Marinieren
Öl
Salz, Pfeffer aus
der Mühle
Rotwein und Lammfond
zum Aufgießen
ca. 12–16 Schalotten
(oder kl. Zwiebeln),
im Ganzen geschmort
2–3 Karotten, in Scheiben
geschnitten und gekocht
kalte Butter zum Binden

ZUBEREITUNG

Lammschlögel in nicht zu große und nicht zu dünne Stücke schneiden. Grob geschnittene Kräuter mit Öl vermengen und das Fleisch damit abgedeckt über Nacht kühl marinieren. Dann das auf Raumtemperatur erwärmte Fleisch mit Salz und Pfeffer würzen, in einer heißen Pfanne (am besten mit dickem Boden) eher in kleinen Mengen nach und nach in heißem Öl kurz anbraten und auf einem lauwarmen Teller rasten lassen.

Bratensatz mit etwas Rotwein ablöschen und mit Lammfond aufgießen. Geschmorte Schalotten und gekochte Karottenscheiben einmengen. Den sich am Teller absetzenden Fleischsaft zugeben, abschmecken und nach Bedarf mit kalten Butterstückchen binden. Die angebratenen, halb rohen Fleischstücke in die heiße Soße geben, nach dem ersten Aufkochen beiseite stellen und nur noch ca. 4–5 Minuten auf kleiner Flamme (oder neben der Kochplatte) zugedeckt ziehen lassen. (Nicht mehr aufkochen, Fleisch würde sonst hart werden.)

BEILAGENEMPFEHLUNG: Salzerdäpfel

Lammkarree in der Kräuterkruste

ZUBEREITUNG

Lammkarree auf der Fettseite einschneiden bzw. schröpfen. Mit Salz und Pfeffer würzen und in reichlich Fett zuerst auf der Fettseite, dann rundum gut anbraten. Zwiebel kurz mitrösten, mit etwas Rotwein oder Suppe ablöschen. Kräuter sowie Knoblauch in die Pfanne legen und alles im Rohr auf unterer oder mittlerer Schiene bei 130 °C ca. 2–2 1/2 Stunden langsam braten. (Kräuter nicht auf das Fleisch geben, da sie leicht verbrennen und dadurch das Fleisch bitter schmecken könnte.) Währenddessen ab und an mit Bratensaft übergießen.

Gebratenes Karree mit Senf leicht bestreichen. Weißbrotbrösel mit frischen Kräutern in der Küchenmaschine vermischen und auf das Karree auftragen. Bei starker Oberhitze auf mittlerer Schiene kurz (dauert nur einige Sekunden!) goldgelb überbacken. Anschließend den Rücken am besten mit einem Elektromesser in Koteletts aufschneiden und dann wieder in die ursprüngliche Karreeform bringen. Bratensaft abseihen und extra servieren.

TIPP: Für eine gebratene Lammkrone wird das Karree nach dem Würzen auf der Fettseite evtl. ganz kurz angebraten und mit der Hautseite nach innen bzw. mit den Karreeknochen nach außen rund gebogen. Zusammenbinden und wie beschrieben braten.

ZUTATEN

1 Lammkarree, mit Rippenknochen und ohne Rückgrat (ca. 1,5 kg)
Salz, Pfeffer aus der Mühle
Öl oder Schmalz zum Anbraten
1 Zwiebel, grob geschnitten
Rotwein oder Suppe zum Ablöschen
Rosmarin- und Thymianzweige, Lorbeerblatt, Knoblauchzehe

Für die Kruste
scharfer Senf (Dijonsenf)
Weißbrot, frisch gerieben
frische Kräuter nach Wahl (Thymian, Rosmarin, Majoran)

INNEREIEN

Kalbsbeuschel

ZUTATEN

Vorbereitung
1 Kalbsbeuschel mit
Herz, ohne Luft- und
Speiseröhre (ca. 1 kg)
Wurzelwerk (Karotten,
Petersilwurzel,
Sellerieknolle),
geputzt, in Scheiben
oder Würfel geschnitten
Salz, Lorbeerblatt,
Pfefferkörner
ca. 100 g Zwiebeln
Thymian

Fertigstellung
ca. 60 g Schmalz
oder Öl
2 EL Mehl, glatt
1 Zwiebel, fein
geschnitten
2–3 mittlere Essig-
gurkerln, fein gehackt
1 EL Kapern (möglichst
klein), fein gehackt
etwas Weißwein
1 l kalter
Beuschelkochsud
Schuss Essig
Salz, Pfeffer
Sardellenpaste
scharfer Senf
Zitronenschale
und Majoran
evtl. etwas Sauerrahm,
mit wenig Mehl und
Wasser verrührt

ZUBEREITUNG

Zunächst den Beuschelsud zubereiten. Das Kalbsbeuschel dafür gut in
kaltem Wasser wässern. Lunge mehrmals anstechen und in einem reichlich
großen Topf (das Beuschel vergrößert sich am Anfang beim Kochen) mit
kaltem Wasser, Wurzelgemüse, Salz, Lorbeer, Pfefferkörnern, Zwiebeln und
Thymian zustellen. Anfangs ca. 30 Minuten nicht zugedeckt, später zugedeckt langsam kochen. Nach ca. 1 Stunde die Lunge im Topf wenden und
noch ca. 30 Minuten weich kochen lassen. Lunge in kaltem Wasser gut auskühlen lassen. Herz weiterkochen, bis es weich ist. Dann ebenfalls kalt
abschrecken, damit es nicht dunkel und trocken wird. Lunge und Herz am
besten mit einer Aufschnittmaschine erst in feine Scheiben und dann in feine Streifen schneiden.

Beuschelkochsud einkochen, abseihen und 1 Liter bereitstellen. Für die
Fertigstellung des Beuschels Öl oder Schmalz erhitzen, Mehl einrühren
und anrösten. Fein geschnittene Zwiebel, gehackte Essiggurkerln und
Kapern dazugeben und kurz mitrösten. Mit einem Schuss Weißwein ablöschen und mit kaltem Beuschelsud aufgießen. Das geschnittene Beuschel
einmengen. Mit einem Schuss Essig, Salz, Pfeffer, Sardellenpaste, scharfem
Senf, Zitronenschale und Majoran gut abschmecken und mindestens noch
ca. 20–30 Minuten leicht köcheln lassen. Ist das Beuschel noch nicht sämig
genug, etwas Sauerrahm mit wenig Mehl und Wasser an- und einrühren.
Nochmals kurz durchkochen lassen.

BEILAGENEMPFEHLUNG: Semmelknödel

TIPPS
- Für Beuschelsuppe wird das Beuschel zusätzlich mit etwa 500 ml
  Beuschelsud aufgegossen.
- Besonders würzig schmeckt das Beuschel, wenn man es vor dem Ser-
  vieren mit etwas Gulaschsaft beträufelt.

Kalbsbeuschel

Lammbeuschel mit Rahm und Bärlauch

ZUBEREITUNG

Das Lammbeuschel sauber waschen, mit Karotten, Sellerie, Zwiebel und Lorbeerblättern weich kochen. Gekochtes Lammbeuschel sofort in kaltem Wasser abkühlen lassen (für eine schönere Farbe). Sud abseihen, das kalte Beuschel zuerst blättrig, dann feinnudelig schneiden.

Butterschmalz erhitzen, Mehl einrühren und zu einer leichten Einbrenn bräunen. Mit kaltem Beuschelfond aufgießen, mit Salz, Senf, Paprika, Essig und fein gehacktem Bärlauch abschmecken. Aufkochen lassen und geschnittenes Beuschel wieder zugeben. Mit Schlagobers vollenden.

BEILAGENEMPFEHLUNG: Polenta, Semmelknödel

TIPP: Mit dem Lammbeuschel kauft man oft auch die Milz und häufig auch das Bries. Verwenden Sie die Milz z. B. für die Milzschnittensuppe. Das Bries ist zwar nicht groß, aber gebacken oder gebraten eine wahre Delikatesse.

ZUTATEN
1 Lammbeuschel
(Lunge und Herz)
2 Karotten
1 kl. Stück Sellerie
1 Zwiebel
2 Lorbeerblätter
125 ml Schlagobers
Salz, Senf (Dijonsenf)
1 EL Essig (Gurkerlessig)
80 g Butterschmalz
50 g Mehl, glatt
1 Prise Paprikapulver,
edelsüß
ca. 10 Blätter Bärlauch

WILDGERICHTE

Wildfarce oder Wildbrät (Grundrezept)

ZUTATEN

ca. 180 g mageres Wild- oder Wildgeflügel-fleisch (roh, ohne Knochen, Fett oder Sehnen), faschiert oder fein gehackt und angefroren
1 Toastbrot, entrindet, in etwas Obers ein-geweicht
2–3 helle Hühnerlebern oder Wildleber (wenn möglich)
ca. 125 ml Schlagobers
1 Ei (oder 2 Eiklar)
Salz, Pfeffer, Wacholder, evtl. Preiselbeeren
Orangenschale, Rosmarin
evtl. etwas Madeira oder Weinbrand

ZUBEREITUNG

Für die Farce alle Zutaten in der Küchenmaschine zu einer glatten Masse (Farce/Brät) cuttern.

Kalt stellen und vor der Weiterverarbeitung gut durchrühren.

VERWENDUNG: für Pasteten, Terrinen, Nockerln, für Suppeneinlage, Reh-nockerln oder Pudding, zum Füllen von Palatschinken oder Nudelblättern und zum Ummanteln von Rückenfilets (Reh, Hirsch, Gams u. a.)

TIPPS

■ Anstelle von Reh könnte auch rohes Fleisch vom Hirsch, Fasan, Hasen, von der Gams oder Wildente u. v. a. verwendet werden.

■ Für Wildnockerln werden aus der Masse Nockerln geformt und diese in kräftig gewürzter Suppe ca. 10 Minuten (schwach wallend, nicht ko-chend!) gegart. Die Nockerln können dann etwa auf bissfest gekochten Nudeln mit gerösteten Schwammerln angerichtet werden.

Keine Angst vor „wilden" Speisen

Wildgerichte stehen im Ruf, so etwas wie die „Kür" für gute Köchinnen und Köche zu sein. Das liegt freilich eher daran, dass das Grundmaterial teuer ist, als daran, dass Wild schwerer zuzubereiten wäre als anderes Fleisch und Geflügel. Dazu einige Tipps:

- Die Meinung, dass Wild allein schon deshalb so „kompliziert" sei, weil es langer Beizzeiten bedürfe, ist dank guter Kühl- und Lagermöglichkeiten längst überholt. Wild wird heute fast ausschließlich frisch zubereitet, und wem es um den Geschmack geht, der kann das „Beizaroma" auch erzielen, indem er sein Wildbret mit neutralem Öl und frischen Kräutern (z. B. Thymian, Rosmarin, Majoran, Salbei, Petersilie, Kerbel), aber ohne Salz und vor allem ohne glutamathaltige Fertiggewürze mehrere Tage lang mariniert. Unmittelbar vor der Zubereitung darf das Wild dann auch mit Salz und frisch gemahlenem Pfeffer gewürzt werden.
- Tiefkühlwild hat bei richtiger Lagerung (möglichst vakuumverpackt) kaum Qualitätsverluste zu verzeichnen, mittlere oder weniger gute Qualitäten werden durch das Frieren sogar eher mürber.
- Wildteile von hoher Qualität und zartem Fleisch (Rücken und Schlögel) sollten bei sanfter Temperatur (ca. 120–140 °C) langsam zartrosa gebraten werden.
- Wildbraten, Wildragouts bzw. Wildgulasch sollten, ebenfalls bei geringer Hitze, ganz langsam gut durchgegart bzw. weich geschmort werden.
- Für dunkle Wildsoßen gilt dasselbe wie für alle anderen Fleischsoßen (s. S. 178 f. und Wildgrundsoße S. 172), das Ablöschen des Bratensatzes am Topfboden sollte jedoch grundsätzlich mit kräftigem Rotwein erfolgen. Durch Mitrösten von Hollerbeeren und eventuell einen Schuss Brombeerlikör kann die Soße zusätzlich dunkler und „g'schmackiger" gemacht werden.
- Bei gebundenen Wildsoßen sollte der Rotwein mit Mehl oder Stärke (Maizena) verrührt werden, dann wird die Farbe schöner. Außerdem sollte das Wurzelgemüse für den Soßenansatz nur abgeseiht und keinesfalls püriert werden.
- Wildgerichte von Frisch-Wild eignen sich auch sehr gut zum Einfrieren.

Wildpalatschinken

ZUBEREITUNG

Für den Palatschinkenteig Milch mit Ei, Mehl und Salz kurz verrühren und ca. 1/2–1 Stunde stehen lassen. Nach Belieben mit frisch gehackten Kräutern oder Preiselbeeren vermischen. In einer nicht zu heißen Pfanne wenig Öl erhitzen und nacheinander 4 Palatschinken backen. Abkühlen lassen *(Abb. 1)*. Abgekühlte Palatschinken mit Wildfarce bestreichen *(Abb. 2)*, mit etwas blanchiertem (kurz überbrühtem), trockengetupftem Blattspinat belegen *(Abb. 3)* und nochmals mit etwas Farce bestreichen *(Abb. 4)*. Palatschinken einrollen und in Folie eindrehen *(Abb. 5–8)*. Enden gut zudrehen und in heißem Fond oder Wasser mindestens ca. 20 Minuten ziehen lassen bzw. pochieren *(Abb. 9)*.

ZUTATEN

125 ml Milch
1 Ei
2 EL Mehl, glatt
Salz
frisch gehackte Kräuter
oder Preiselbeeren
nach Belieben
Öl zum Backen
Wildfarce s.
Grundrezept S. 154
Blattspinatblätter,
blanchiert

BEILAGENEMPFEHLUNG: Rotkraut, Rahmkohl, Rotweinzwiebeln oder Schwammerlsoße

TIPPS

■ Diese Farce schmeckt auch in gekochte Nudelblätter oder Strudelteig gerollt äußerst delikat.

■ Wildpalatschinken können auch als kalte Vorspeise, feine Suppeneinlage oder kleines Zwischengericht serviert werden.

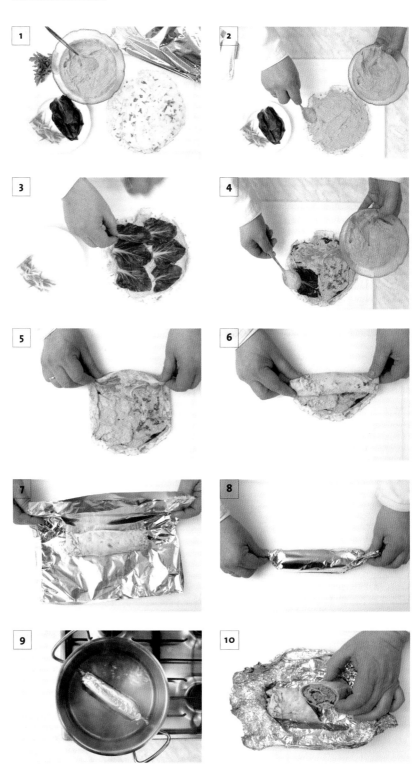

Gedünsteter Rehbraten

ZUTATEN

ca. 750 g ausgelöster
Rehschlögel (oder
gerollte Schulter)
Salz, Pfeffer
Öl zum Braten
150 g Zwiebeln,
fein geschnitten
100 g Wurzelgemüse,
klein geschnitten
3–4 EL Hagebutten,
entkernt (evtl.
getrocknete)
1 EL Paradeisermark
125 ml Rotwein
500 ml Suppe
(am besten Wildsuppe)
Salz, Pfeffer, Wacholder,
Lorbeerblatt
evtl. Rotwein und
Mehl verrührt
gekochte Gemüsewürferl
und Preiselbeeren
als Garnitur

ZUBEREITUNG

Rehschlögel mit Salz und Pfeffer würzen, in heißem Öl in einer Kasserolle rundum anbraten. Zwiebeln dazugeben, anrösten und das Paradeisermark zugeben. Alles gut durchrösten, bis eine schöne dunkle Farbe entsteht. Zwischendurch Wurzelgemüse und Hagebutten zugeben, dabei immer mit etwas Rotwein ablöschen. Sobald sich eine schöne dunkelbraune Basis gebildet hat, mit Suppe oder Wasser aufgießen. Wacholder und Lorbeer zugeben und im Rohr bei ca. 150 °C ca. 2–2 1/2 Stunden langsam weich schmoren. Bei Bedarf noch etwas Flüssigkeit nachgießen.

Fleisch aus der Soße nehmen und aufschneiden. Soße abseihen und abschmecken. Nach Wunsch etwas Rotwein und Mehl verrühren und die Soße damit binden. Auf vorgewärmten Tellern anrichten, mit Gemüsewürferln bestreuen und mit Preiselbeeren garniert auftragen.

BEILAGENEMPFEHLUNG: Rotkraut und Knödelgröstl (geschnittene, in Butterschmalz geröstete Semmelknödel)

TIPPS

- Hirsch- oder Gamsbraten lässt sich nach demselben Rezept zubereiten.
- Bevorzugt man den Rehschlögel zartrosa, so muss die Hitze auf 120 °C und die Garzeit auf etwa 2 Stunden (je nach Größe) reduziert werden. Die Kerntemperatur sollte in diesem Fall 68 °C betragen.

Rehmedaillons im Speckmantel

ZUBEREITUNG

Die Rehmedaillons mit Salz und Pfeffer würzen, mit den Speckscheiben umwickeln und mit Küchengarn festbinden. In einer Pfanne mit etwas nicht zu heißem Öl beidseitig ca. 3–4 Minuten braten, Hitze verringern und die Medaillons noch etwas ziehen lassen. Bratrückstand mit etwas Wildfond oder Suppe ablöschen und etwas einkochen lassen. Die Soße mit einigen kalten Butterstücken binden (montieren) und die Medaillons darin kurz ziehen lassen. Küchengarn entfernen und auf vorgewärmten Tellern anrichten.

BEILAGENEMPFEHLUNG: Erdäpfelkroketten und in Butter geschwenktes Gemüse nach Saison

ZUTATEN
8–12 Rehmedaillons
(gesamt ca. 600 g)
8–12 Speckscheiben
(gekochter oder
gebratener Frühstücks-
speck ohne Knorpel)
Salz, Pfeffer aus
der Mühle
Kräuter nach Wahl
Öl zum Anbraten
Wildfond oder Suppe
zum Ablöschen
kalte Butter zum
Binden

Maibockschnitzel mit Spargel und Rhabarber

ZUTATEN

8 Maibockschnitzel
vom Schlögel à ca. 60 g
Öl zum Braten
Butter
Kerbel, gehackt
1,5 kg Spargel
2–3 Rhabarberstangen
evtl. etwas Wildfond
zum Aufgießen und
kalte Butter zum Binden

ZUBEREITUNG

Spargel großzügig schälen, holzige Teile entfernen und in Salzwasser bei sanfter Hitze bissfest kochen. Spargel herausheben und eventuell in Eiswasser abschrecken (beseitigt die Bitterstoffe). Dabei etwas Spargelsud aufbewahren. Rhabarber waschen, bei Bedarf schälen und in aufgeschäumter Butter kurz anschwitzen. Mit etwas Spargelsud ablöschen und bissfest, aber nicht zu weich dünsten. Mit dem Spargel und etwas Kerbel vermischen.

Die Maibockschnitzel am besten zwischen einer starken Klarsichtfolie flach klopfen und mit Salz sowie Pfeffer würzen. In einer Pfanne in nicht zu heißem Öl ca. 2 Minuten anbraten, wenden und auf der zweiten Seite bei etwas weniger Hitze langsam zartrosa braten. Aus der Pfanne geben. Frische Butter aufschäumen lassen, geschnittenen Kerbel zugeben, die Schnitzel einlegen und am Herdrand (oder bei kleiner Hitze) 1–2 Minuten ziehen lassen. Nach Wunsch mit etwas Wildfond ablöschen und mit kalten Butterflocken binden. Mit dem vorbereiteten Rhabarberragout auf vorgewärmten Tellern anrichten.

BEILAGENEMPFEHLUNG: Kroketten oder Teigwaren

Hirschbraten

Ein Rezept aus Roseggers Waldheimat

ZUBEREITUNG

Spickspeck in Streifen schneiden und anfrieren lassen. Mithilfe einer Spick-nadel den Braten spicken. Den gespickten Braten mit Salz, Pfeffer sowie Majoran einreiben, mit Senf bestreichen und in heißem Fett am Herd ca. 45 Minuten rundum anbraten. Karotten, Sellerie, Zwiebeln, Preiselbeeren und Äpfel beifügen, weiterrösten. Mit Lorbeer und Wacholder aromati-sieren. Zwischendurch mit Rotwein ablöschen und mit wenig Wild- oder Rindsuppe aufgießen. Im vorgeheizten Rohr oder am Herd zugedeckt ca. 2 Stunden langsam fertig garen. Fleisch herausheben, Fond passieren, Sauerrahm mit Mehl glatt rühren und die Soße damit binden. Petersilie einrühren. Bei Tisch oder bereits vor dem Auftragen tranchieren. Mit Oran-genscheiben garnieren.

BEILAGENEMPFEHLUNG: Serviettenknödel, Preiselbeeren, Rotkraut und glasierte Kastanien

ZUTATEN
für 12–15 Portionen
3,5 kg Hirschfleisch im Ganzen (Schlögel oder Schulter), ausgelöst
500 g Karotten, grob gehackt
250 g Sellerie, grob gehackt
3 EL Preiselbeeren, eingekocht
750 g Zwiebeln, geschnitten
Petersilie, gehackt
250 ml Sauerrahm
2 Äpfel, im Ganzen geschält
750 ml Rotwein
500 g Spickspeck
etwas Wild- oder Rind-suppe zum Aufgießen
Majoran, Salz, Pfeffer, Lorbeer, Wacholder
Senf
Öl zum Anbraten
Orangenscheiben zum Garnieren

Süßes Gulasch

In seiner Kochschule pflegte Willi Haider vor allem die von weiter her ange-reisten Teilnehmerinnen danach zu fragen, was sie sich denn von dem Koch-kurs erwarteten. Eine eigens aus Wien angereiste Elevin, die sich für den Back-kurs angemeldet hatte, sagte darauf wie aus der Pistole geschossen: „Ich kom-me eigentlich nur wegen des Erdäpfelgulaschs, das Sie den Kursteilnehmerin-nen zu Mittag servieren. Das soll ja legendär sein!"

Hirschgulasch mit Preiselbeeren

ZUBEREITUNG

Zwiebeln in reichlich Öl anrösten. Paradeisermark einrühren und langsam dunkelbraun rösten. Nach Belieben mit Mehl stauben, kurz durchrösten und nach und nach mit Rotwein aufgießen. Einkochen lassen und mit Wild-fond aufgießen, aufkochen und ca. 45 Minuten kräftig kochen lassen. Hirschfleisch in Würfel schneiden, mit Salz sowie Pfeffer würzen und in einer Pfanne rundum gut anbraten. Herausheben und gemeinsam mit Wacholder, Majoran und Orangenschale in die Soße geben. Auf kleiner Flamme ca. 1,5–2 Stunden köcheln lassen. Rotwein und Mehl verrühren, Hirschgulasch damit binden und noch kurz durchkochen lassen. Nach Belieben noch Obers oder Sauerrahm einrühren. Mit Preiselbeeren verfeinern.

TIPPS

■ Anstelle von Hirsch kann auch anderes Wildfleisch, wie etwa Reh, Gams, Wildschwein, Hase u. a., verwendet werden.

■ Für ein Wildragout wird das Gulasch noch zusätzlich mit Pilzen, Speck oder Wurzelgemüse verfeinert.

ZUTATEN
1 kg Hirschfleisch (von Wadschunken, Wade, Schulter oder Hals)
400 g Zwiebeln, fein geschnitten
ca. 125 ml Öl
1 EL Paradeisermark
evtl. 1 EL Mehl zum Stauben
250 ml Rotwein
ca. 1 l Wildfond (Suppe oder Wasser)
Salz, Pfeffer aus der Mühle
Wacholder, Orangen-schale, Majoran
125 ml Rotwein und 2 EL Mehl zum Binden
evtl. 1 EL Obers oder Sauerrahm
Preiselbeeren

Gamsmedaillons auf Kräuterpalatschinke mit Vogelbeeren und Rotweinzwiebeln

ZUTATEN

8 Gamsmedaillons à
ca. 60–70 g, fingerdick
geschnitten (oder
andere Wildmedaillons)
Salz, Pfeffer aus der
Mühle
Öl zum Anbraten
2–3 EL Vogelbeeren-
Kompott, mit 2 cl Vogel-
beerbrand mariniert
125 ml Wildfond
oder Suppe
Schlagobers zum
Aufgießen
Kräuter nach Belieben,
gehackt
Butterflocken, kalt
1 kl. Brokkoli
250 g Eierschwammerln
evtl. frittierte Petersilie
Rotweinzwiebeln
s. S. 92

Für die Palatschinken
ca. 250 ml Milch
2 Eier
3 EL glattes Mehl
(80–100 g)
Salz
Kräuter nach Belieben,
gehackt

ZUBEREITUNG

Gamsmedaillons mit Salz und Pfeffer würzen, in einer Pfanne in nicht zu heißem Öl ca. 2 Minuten anbraten. Wenden und auf der zweiten Seite ca. 3–4 Minuten langsam zartrosa fertig garen. Medaillons aus der Pfanne heben. Vogelbeeren einrühren, mit Wildfond oder Suppe ablöschen und etwas einkochen lassen. Evtl. vorhandenen Fleischsaft von den Medaillons zugießen und mit etwas Obers und gehackten Kräutern abrunden. Soße mit kalten Butterflocken sämig binden. Medaillons kurz in die heiße Soße legen und erwärmen. Vorbereitete Kräuter-Palatschinken auf vorgewärmten Tellern anrichten und die Medaillons darauf setzen. Mit den Rotweinzwiebeln anrichten.

Für die Kräuter-Palatschinken alle Zutaten – außer den Kräutern – kurz verrühren und ca. 1/2–1 Stunde stehen lassen. Mit Kräutern vermischen und aus dem Teig acht kleine, dünne Palatschinken backen (oder aus größeren Palatschinken entsprechend kleine Palatschinken ausstechen).

BEILAGENEMPFEHLUNG: Kroketten, glasierte Kastanien, Brokkoli oder Eierschwammerln

Wildfiletspitzen
mit Trauben im Nudelblatt

ZUBEREITUNG

Nudelteig wie beschrieben zubereiten, ausrollen und in passende Nudel-blätter zurechtschneiden. In Salzwasser bissfest kochen, abschrecken und warm stellen. (Lasagneblätter nach Anleitung kochen.)

Wildmedaillons mit Salz und Pfeffer würzen. In einer Pfanne in nicht zu heißem Öl ca. 1–2 Minuten anbraten, wenden und auf der zweiten Seite ca. 2–3 Minuten langsam zartrosa fertig garen. Medaillons aus der Pfanne heben und auf einen Teller geben. Bratrückstand mit Wildfond oder Suppe ablöschen und etwas einkochen lassen. Obers oder Crème fraîche zugeben und nochmals kurz einkochen. Ist die Soße noch nicht sämig genug, etwas flüssige Butter mit wenig Mehl verrühren und die Soße damit binden. Ausgetretenen Fleischsaft von den Medaillons zugeben und mit einem Schuss Weinbrand sowie nach Wunsch Salbei geschmacklich ab-runden. Medaillons und Trauben kurz in die heiße Soße legen, erwärmen und anschließend auf vorgewärmten Tellern abwechselnd mit den Nudel-blättern anrichten. Mit Kerbel und Preiselbeeren garnieren.

ZUTATEN

600–800 g Wildfilet
bzw. kleine Medaillons
von Reh, Hirsch, Gams
u. a.
Salz, Pfeffer aus
der Mühle
Öl zum Anbraten
150–200 g Trauben
(am besten kernlos
oder entkernt)
125 ml Wildfond oder
Suppe
ca. 60 ml Schlagobers
oder Crème fraîche
Nudelblätter nach
Nudelteig s. S. 74 (oder
fertige Lasagneblätter)
bei Bedarf etwas
mit flüssiger Butter
verrührtes Mehl
Schuss Weinbrand
etwas Salbei nach
Wunsch
Preiselbeeren und Kerbel
zum Garnieren

Wildhasen-Kohlwickler

ZUTATEN

4 Kohlblätter, gleich-
mäßig groß
ca. 400 g Faschiertes
vom Wild (Reh, Hirsch,
Hase, Fasan, Ente,
Gams etc.)
100 g Karotten,
würfelig geschnitten
50 g Sellerie,
würfelig geschnitten
100 g roher Rückenspeck
(grüner Speck),
würfelig geschnitten
100 g Weißbrot, in Obers
oder Milch eingeweicht
Salz, Pfeffer, Wacholder
Petersilie, Majoran
Öl zum Braten
Wild- oder Rindsuppe
zum Begießen

ZUBEREITUNG

Alle Zutaten (außer den Kohlblättern) nicht zu fein faschieren, ein Drittel davon nochmals faschieren (für eine bessere Bindung) und gut abschmecken. (Zur Probe ein kleines Laibchen formen und in Öl braten.) Kohlblätter blanchieren (überbrühen), kalt abschrecken, trockentupfen und auflegen. Strunk flach klopfen und faschierte Masse auftragen oder in Wurstform in der Mitte vom Kohlblatt positionieren. Zu straffen Rouladen einrollen. Eine feuerfeste Pfanne mit Öl ausstreichen, Rouladen einlegen und mit etwas Suppe begießen. Mit Alufolie abdecken und im vorgeheizten Rohr bei 180 °C ca. 30–40 Minuten dünsten.

BEILAGENEMPFEHLUNG: Rotkraut s. S. 94, Maroni-Erdäpfel, Wild- oder Rahmsoße (auf der Basis von Schwammerln oder Kräutern)

Wildschweinragout
Nach einem historischen Rezept

ZUBEREITUNG

Wildschweinfleisch in Würfel von ca. 40 Gramm schneiden. In einer schweren Kasserolle Würfelzucker in Schmalz oder Öl karamellisieren. Wurzelwerk und Zwiebeln darin anlaufen lassen, das Fleisch beifügen, mit Knoblauch, Senf, Salz, Wacholder und Thymian würzen. Mit etwas Rotwein löschen und zugedeckt ca. 1 1/2–2 Stunden weich dünsten. Währenddessen bei Bedarf etwas Suppe zugießen. Mit dem restlichen Rotwein und Suppe aufgießen und eventuell etwas Stärkemehl mit wenig Suppe verrühren und das Ragout damit binden. Nochmals durchkochen und abschließend abschmecken.

BEILAGENEMPFEHLUNG: hausgemachte Nockerln

TIPP: Noch raffinierter schmeckt dieses Ragout, wenn man es mit feinen Pilzen und jungen Zwiebeln verfeinert.

Es muss(te) nicht immer Fasan sein

Was das Federvieh aus den steirischen Wäldern betrifft, so war der Festtags-tisch im 19. Jahrhundert noch wesentlich vielfältiger bestückt als der heutige. „Im Herbste finden die Leckermäuler am leichtesten volle Befriedigung", schreibt etwa der Schriftsteller Johann Vincenz Sonntag in seiner „Naturge-treuen Schilderung" des Steiermärkers. „Besonders lieben jene die kleinen schmackhaften Vögel, die man zur besagten Jahreszeit zu Tausenden fängt. Auf dem Tische des reichen Obersteiermärkers findet man: Alpenamseln, Drosseln, Krametsvögel, Hasel-, Reb-, Stein- und Schneehühner, welche den böhmischen Fasan entbehrlich machten: im Mai wohl auch einen Auerhahn oder Birkwild. Der Untersteirer ziert seine Tafel mit dem köstlichsten Hausgeflügel, wohl auch mit einer Wildente, Schnepfe, einem Star u. s. w."

ZUTATEN

800 g Wildschwein-schulter
etwas Würfelzucker
2–3 Zwiebeln, grob-würfelig geschnitten
100 g Sellerieknolle, feinblättrig geschnitten
50 g Petersilwurzeln, feinblättrig geschnitten
100 g Öl oder Schmalz
2 Knoblauchzehen, fein geschnitten
250 ml Rotwein
500 ml Wildfond, ersatzweise Rindsuppe
Stärkemehl zum Binden nach Bedarf
Senf, Salz, Wacholder
Thymian

Gebratene Fasanbrüstchen im Kastaniensaft

ZUTATEN

4 Fasanbrüstchen
à ca. 120–150 g,
mit Haut
Salz, Pfeffer
Öl oder Schmalz
zum Anbraten
frische Kräuter
(z. B. Rosmarin oder
Thymianzweig)
Kastanienpüree nach
Belieben

ZUBEREITUNG

Die ausgelösten Fasanbrüstchen mit Salz und Pfeffer würzen. Auf der Haut-seite in heißem Öl gut anbraten, wenden und auf der anderen Seite kurz anbraten. Auf eine kalte feuerfeste Platte oder einen Teller legen, Kräuter dazulegen und im vorgeheizten Rohr bei 200 °C ca.10–12 Minuten braten. Aus dem Ofen nehmen und einige Minuten rasten lassen. Brüstchen schräg aufschneiden, den ausgetretenen Fleischsaft mit dem Saft der gla-sierten Kastanien (Rezept S. 92) vermischen und das Fasanbrüstchen darauf anrichten.

BEILAGENEMPFEHLUNG: glasierte Kastanien, Kürbisgemüse, Erdäpfel-laibchen

Wildentenbrust auf Karotten und Trauben

ZUBEREITUNG

Die ausgelösten Wildentenbrüstchen mit Salz, Pfeffer und auf der Fleisch-seite zusätzlich mit Majoran würzen. Auf der Hautseite in nicht zu heißem Öl etwas länger an- bzw. knusprig braten, wenden und auf der anderen Seite kurz nachbraten. Auf eine kalte feuerfeste Platte oder einen Teller legen, Majoran dazulegen und im vorgeheizten Rohr bei 180–200 °C je nach Größe ca. 14 Minuten braten. Aus dem Ofen nehmen und 10 Minu-ten abgedeckt rasten lassen. Brüstchen schräg aufschneiden, auf dem vorbe-reiteten Gemüse anrichten und mit dem ausgetretenen Natursaft begießen. Für das Gemüse geschälte Karotten und gelbe Rüben in leicht gesalzenem Wasser weich kochen, abschrecken und in Scheiben schneiden. In einer Kasserolle mit etwas Butter und einer Prise Zucker erwärmen. Halbierte und entkernte Trauben dazugeben, kurz durchmischen und mit kleinen kalten Butterflocken binden.

BEILAGENEMPFEHLUNG: Kroketten

ZUTATEN

4 Wildentenbrüstchen mit Haut
Salz, Pfeffer aus der Mühle, Majoran
Öl zum Braten
1 Majoranzweig zum Mitbraten
Karotten und gelbe Rüben nach Belieben
Prise Zucker
Butter zum Braten
Trauben, am besten kernlos oder entkernt
Butterflocken, eiskalt

VOM SEMMELKREN BIS ZUR GURKENSOSS

Kleine steirische Soßenkunde

Die Soßenküche gilt heutzutage, und zwar keineswegs nur in Frankreich, unangefochten als die „Hohe Schule der Kochkunst". In bäuerlichen Regionen spielte sie indessen jahrhundertelang keine Rolle, und so gab es auch in der Küche des steirischen Bauernhauses keine Soße im klassischen Sinn, sondern allenfalls „Saftln".

Der steirische Bürgerhaushalt in Graz oder in den reichen Gewerkenstädten kannte indessen sehr wohl Gerichte, die den Namen Soße verdienten. So war es zum Beispiel durchaus üblich, zum gekochten Rindfleisch statt der Gemüsebeilage eine Dill-, Gurken- oder Paradeisersoße zu geben. Vor allem Krensoßen spielten und spielen in der steirischen Küche eine besonders bedeutende Rolle, wobei der Bogen vom Apfel- über den Semmel- bis hin zum Oberskren reicht. Auch die aus Frankreich stammende Mayonnaise hat sich in den feineren Bürger- und Adelshäusern der Steiermark schnell eingebürgert und bildet die Grundlage vieler kalter Soßen, die zu Fleisch, Wild und Fisch gereicht werden.

Die steirische Küche von heute kommt freilich auch nicht mehr ohne die großen Grundsoßen (Fonds) und Buttersoßen aus. Stärker als in manchen anderen Regionen hat sich hier jedoch auch die „gute alte Einbrenn" erhalten, die man heutzutage allerdings leichter und bekömmlicher anlegt, als das in früheren Zeiten der Fall war.

GRUNDFONDS FÜR DIE SOSSENKÜCHE

Dunkler Fond (Glace)

ZUTATEN

1,5–2 kg Knochen und Fleischparüren (Sehnen, Abschnitte)
Öl zum Anrösten
300 g Zwiebeln mit Schale
300 g Wurzelgemüse, kleinwürfelig geschnitten
ca. 300–400 ml Rotwein
2–3 EL Paradeisermark, dreifach konzentriert
3–4 l Suppe (ungesalzen) oder Wasser
2–3 Lorbeerblätter
Petersilstängel

ZUBEREITUNG

Knochen und Fleischparüren klein hacken bzw. schneiden und auf dem Herd (oder im Rohr) in Öl langsam dunkel anrösten *(Abb. 1)*. Ungeschälte, evtl. halbierte Zwiebeln zugeben *(Abb. 2)* und goldgelb anrösten. Wurzelgemüse beimengen und mitrösten *(Abb. 3)*. Sollte sich inzwischen auf dem Pfannenboden eine leichte dunkle Kruste bilden, Topf kurz vom Feuer nehmen und mit ca. 60 ml Rotwein ablöschen. Kurz warten und die Kruste vom Topfboden lösen. Paradeisermark einrühren *(Abb. 4)* und wieder bei kleiner Hitze langsam insgesamt 30–45 Minuten durchrösten, bis eine schöne dunkelbraune Farbe entsteht. Bei Bedarf zwischendurch die entstehende Kruste am Topfboden wieder mit etwas Rotwein ablöschen *(Abb. 5)*.

Dann mit ca. 250 ml Rotwein ablöschen, nochmals einkochen lassen, bis der Wein fast völlig verkocht ist. Mit ungesalzener warmer Suppe oder Wasser langsam nach und nach aufgießen und auf kleiner Flamme 3–4 Stunden köcheln lassen. Dabei anfangs Schaum und Fett von der Oberfläche abschöpfen. Nach etwa anderthalb Stunden Lorbeerblätter und evtl. Petersilstängel dazugeben *(Abb. 6)* und bei Bedarf mit etwas Wasser aufgießen

(Abb. 7). Durch ein feuchtes Etamin (Leinentuch) oder feines Sieb abseihen *(Abb. 8–9)* und auf ca. 750 ml Flüssigkeit einkochen *(Abb. 10)*. (Wird dieser Fleischfond so kräftig, dass er in kaltem Zustand geliert und schnittfest wird, so spricht man von einer Glace.)

TIPPS

- Ist der Fond nach dem Passieren klar und sauber *(Abb. 1)*, so kann er je nach Bedarf mit ca. 60 ml Rotwein und ca. 1–2 EL Mehl oder mit 1–2 EL Stärkemehl (Maizena) verrührt (für durchsichtige Soßen) und gebunden werden.
- Je konzentrierter der Fond bzw. die Glace werden soll, desto wichtiger ist es, bei der Herstellung auf Salz möglichst zu verzichten, da Gerichte, für die dieser Fond weiterverwendet wird, sonst leicht versalzen werden.
- Da die Herstellung von dunklem Fond doch zeitaufwendig ist, empfiehlt es sich, gleich eine größere Menge herzustellen, in Eiswürfelsäckchen abzufüllen und auf Vorrat – gut beschriftet mit Inhalt und Abfülldatum – tiefzukühlen *(Abb. 2)*. Tiefgekühlte Fonds sind bis zu 1 Jahr haltbar.

VARIATIONEN

Der jeweilige dunkle Grundfond kann zum Aufgießen für Bratengerichte oder gebunden als Soße zu kurz gebratenem Fleisch serviert werden.

Kalbs- oder Rindsfond: Kalbs- od. Rindsknochen und Parüren, Thymian, Majoran, Rosmarin. Kalbsfond ist eher neutral im Geschmack und kann daher im Notfall auch als Basis für Rind, Lamm, Wild, Geflügel, Kaninchen u. a. verwendet werden.

Lammfond: Lammknochen und Parüren, Thymian, Rosmarin, Majoran, Knoblauch

Wildfond: Wildknochen und Parüren, Wacholder, Koriander, Nelken, Orangenschalen, Preiselbeeren, Pilze, Speck, Cognac, Thymian, Hollerbeeren

Geflügelfond: Geflügelknochen und Parüren, Thymian, Rosmarin, Salbei, Estragon

Fischfond (Grundrezept)

ZUBEREITUNG

Butter oder Öl in einer Kasserolle erwärmen, klein gehackte, gut gewässerte und abgetropfte Fischkarkassen zugeben und darin andünsten. Zwiebeln, Wurzelgemüse sowie einige Petersil- oder Dillstängel dazugeben. Mit einem Schuss Weißwein ablöschen, kurz einkochen lassen und mit sehr kaltem Wasser (am besten mit Eiswürfeln versetzt) ablöschen. (Oder Fischabschnitte gut waschen und gleich mit kaltem Wasser knapp bedeckt zustellen.) Gewürze sowie etwas geschnittenen Knoblauch beigeben. Kurz aufkochen lassen und auf kleiner Flamme höchstens 30–40 Minuten köcheln lassen. Währenddessen wiederholt Schaum abschöpfen. Durch ein feuchtes Etamin oder feines Sieb abseihen und bis zur gewünschten Konzentration (Geschmack) einkochen lassen. Kalt stellen und erst bei der weiteren Verwendung salzen.

TIPPS

- Durch kaltes Wasser bzw. Eiswürfel wird der Fischfond langsamer warm, wodurch das Eiweiß besser abstockt und der Fond schöner geklärt wird.
- Fischsud lässt sich auch sehr gut tiefkühlen. Dafür füllt man ihn am besten in kleine Eiswürfelsäckchen ab, die dann bei Bedarf portionsweise verwendet werden können.

ZUTATEN
für ca. 500 ml

2 EL Butter oder Öl
250 g klein gehackte Fischkarkassen (Abschnitte vom Filetieren der Fische, Fischkopf, Gräten ohne Haut), gut gewässert
50 g Zwiebeln, grob geschnitten
50 g Wurzelgemüse (Karotten, Sellerie, Porree u. a.), grob geschnitten
einige Petersil- oder Dillstängel
etwas Weißwein
ca. 750 ml Wasser, sehr kalt
1–2 Lorbeerblätter
Pfefferkörner
etwas Knoblauch

Krebsfond

ZUBEREITUNG

Krebse nach dem Grundrezept (s. S. 124 f.) kochen und auslösen. Krebsfleisch nach Belieben weiterverwenden. Getrocknete und zerkleinerte Schalen bzw. Panzer und Scheren langsam in Öl mit Zwiebel, wenig Wurzelwerk und einigen Dillstängeln anrösten, Paradeisermark einrühren, weiterrösten und mit Weinbrand flambieren. Mit etwas Weißwein und Wermut ablöschen, mit Fischfond oder etwas Wasser aufgießen und noch einmal kurz aufkochen lassen. Je nach Verwendung abseihen oder weiterverwenden.

VARIATIONEN

Krebssoße: Den Krebsfond mit etwa 250 ml Schlagobers aufgießen. Alles in einen schmalen, hohen Topf umgießen und ca. 1 Stunde kochen lassen. Hitze reduzieren und noch ca. 45 Minuten ganz leicht köcheln lassen. Bei Bedarf zwischendurch immer wieder mit so viel Fischfond aufgießen, dass die Schalen gerade bedeckt sind. Die fertige Soße durch ein feines Sieb abseihen und vor dem Servieren noch einmal etwas einkochen.

Krebsbutter: Krebsfond mit ca. 250 g Butter montieren (binden) und kalt stellen. Danach die sich an der Oberfläche absetzende und fest gewordene Krebsbutter abheben, leicht erwärmen, abschmecken und erneut kalt stellen. Eignet sich perfekt zum Abrunden von Suppen und Soßen, die vor dem Servieren noch einmal kräftig mit Weinbrand abgeschmeckt und mit kalten Butterstücken aufgemixt werden sollten.

ZUTATEN

25 Flusskrebse
1 kl. Zwiebel, geschnitten
1 kl. Bund Wurzelwerk (Sellerie, Stangensellerie und Karotte)
Dillstängel
1 EL Paradeisermark
4 cl Weinbrand
Schuss Weißwein
Schuss Wermut, trocken
Fischfond oder Wasser zum Ablöschen
Salz, Kümmel
Öl

Für die Krebssoße:
250 ml Schlagobers
reichlich Fischfond zum Aufgießen

Für Krebsbutter:
250 g Butter

HELLE GRUNDSOSSEN

Weiße Grundsoße
Willi Haiders Küchen-Vademecum

**ZUTATEN für
ca. 8–10 Portionen
(500 ml Soße)**
250 ml Weißwein
1 EL Zwiebelringe
1 Lorbeerblatt
4–5 Pfefferkörner
250 ml Fond
(z. B. Kalbssuppe
für Kalbssoße oder
Fischfond für Fischsoße)
250 ml Schlagobers
Salz und weißer Pfeffer
aus der Mühle

**Für die Mehlbutter
(als Einmach-Ersatz)**
40 g Butter, flüssig
20 g Mehl, glatt

ZUBEREITUNG
Weißwein mit Zwiebelringen, Lorbeerblatt und Pfefferkörnern auf 2–3 EL Flüssigkeit einkochen. Mit Fond aufgießen und abseihen. Mit Obers auffüllen, aufkochen und mit Mehlbutter (flüssige Butter und Mehl verrühren) binden. Kurz durchkochen lassen, mit Salz sowie Pfeffer abschmecken und aufmixen.

TIPPS
Diese Soße ist Willi Haiders persönlicher Beitrag zur steirischen Küche. Er hat sie 1980 entwickelt, um in seiner Restaurantküche den Soßenbereich zu vereinfachen und vor allem eine gleichbleibend gute Qualität zu erreichen, was auch in den vielen Jahren gelang. Inzwischen ist sie durch die Kochschule zu einem beliebten Fixbestandteil vieler Kursteilnehmer geworden. Es handelt sich dabei um eine Kombination aus:

- *Béchamelsoße* (Butter, Mehl und Milch), geschmacksarme weiße Basissoße
- *Sahnesoße* (Wein, Obers, Butter), eher üppige, geschmacksarme Oberssoße
- *weiße Buttersoße* (Zwiebeln, Wein, Butter), feinsäuerliche, aufwendige buttrige Soße

Die weiße Grundsoße kann, mit etwas Suppe verdünnt, auch als Einmach- oder Cremesuppe verwendet werden, sie ermöglicht aber auch eine Vielzahl weiterer

VARIATIONEN
Kräutersoße: Mixen Sie die Soße einfach mit einem „Kräutl" Ihrer Wahl, z. B. Basilikum, Kresse oder Petersilie. Sie können auch eher grob gehackte gemischte Kräuter kurz vor dem Anrichten einrühren. Aber Vorsicht: Niemals mehrere Kräuter aufmixen! Der Geschmack wird dadurch undefinierbar und grob.

Paradeisersoße: Verfeinern Sie die weiße Grundsoße mit Paradeisermark und eventuell einer Spur Basilikum oder Estragon.

Edelschimmelsoße: Schmecken Sie die weiße Grundsoße kurz vor dem Anrichten mit Österkron oder Gorgonzola ab oder kochen Sie einfach Obers und Österkron kurz auf (ideal für Nockerl- und Nudelgerichte).

Käsesoße: Rühren Sie Hartkäse (z. B. Asmonte), Schmelzkäse oder Edelschimmelkäse (z. B. Österkron, Dolce Blu) in die weiße Grundsoße und ziehen Sie, wenn Sie das Gericht gratinieren wollen, noch ein Eidotter unter.

Safransoße: Kochen Sie eine Prise Safran mit etwas Weißwein oder Suppe auf und vermischen Sie den Safransud mit weißer Grundsoße.

Paprikasoße: Rühren Sie bei möglichst geringer Hitze Paprikapulver in Öl oder Butter an, löschen Sie mit etwas Suppe ab, lassen Sie die Mischung kurz kochen, gießen Sie weiße Grundsoße an. Dann abermals eine Weile köcheln lassen und aufmixen.

Statt Paprikapulver können Sie auch eine gekochte rote Paprikaschote, etwas Paradeisermark, Knoblauch und ein wenig Chili aufmixen, mit (etwas dünnerer) weißer Grundsoße verrühren, abseihen und abschmecken. Zum Verdünnen eignen sich Suppe oder (bei Fischgerichten) Fischfond.

Weinsoße: Lassen Sie Weißwein oder trockenen Champagner zunächst stark einreduzieren und gießen Sie dann mit weißer Grundsoße auf. Wichtig: Für Weinsoßen sollte die weiße Soße zuvor immer mit kräftigem Fond oder Suppe aufgegossen werden, da sonst die Säure des Weins zu stark durchschmeckt!

Sauce hollandaise
Eine unentbehrliche Grundsoße der klassischen Küche

ZUBEREITUNG

In einem Wasserbad Eidotter mit Weißwein, Reduktion oder Fond wie Sabayon schaumig aufschlagen. Die geklärte Butter (Butterschmalz) nach und nach langsam einschlagen und mit Salz, Pfeffer und Zitronensaft abschmecken.

VERWENDUNG: Sauce hollandaise passt vor allem zu Spargel, Karfiol und Fisch, Steak, Roastbeef und Kalbsfilets sowie Geflügel, ist aber auch zum Überbacken von Fleisch-, Fisch- und Gemüsespeisen geeignet. In diesem Fall müssen jedoch zusätzlich 1–2 Eidotter eingerührt werden.

TIPPS

■ Zur Intensivierung der jeweils gewünschten Geschmacksnote kann statt Wein auch eine Reduktion (125 ml Wein, 1 EL Essig, 1 Lorbeerblatt, 10 Pfefferkörner und 1 fein geschnittene Schalotte), die auf 3 EL Flüssigkeit eingekocht wird, verwendet werden.

■ Die Sauce hollandaise darf weder zu heiß werden, noch darf die Butter zu schnell eingerührt werden, da die Soße sonst gerinnen würde. Gerinnt sie dennoch, so rührt man 1 EL sehr kaltes Wasser ein oder bindet die Soße mit kalten Butterstückchen.

ZUTATEN
für ca. 200 ml
1–2 Eidotter
3–5 EL Weißwein,
Reduktion (s. Tipps)
oder Suppe bzw. Fond
(Spargel- oder Fischfond)
150 g geklärte Butter
(ersatzweise
Butterschmalz)
Salz, Pfeffer aus
der Mühle
Zitronensaft

Béchamelsoße
Die klassische Einmachsoße

ZUTATEN
für ca. 300 ml
25 g Butter
25 g Mehl, glatt
250 ml Milch
Salz, weißer Pfeffer
aus der Mühle und
getrockneter Lorbeer

ZUBEREITUNG

In einer Kasserolle Butter schmelzen lassen. Mehl einrühren, kurz anrösten und mit Milch aufgießen. Unter kräftigem Rühren gut durchkochen. Mit Salz, Pfeffer und Lorbeer abschmecken.

VERWENDUNG: Béchamelsoße eignet sich als Begleitung für Gerichte und Ragouts von hellem Fleisch wie Kalb und Geflügel oder von Fisch und Gemüse (Spargel, Karfiol, Pilze). Sie ist aber, mit Eidotter oder Käse vermischt, auch ideal zum Überbacken für Nudelgerichte oder Aufläufe.

TIPPS

■ Etwa ein Viertel der Milchmenge könnte auch durch andere Flüssigkeiten (Gemüsefond, Fischfond oder Suppe) ersetzt werden. Das entspricht zwar nicht dem Originalrezept, erzielt aber einen besseren Geschmack.

■ Wird die Béchamelsoße durch ein Etamin (Küchentuch) passiert oder aufgemixt, so erhält sie eine glattere, feinere Konsistenz.

DUNKLE GRUNDSOSSEN

Bratensaft bzw. Natursaft

Der wichtigste Fond der traditionellen steirischen Küche ist das „Saftl". Der Bratensatz dient dabei als Geschmacksbasis. Dafür gelten folgende Grundregeln:

■ Verwenden Sie zum Braten niemals beschichtete Pfannen, da sich dort kein Bratrückstand bildet, der abgelöscht werden könnte.

■ Gießen Sie vor der Zubereitung des Bratensafts unbedingt das überschüssige Fett aus der Pfanne ab.

■ Fügen Sie etwas Paradeisermark hinzu und stauben Sie nach Bedarf mit wenig Mehl.

■ Verwenden Sie zum Ablöschen des Bratrückstandes zunächst Weiß- oder Rotwein, kochen Sie diesen ein und gießen Sie noch einmal mit ungewürzter Suppe oder Wasser auf. (Achtung: Bei Naturschnitzel oder Braten von hellem Fleisch sollte man weder Paradeisermark noch Rotwein verwenden!)

■ Lassen Sie den Bratensaft gut durchkochen und binden Sie, je nach Bedarf, mit Butter oder Mehlbutter.

Einfacher Soßenansatz

Zwiebel-, Bier- oder Weinsoße

Dieser einfache Soßenansatz dient vor allem für kurz gebratene Fleischgerichte wie Geschnetzeltes, Filetspitzen, geröstete Leber u. Ä., aber auch als
Basis für sämtliche Braten und Ragouts von Rind, Lamm oder Wild. Voraussetzung dafür ist, dass ein guter Fond oder eine gute Suppe zum Aufgießen
zur Verfügung stehen, damit die Soße auch schön kräftig wird.

Und so funktioniert's:

■ Lassen Sie reichlich Zwiebeln in Öl langsam goldgelb anrösten.

■ Fügen Sie Paradeisermark hinzu und rösten Sie alles gut durch.

■ Löschen Sie immer wieder mit etwas Rotwein oder Bier und gießen Sie
   nach Möglichkeit mit ungesalzener Suppe (Fond) oder Wasser auf.

■ Eine gute Soße braucht viel Zeit. Lassen Sie sie am besten 2–3 Stunden
   sanft köcheln.

■ Verzichten Sie darauf, die Soße zu pürieren oder aufzumixen, da sie
   dadurch nur heller und süßer wird.

■ Verwenden Sie nur so viel Paradeisermark, dass die Soße am Schluss nicht
   rot ist.

VARIATIONEN

Pfeffersoße: Soße abseihen und mit schwarzem oder grünem Pfeffer und
Weinbrand würzen.

Madeirasoße: Soße mit eingekochtem Madeira verfeinern und mit etlichen
kalten Butterstückchen aufmontieren (binden).

Rosmarinsoße: Soße mit gehacktem Rosmarin und Butter verfeinern oder
mit anderen Kräutern (Thymian-, Salbei-, Knoblauchsoße u .a.) variieren.

Steirische Wurzelsoße

Die traditionelle steirische Wurzelsoße basiert auf dem einfachen Soßen-ansatz (s. Rezept auf Seite 177). Zu den Zwiebeln wird jedoch gleich nach dem Anschwitzen auch Wurzelgemüse (Karotten, Sellerie, Petersilwurzeln, Pastinaken) gegeben und mitgeröstet.

Dabei gilt es folgende Details zu beachten:

- Wurzelsoßen sollten weder püriert noch passiert, sondern einfach ab-geseiht werden. Wenn das Wurzelgemüse gut aussieht und schmeckt, kann es auch mitserviert werden.
- Die Wurzelsoße lässt sich mit Obers oder Crème fraîche noch weiter verfeinern.
- Beim Aufgießen oder Ablöschen mit Wein, Most oder Suppe muss die Hitze zuvor unbedingt reduziert werden, da sich allfällig in der Pfanne vorhandenes Fett (vor allem am Gasherd) sonst leicht entzündet.

So binden Sie dunkle Soßen richtig

- *mit Mehlbutter* (ca. 2 Teile flüssige Butter, 1 Teil glattes Mehl): Die Soße wird dadurch leicht trüb.
- *mit Speisestärke:* Bei der Bindung mit Maisstärke und Rotwein bleibt die Soße durchsichtig, dunkel und klar.
- *mit Mehl und Rotwein:* Die Farbe bleibt zwar dunkel, die Soße wird aber eher trüb.
- *mit kalten Butterstücken:* Durch das klassische „Montieren" wird die Soße schön sämig, aber Vorsicht: Die Soße darf nach der Zugabe von Butter keinesfalls mehr kochen.
- *mit Obers, Crème fraîche, Sauerrahm und etwas Mehl:* Die Soße wird mollig und heller.
- *mit Gemüsepüree:* Wird eine Wurzelsoße doch passiert, nimmt sie einen helleren Ton an und gerät püreeartig.

Siebzehn Tipps für Soßenköche

1 Verwenden Sie bei der Herstellung von Grundsoßen und Fonds kein Salz, da die fertige Soße sonst leicht versalzen schmeckt.

2 Sparen Sie nicht mit Parüren (Sehnen, Abschnitte und Knochen bzw. Fischabfälle, Gräten und Köpfe).

3 Sparen Sie dafür an Flüssigkeit: Je weniger davon verwendet wird, desto kräftiger wird die Soße.

4   Beachten Sie, dass dunkle Fleischsoßen und -fonds erst nach etwa 3–4 Stunden Kochzeit wirklich kräftig und geschmackvoll werden. Fischfonds sollen indessen spätestens nach ca. 40 Minuten abgeseiht werden, da sie sonst tranig schmecken.

5   Hacken bzw. schneiden Sie Knochen und Fleischabschnitte stets klein und rösten Sie diese in einer Kasserolle mit dickem Boden in Öl langsam dunkel (aber Vorsicht: Nicht verbrennen, da sonst ein bitterer Geschmack entsteht!).

6   Schöpfen Sie überschüssiges Fett ab oder tupfen Sie es mit Küchenkrepp ab.

7   Verwenden Sie nur dreifach konzentriertes Paradeisermark aus Tube oder Dose, aber machen Sie eher sparsam davon Gebrauch, damit die Soße nicht zu rot gerät.

8   Verwenden Sie nur trockene und möglichst nicht korkende Weiß- oder Rotweine guter Qualität zum Ablöschen und reduzieren Sie diese möglichst gut ein, damit der Alkohol verdunstet und sich die Säure einbindet.

9   Löschen Sie den Boden- bzw. Bratensatz immer wieder und nur in möglichst kleinen Mengen ab. Gießen Sie erst am Schluss warme, ungesalzene Suppe nach und füllen Sie die Soße damit langsam auf. Am Schluss sollten Farbe und Geschmack des Paradeisermarks nicht mehr erkennbar sein.

10 Lassen Sie Soßen ca. 3 Stunden langsam köcheln und schäumen bzw. fetten Sie dabei öfters ab. Wenn Soßen oder Fonds durch ein Etamin (Leinentuch) abgeseiht werden, sollen sie vorher nicht gebunden bzw. gestaubt werden. Achtung: Etamin vorher in heißem Wasser durchspülen und beim Abseihen am besten mit Wäscheklammern am Topf befestigen!

11 Runden Sie dunkle, kräftige Soßen mit reduziertem Alkohol, Essig (z. B. gutem altem Balsamico) oder Honig ab, achten Sie dabei aber darauf, dass die Soße nicht zu süß oder zu sauer bzw. brandig schmeckt.

12 Kochen Sie Soßen, die mit Mehl oder Stärke gebunden wurden, gut durch.

13 Kochen Sie Soßen, die mit kalter Butter oder mit Eidotter montiert wurden, nicht mehr auf.

14 Rühren Sie bei hellen Kräutersoßen die frischen, nicht zu fein gehackten Kräuter immer erst kurz vor dem Anrichten ein.

15 Beachten Sie, dass helle Soßen durch Aufmixen mit einem Stab- oder Turmmixer noch leichter und luftiger werden.

16 Verfeinern Sie helle Soßen vor dem Servieren mit geschlagenem Obers, aber Vorsicht: Sie kühlen dadurch leicht ab!

17 Beachten Sie, dass die wichtigste Grundzutat für gute Soßen, Suppen oder Ragouts immer eine kräftige, ungesalzene Aufguss-Flüssigkeit (Fond) ist. Wasser und Wein alleine reichen für eine gute Soße nicht aus.

KALTE BEGLEITSOSSEN

Apfelkren

ZUTATEN
300 g Äpfel (Golden
Delicious, Elstar,
Jonagold oder auch
etwas süßere Gala-Äpfel)
ca. 2 EL Kren, frisch
gerissen
Prise Salz und Zucker

ZUBEREITUNG
Äpfel schälen, entkernen und schaben. Mit frisch geriebenem Kren vermengen und mit einer Prise Salz sowie Zucker würzen. Vor dem Servieren nochmals gut durchmischen.

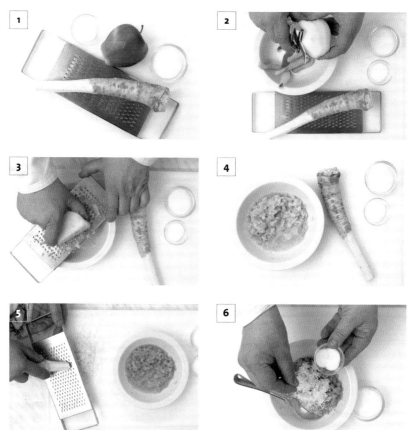

TIPP: Wenn die Äpfel schön sauer sind, braucht man keine weiteren Säuerungsmittel und der Apfelkren bleibt hell (ein wenig Bräunung des Apfels würde auch nicht schaden). Der Geschmack wird dabei nicht von Essig oder Zitrone bzw. durch verkochte Äpfel (Mus) beeinflusst oder verfremdet.

Essigkren

ZUBEREITUNG

Den frisch geriebenen Kren mit den restlichen Zutaten gut vermischen, so dass eine saftige, jedoch nicht zu dünne Soße entsteht.

VERWENDUNG: Essigkren serviert man zu fetten Fleisch- und Fischarten, er passt aber auch zu Knödeln und pikanten Strudeln.

TIPP: Verfeinern Sie dieses Grundrezept ganz nach persönlichem Geschmack durch passierte harte Eier oder entrindete, eingeweichte und passierte Semmeln.

ZUTATEN
ca. 1/2 kl. Krenwurzel, geputzt, gerieben
Prise Zucker und Salz
Weinessig, Öl nach Bedarf
etwas Rindsuppe
evtl. Semmelbrösel zum Verdicken

Oberskren

ZUBEREITUNG

Obers mit einer Prise Zucker steif schlagen. Den frisch geriebenen Kren darunter heben und mit Salz sowie Pfeffer abschmecken.

TIPP: Für Preiselbeer-Oberskren mischt man zusätzlich etwas Preiselbeeren unter den Oberskren und reduziert die Krenmenge ganz nach Geschmack. Diese Variante, die übrigens auch tiefgekühlt als Preiselbeer-Oberskren-Parfait ganz vorzüglich schmeckt, wird vor allem zu Wildschinken oder Räucherfischen serviert.

ZUTATEN
125 ml Schlagobers
Prise Zucker
ca. 2 EL Kren, frisch gerissen
Salz, weißer Pfeffer aus der Mühle

Cumberlandsoße

Keine steirische Soße, aber durch die sehr umfangreiche Wildküche oft gefragt!

ZUBEREITUNG

Gut gewaschene Orange auspressen und die Schale mit einem Zestenreißer in feine Streifen oder mit dem Messer feinnudelig schneiden. Saft abseihen. Rotwein in einer Kasserolle gemeinsam mit Orangenschale auf 2–3 EL einkochen. Mit den restlichen Zutaten verrühren und gut abschmecken. In ein heiß ausgespültes Einmachglas füllen und im Kühlschrank am besten 1 Woche marinieren lassen, damit sich das Aroma gut entwickeln kann.

VERWENDUNG: klassische Beigabe für Wild- und Geflügelgerichte sowie Pasteten, aber auch zum Abrunden für Wildsoßen

ZUTATEN
100 g Preiselbeeren, fein passiert
100 g Ribiselmarmelade, fein passiert, oder auch Ribiselgelee
1 Orange, nicht gespritzt
250 ml Rotwein
1 EL scharfer Senf (englischer oder Dijonsenf)
1–2 EL Ingwer, geschält und fein geschnitten oder auf Krenreibe gerieben
Prise Zucker und Salz

Honig-Senf-Soße

ZUBEREITUNG

Alle Zutaten nur mit einem Löffel verrühren. Dabei darauf achten, dass der Sauerrahm nur kurz verrührt wird, damit er schön cremig bleibt und nicht zu dünnflüssig wird.

ZUTATEN
100 g Sauerrahm
1 KL Honig
1 TL Senf (Dijonsenf)
Salz

Preiselbeer-Sauerrahm-Soße

ZUTATEN
100 g Sauerrahm
30 g Preiselbeeren
Salz
Kren, frisch gerissen

ZUBEREITUNG
Alle Zutaten mit einem Löffel nur kurz verrühren, damit der Sauerrahm dickcremig bleibt.

Mayonnaise (Grundrezept)

ZUTATEN
2 Eidotter
Salz, weißer Pfeffer
aus der Mühle
1 TL scharfer Senf
(Dijonsenf)
2–3 TL Zitronensaft
oder Essig
ca. 250 ml neutrales
Pflanzenöl

ZUBEREITUNG
In einer Schüssel Eidotter mit Salz, Pfeffer, Zitronensaft sowie Senf mit einem Schneebesen gut verrühren. Öl langsam in schwachem Strahl nach und nach einrühren und dabei kräftig rühren, bis sich die Masse homogen bindet.

VERWENDUNG: als Basis für unterschiedliche Mayonnaisesalate, Cocktail-soße oder Fleischsalate

TIPPS
- Öl und Eier müssen bei Raumtemperatur verarbeitet werden!
- Wird die Mayonnaise im Mixer (Stab- oder Turmmixer) zubereitet, so können auch ganze Eier verwendet werden.
- Je nach weiterer Verwendung kann die Mayonnaise auch mit Essig oder Suppe verdünnt oder überhaupt durch Sauerrahm ersetzt werden.

VARIATIONEN
Sauce Tartare: Mayonnaise mit fein gehackten Gurkerln, Zwiebeln, Peter-silie, Kapern, Sardellen und Schnittlauch vermischen.

Rahm-Tartaresoße: Für diese mildere und kalorienärmere Variante der Sauce tartare wird anstelle von Mayonnaise Sauerrahm mit denselben Zutaten vermengt. Schmeckt sehr gut zu gebackenem Käse, Pilzen oder Gemüse sowie zu gebackenem Fleisch oder Fisch.

Schnittlauchsoße: Mayonnaise mit fein geschnittenem Schnittlauch und evtl. Weißbrotbröseln verrühren, mit etwas Suppe verdünnen.

Eiersoße: Mayonnaise mit gekochten, fein gehackten Eiern und reichlich Kräutern vermischen.

Cocktailsoße: 2 Teile Mayonnaise mit 1 Teil Ketchup, frisch geriebenem Kren, Weinbrand, Salz und Pfeffer abschmecken, wobei ein Teil der Mayonnaise (oder auch die ganze) durch Rahm ersetzt werden kann.

WARME BEGLEITSOSSEN

Die warmen Begleitsoßen werden in der traditionellen steirischen Küche meist (mit Butter und Mehl) eingemacht oder (mit Mehl und Öl) eingebrannt. (Näheres zum Thema Einmach und Einbrenn lesen Sie im Suppenkapitel auf S. 32 f.) Manche basieren auch auf Brotbindungen. Eine große Rolle spielen in der steirischen Soßenküche immer wieder Kren, Wurzelwerk oder anderes Gemüse. Serviert werden diese Soßen vor allem zu gekochtem und geselchtem Fleisch und Fisch.

Semmelkren
Warme Krensoße

ZUBEREITUNG
Rindsuppe aufkochen, Semmelscheiben zugeben und kurz durchkochen. Mit der Schneerute zu einer etwas dickeren Soße rühren. Ist der Semmelkren zu dick, etwas Suppe zugießen, ist die Masse zu dünn, etwas Semmelwürfel oder Knödelbrot zugeben. Mit frisch geriebenem Kren und Salz würzen.

VERWENDUNG: als klassische Beilage zu Rindfleisch, aber auch zum Gratinieren von Fleischgerichten, wobei man in diesem Fall ein Eidotter und etwas Obers unter den Semmelkren rührt

TIPPS
- Je nach Geschmack kann der Semmelkren durch die Zugabe von Rahm, Schnittlauch und Petersilie auch abgewandelt werden.
- Semmelkren mit Knoblauch verfeinert ergibt Knoblauchkren.
- Anstelle von Semmeln können auch rohe (oder auch bereits gekochte) geschabte, mehlige Erdäpfel in der Suppe gekocht und mit Kren versetzt werden (Erdäpfelkren).

ZUTATEN
5 Semmeln, blättrig geschnitten
500 ml Suppe (Rind-, Selch- bzw. Gemüsesuppe)
Salz
80 g Kren, frisch gerieben

Paradeisersoße

1,5 kg Paradeiser,
vollreif, halbiert
80 g Butter oder
Butterschmalz
30 g Zucker
evtl. 80 g Mehl
Salz

ZUBEREITUNG

Paradeiser mit etwas Wasser verkochen und passieren. Butter oder Butterschmalz schmelzen und den Zucker hellgelb karamellisieren. Nach Belieben mit Mehl stauben. Passierte Paradeiser dazugeben und ca. 20 Minuten köcheln lassen. Mit Salz abschmecken.

VERWENDUNG: Passt zu gefülltem Gemüse (gefüllte Paprika etc.) und faschiertem Fleisch.

Gurkensoße

ZUTATEN
100 g Mehl
100 g Butter
1 Zwiebel, fein
geschnitten
1,5 kg Gurken
Dille, Petersilie gehackt
Sauerrahm
Salz

ZUBEREITUNG

Gurken schälen, entkernen, schaben und gut einsalzen. Mehl in heißer Butter anschwitzen und Zwiebel beigeben. Die nicht ausgedrückten Gurken zugeben und gut verkochen. Mit gehackter Dille und Petersilie würzen. Mit Sauerrahm vollenden.

TIPP: Dieses äußerst variable Gemüsesoßen-Rezept lässt sich auch für Kürbis, gekochte Bohnenschoten, Linsen, Bohnen, Erbsen, Karotten und Erdäpfel verwenden. Jedoch muss dann zusätzlich mit ca. 1 l Milch oder Gemüsekochwasser aufgegossen werden.

Schnittlauchsoße

ZUTATEN
40 g Butter
40 g Mehl
500 ml Milch
2 EL Schnittlauch,
fein geschnitten,
Salz, evtl. etwas
weißer Pfeffer aus
der Mühle

ZUBEREITUNG

Mehl in heißer Butter hell anschwitzen. Mit Milch aufgießen, salzen, pfeffern und gut verkochen. Kurz vor dem Servieren Schnittlauch einrühren.

VERWENDUNG: klassische Beilage zu gekochtem Rindfleisch, passt aber auch zu Fisch

TIPP: Anstelle von Schnittlauch können Kerbel, Dille, Sauerampfer, Petersilie oder gemischte Kräuter verwendet werden.

Schwammerlsoße

ZUTATEN
500 g Eierschwammerln
oder Pilze, geputzt,
zerkleinert
60 ml Öl
30 g Mehl
1 Zwiebel, fein
geschnitten
Petersilie, fein
geschnitten
250 ml Sauerrahm
Salz

ZUBEREITUNG

Schwammerln oder Pilze in heißem Öl anrösten. Geschnittene Zwiebel beigeben, mit Petersilie und Salz würzen und weiterdünsten lassen. Sauerrahm mit etwas Mehl sowie wenig Wasser verrühren und unter die Schwammerln mengen. Gerät die Soße zu dicklich, mit Milch oder Suppe verdünnen.

TIPP: Mit dem traditionell dazu servierten Semmelknödel wird diese schmackhafte Soße zum veritablen Hauptgericht.

Erdäpfelsoße

ZUBEREITUNG

Mehl in Schmalz dunkel rösten (Einbrenn), mit Erdäpfelkochwasser aufgießen und durchkochen. Gekochte Erdäpfel sowie Gewürze beifügen und zu einer dicken Soße einkochen. Nach Belieben mit Rahm verfeinern.

ZUTATEN

40 g Schweineschmalz
40 g Mehl
500 ml Milch oder
Gemüsekochwasser
500 g Erdäpfel, gekocht
und gewürfelt
Bohnenkraut oder
Majoran, Petersilie, Salz
Sauerrahm nach
Belieben

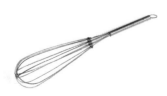

Kürbissoße

ZUBEREITUNG

Kürbis schälen, in kleine Würfel schneiden und in leicht gebräunter Butter andünsten. Mit Suppe und Obers aufgießen, mit gemahlenem Kümmel, Dille, Salz sowie wenig Pfeffer abschmecken und ca. 20 Minuten köcheln lassen. Mit dem Mixer pürieren und nach Bedarf abseihen. Kurz vor dem Anrichten nochmals aufmixen, mit ein paar Tropfen Kürbiskernöl abschmecken oder Öl dekorativ darüber träufeln. Zum Schluss mit Dillzweigen und gerösteten Kürbiskernen garnieren.

VERWENDUNG: Kürbissoße schmeckt zu gekochtem Kalb-, Rind- oder Schweinefleisch sowie zu Geflügel, Lamm, Wild und Fisch.
TIPP: Für eine schmackhafte Kürbissuppe gießt man einfach mit mehr Suppe auf.

ZUTATEN

150–200 g Kürbisfleisch
(Muskat-, Brot- oder
Hokkaidokürbis)
2 EL Butter
200 ml Suppe
125 ml Schlagobers
gemahlener Kümmel,
Dille
Salz und wenig Pfeffer
Dillzweige und einige
Tropfen Kernöl
geröstete Kürbiskerne

Lammsugo

ZUBEREITUNG

Geschnittene Zwiebel in heißem Öl kurz andünsten, Gemüse dazugeben und mitdünsten. Paradeisermark sowie pürierte Paradeiser einmengen, kurz durchrühren und mit Suppe aufgießen. Einige Minuten durchkochen lassen. Das rohe Faschierte zügig einrühren und auf kleiner Flamme (oder im Rohr bei etwa 80 °C) mindestens 2 1/2–3 Stunden köcheln lassen. Mit Salz, Pfeffer, Majoran und Knoblauch würzen.

VERWENDUNG: Mit al dente gekochten Nudeln und nach Belieben mit Hartkäse oder Blauschimmelkäse bestreut servieren.

Foto Seite 186

ZUTATEN

400 g Lammfaschiertes,
nicht zu mager, nicht
zu fein faschiert
50 g Paradeisermark
3 Paradeiser, geschält,
püriert (oder aus der
Dose)
250 ml Fleischsuppe
(am besten vom Lamm)
1 Zwiebel, fein
geschnitten
ca. 200 g Wurzelgemüse
(Karotten, Sellerie usw.),
klein gewürfelt oder
grob geraspelt
2 EL Öl
Salz, Pfeffer, Majoran,
Knoblauch

HEISSE BUTTERMISCHUNGEN

Heiße Buttermischungen schmecken hervorragend zu Fisch, Fleisch, Gemüse und Teigwaren. Sie zählen dank ihrer leichten und schnellen Zubereitung sowie der großen Variationsmöglichkeiten zur Grundausstattung der Soßenküche. Dafür wird gebräunte, aufgeschäumte und leicht gesalzene Butter mit verschiedensten Kräutern oder Zutaten wie Thymian, Petersilie, Estragon, Haselnüssen, Mandeln, Knoblauch oder Bröseln u. a. variiert. Beachten Sie bitte, dass Sie alle Zutaten (Fisch oder Fleisch) möglichst gleich in die gut gebräunte Butter geben und sofort mit kalten Butterflocken abkühlen (aufschäumen lassen), da die Butter sonst verbrennt.

Paradeiser-Buttersoße

ZUBEREITUNG

Paradeiser für einige Sekunden in kochendes Wasser tauchen, schälen, entkernen und kleinwürfelig schneiden. (Oder geschälte Paradeiser aus der Dose verwenden.) In heißer Butter andünsten. Mit Salz, einer Prise Zucker und Basilikum würzen und einkochen lassen. Pürieren, abseihen und bei Bedarf bzw. kurz vor dem Anrichten mit kalter Butter aufmixen (montieren). Mit Basilikum, Kerbel oder Estragon abschmecken.

VERWENDUNG: Passt vor allem zu Fisch und Fleisch sowie zu Gemüse- und Nudelgerichten.

VARIATIONEN

Nach demselben Rezept lassen sich Karotten-, Spargel-, Kürbis-, Jungzwiebel- oder Karfiolbutter zubereiten. Fügt man etwas Obers hinzu, so ergibt sich daraus eine cremeartige Soße, die man wiederum mit Suppe zu Gemüsecremesuppe verdünnen kann.

ZUTATEN
3–4 Paradeiser
Butter zum Andünsten
Salz, Prise Zucker
Basilikum, frisch gehackt
kalte Butterstückchen
Basilikum, Kerbel
oder Estragon

Die Steiermark: Ein „Fressland" für Sanguiniker

Wer die „Skitze von Grätz" im Jahre 1792 tatsächlich verfasst hat, ist bis heute nicht bekannt. Fest steht jedoch, dass der Anonymus von der schlaraffischen Lebensart der Grazer bereits damals tief beeindruckt gewesen sein muss „Steyermark ist allenthalben als ein sogenanntes Fressland bekannt", heißt es in dem Traktat. „Das gute Einkommen der meisten Grätzer, ihr Wohlstand, die Wohlfeilheit der Lebensmittel und ihr fruchtbares Land kann sie, wie ich glaube, doch berechtigen, besser zu leben als andere ... Sie schätzen eine gute fröhliche Mahlzeit, suchen Gesellschaft, speisen gerne an öffentlichen Orten, Sommerszeit in den Gärten der Vorstädte und Winterszeit in den Gasthäusern ... Dieß macht, dass der Fremde glaubt, sie bringen ihre ganze Lebenszeit mit Nichts, als dem lieben Essen und Trinken zu, dabei aber nicht bedenkt, dass sie eben dieß zu guten sanguinischen Leuten macht, die zwar selten zu großen Heldentaten sich emporschwingen, aber sich auch nicht so leicht zu großen Lastern erniedrigen."

*Foto linke Seite:
Lammsugo*

VOM STRUDELTEIG
BIS ZUM
HONIG-PARFAIT

Süßes aus der Grünen Mark

Wie auch anderswo in Europa war Zucker in der Steiermark bis zu Beginn des 19. Jahrhunderts ein Luxusprodukt, das nur dem Hochadel und den Besitzern internationaler Handelshäuser zur Verfügung stand. Das Ausgangsprodukt war nämlich ausschließlich Zuckerrohr, das aus Übersee importiert werden musste und entsprechend horrende Preise erzielte. Das änderte sich erst nach Sigismund Marggrafs Erkenntnis, dass die gute alte Runkelrübe durch ein modernes Extraktionsverfahren Zucker in exakt derselben Qualität zu liefern vermag. Zu Beginn des Industriezeitalters wurde Zucker dadurch innerhalb kürzester Zeit zum billigen Volksnahrungsmittel, das das Entstehen einer „süßen Mehlspeisküche" erst wirklich ermöglichte.

In die immer schon auf „Selbstversorgung" – und daher auf Süßmacher wie (in Milch gelösten) Honig, Beeren, Trockenfrüchte und dextrinierte Getreidestärke – eingestellte Bauernküche fand der „Fremdstoff" Zucker noch viel später Eingang als in die steirischen Bürgerhäuser. Erst nach dem Ersten Weltkrieg fand man auf dem Lande neben dem Salzfass auch eine Zuckerschütte.

Die meisten der bäuerlichen Mehlspeisen wurden daher, außer zu ganz hohen Festtagen, eher schwach oder ganz und gar ungesüßt serviert. Was „zuckericht" oder „schleckericht" war, kennen wir nur aus den Küchen der steirischen Schlösser und Bürgerhäuser. Was Zubereitung und Garung betrifft, unterschied man nach alter steirischer Tradition vor allem zwei Hauptgruppen von Mehlspeisen:

- ■ in Schmalz gebackene Mehlspeisen und
- ■ in Heißluft „über der Glut" und nach der Erfindung des Sparherds im Backrohr gebackene Mehlspeisen.

Neben diesen beiden Archetypen der steirischen Mehlspeisküche findet man auch kulinarische Seitenstränge von großer Variationsbreite:

- ■ Koche, Breie, Flecken, Tommerl und gebackene Milchspeisen aus Häfen und Pfanne
- ■ Schmalzgebäcke aus Mürb-, Back-, Waffel- und später auch aus Germteig
- ■ Strudel (vor allem in Obst- und Gemüseregionen)
- ■ Prügelkrapfen, auch Baum- oder Spießkuchen. Diese sind zwar nicht genuin steirisch, erfreuen sich hier aber an höchsten Festtagen trotz oder wegen der Kompliziertheit der Herstellung größter Beliebtheit.

Strudelteig

ZUBEREITUNG

Alle Zutaten gut zu einem glatten, geschmeidigen Teig verkneten. Mit Öl einpinseln und in Klarsichtfolie gehüllt am besten über Nacht im Kühlschrank rasten lassen. Den Teig dann rechtzeitig vor der Verarbeitung aus dem Kühlschrank nehmen, damit er nicht zu kalt ist. Nicht mehr kneten!!

Auf einem frei stehenden Tisch ein bemehltes Tuch ausbreiten, den Strudel auflegen und kurz ausrollen. Dann den Teig mit dem Handrücken (ACHTUNG: Ringe und Uhr vorher ablegen!) vorsichtig in Richtung Tischkanten ziehen, bis er hauchdünn geworden ist.

Mit etwas flüssiger Butter bestreichen bzw. beträufeln und die Fülle auf dem ersten Drittel oder maximal der Hälfte der Teigfläche verteilen. Überschüssigen Teig rundum abschneiden, einrollen und zwischendurch mit flüssiger Butter, am Schluss mit Eidotter bestreichen. Dabei Enden gut verschließen. Mit Hilfe des Tuches auf ein mit Butter bestrichenes Blech heben und im Rohr bei 180–200 °C ca. 20–25 Minuten backen.

VARIANTE: *Strudeltulpen aus Strudelteigblättern*

Für die sehr dekorativen Strudeltulpen Strudelteig auf einem zartfeuchten Geschirrtuch ausbreiten und in gleichmäßige Quadrate schneiden. Dabei sofort übereinander legen, damit sie nicht austrocknen können. Mit Hilfe eines Holzstößels (od. Fasskorkens von ca. 4–5 cm, auf eine Fleischgabel gespießt) die Strudeltulpen backen. Dazu die Strudelteigquadrate in mittelheißes Fett halten und sofort mit dem Stößel untertauchen und am Topfrand etwas drehen, damit sich die Strudelblätter zu einem tulpenähnlichen Gebilde formen können. Das Ausbacken der Strudeltulpen dauert nur etwa 5–10 Sekunden. Anschließend leicht schräg herausheben und auf Küchenpapier abtropfen lassen.

Die Strudeltulpen können 1–2 Tage vorher vorbereitet werden, müssen aber trocken, jedoch nicht zugedeckt gelagert werden.

Erst kurz vor dem Servieren mit diversen Füllungen füllen, damit der knusprige Teig nicht lasch wird. Für dekorative Kletzen-Strudelsackerl werden die Strudelteigblätter in 10 x 10 cm große Quadrate geschnitten.

ZUTATEN
250 g Mehl, glatt
125 ml Wasser, lauwarm
4 cl Öl
1 kl. Ei
Salz
Mehl für die Arbeitsfläche
Öl oder flüssige Butter sowie Eidotter zum Bestreichen

Brandteig

ZUTATEN
125 ml Milch
oder Wasser
80 g Butter
80 g Mehl
3 Eier
Salz

ZUBEREITUNG
Milch oder Wasser mit Butter und Salz aufkochen lassen. Mehl unter ständigem Rühren mit dem Kochlöffel einkochen und über kleiner Flamme weiterrühren, bis sich die Masse vom Geschirr löst. Vom Feuer nehmen und etwas überkühlen lassen. Die Eier nach und nach einrühren und zu einem glatten Teig durcharbeiten. Noch warm in die gewünschte Form dressieren (Krapferl etc.) und (mit einem Schuss Wasser) bei geschlossenem Rohr bei 190 °C ca. 25 Minuten backen. Überkühlen lassen. Krapferl nach Belieben halbieren und etwa mit Vanille-Oberscreme (s. S. 194) füllen.

Mürbteig

ZUTATEN für
2 Mürbteigböden
(Backblechgröße
ca. 40 x 32 cm)
100 g Zucker (am
besten Staubzucker)
200 g Butter
300 g Mehl, glatt
(Type 700)
Salz, Vanillezucker
geriebene
Zitronenschale

ZUBEREITUNG
Alle Zutaten am besten in der Küchenmaschine rasch zu einem glatten Teig verkneten, diesen zu einem flachen Ziegel formen (lässt sich dadurch später besser rechteckig ausrollen) und mindestens 30 Minuten an einem kühlen Ort rasten lassen. Wird der Teig erst am nächsten Tag verarbeitet, sollte er gut eine Stunde vor dem Verarbeiten aus dem Kühlschrank genommen werden. Nach Belieben auf einem Backtrennpapier ausrollen und bei 180 °C ca. 10 Minuten backen (goldgelb).

TIPPS
- Für Linzerteig werden je nach Wunsch geriebene weiße Mandeln (weißer Linzerteig) oder geröstete, geriebene Haselnüsse oder Mandeln (brauner Linzerteig) zugegeben.
- Dieser Mürbteig wird aufgrund des Mengenverhältnisses seiner Zutaten auch „1-2-3-Teig" genannt.

Germteig

ZUTATEN
500 g Mehl, glatt
200 ml Milch
120 g Butter
1 Päckchen Germ (40 g)
4 Eidotter
1 Ei
60 g Kristallzucker
Prise Salz
1 EL Rum
geriebene Zitronen-
schale, Vanillezucker
Mehl für die
Arbeitsfläche

ZUBEREITUNG
Germ in etwas lauwarmer Milch auflösen. Etwas Mehl dazurühren, eine Prise Zucker dazugeben und Dampfl an einem warmen Platz rasten lassen, bis sich das Volumen verdoppelt hat. Restliche Milch mit Ei, Eidottern, Salz, Zucker, Rum, geriebener Zitronenschale und Vanillezucker vermengen und mit dem Dampfl sowie dem Mehl locker verrühren. Butter schmelzen, hinzufügen und den Teig zu geschmeidiger, seidig-glatter Konsistenz kneten. Etwa 10 Minuten lang rasten lassen. Je nach Belieben weiterverarbeiten.

Topfenteig

ZUBEREITUNG

Kalte Butter auf einer Röstireibe grob reiben und mit allen Zutaten rasch (am besten in der Rührmaschine) zu einem Teig kneten. Zu einem flachen Ziegel formen und in Folie verpackt mindestens 1–2 Stunden (am besten jedoch über Nacht) kalt rasten lassen. Auf einer gut bemehlten Arbeitsfläche ausrollen und nach Belieben weiterverarbeiten.

TIPP: Dieser Topfenteig eignet sich auch für pikanten Speck- und/oder Zwiebelkuchen, wobei in den Teig auch Kräuter oder Hartkäse (z. B. Asmonte) eingearbeitet werden können. Der Teig könnte auch mit Pilzen, Gemüse, Fisch oder Geflügel belegt und dann überbacken werden.

ZUTATEN

200 g grober bzw. Strudeltopfen, trocken (40 % Fett i. Tr.)
200 g Butter oder Margarine, kalt
250–280 g Mehl, griffig oder Universal
Salz
Zimt, Orangenschale nach Belieben
Mehl für die Arbeitsfläche

Biskuit

ZUBEREITUNG

Eier mit Zucker, Vanillezucker, Salz sowie Zitronenschale schaumig rühren. Mehl und Stärkemehl versieben und locker einrühren. Zuletzt Butterschmalz oder Öl unterheben.

Auf ein mit Backtrennpapier ausgelegtes Backblech streichen und im vorgeheizten Rohr bei 220 °C ca. 5–6 Minuten rasch backen (Torte ca. 10 Minuten bei 200 °C und ca. 40 Minuten bei 160 °C backen).

Nach dem Herausnehmen sofort mit wenig Mehl oder Zucker bestreuen. Ein zweites Backtrennpapier auflegen und sofort, d. h. noch heiß stürzen. Biskuit zwischen dem Backpapier auskühlen lassen, damit es nicht austrocknet. Je nach weiterer Verwendung füllen und rollen.

ZUTATEN
für 4 Backbleche od. 2 Torten
8–9 (500 ml) Eier
200 g Staubzucker
Vanillezucker, Salz
geriebene Zitronenschale
160 g Mehl, glatt
160 g Stärkemehl (Maizena)
100 g flüssiges Butterschmalz oder Öl
Mehl oder Zucker zum Bestreuen

Sandmasse

ZUBEREITUNG

Butter mit Staubzucker, Rum, Salz, Vanillezucker und geriebener Zitronenschale schaumig rühren. Eidotter nach und nach einrühren. Mehl und Stärkemehl vermischen, durch ein Sieb sieben und langsam abwechselnd mit der Milch unter den Butterabtrieb rühren. Eiklar mit Kristallzucker zu schmierigem Schnee schlagen und locker unter die Masse heben. Je nach weiterer Verwendung verarbeiten, etwa in eine mit Butter ausgestrichene und mit Mandeln ausgestreute Gugelhupf-Form füllen und ca. 60 Minuten backen.

ZUTATEN

200 g Butter oder Margarine
100 g Staubzucker
1 EL Rum
Salz, Zitronenschale, gerieben
1 Päckchen Vanillezucker
4 Eidotter
4 Eiklar
100 g Kristallzucker
50 g Stärkemehl oder Weizenpuder (Maizena)
200 g Mehl, glatt
8 cl Milch
Butter für die Form

Hippenmasse

ZUTATEN

1 Eiklar
50 g Staubzucker
50 g flüssige Butter
50 g Mehl, glatt, gesiebt
Butter für das Backblech

ZUBEREITUNG

Alle Zutaten glatt rühren und kühl stellen. Mit Hilfe einer Schablone in beliebiger Form (Herzen, Rechtecke etc.) auf ein gefettetes und gut gekühltes (am besten tiefgekühltes) Backblech streichen und im 200 °C heißen Rohr ca. 4–5 Minuten goldgelb backen. Sofort nach dem Backen, d. h. noch warm in die gewünschte Form bringen (z. B. über einen Kochlöffel biegen etc.). Zu diesem Zweck das Backblech im geöffneten Rohr lassen, die Hippen einzeln vom Blech nehmen und rasch formen.

TIPP: Sehr dekorativ wirken Hippen, wenn ein Teil der Masse vor dem Backen mit Kakao eingefärbt wird.

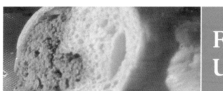

FÜLLCREMEN UND –MASSEN

Vanille-Oberscreme

ZUTATEN

300 g Vanillepudding
4 cl Rum
2 Blatt Gelatine
250 ml Schlagobers

ZUBEREITUNG

Pudding mit Rum glatt rühren. Gelatine in kaltem Wasser einweichen, gut ausdrücken und über Dampf oder im Mikrowellenherd lauwarm auflösen. In den Pudding gut einrühren. Obers aufschlagen und ebenfalls unter den Pudding heben. Abkühlen lassen und beliebig weiterverwenden.

TIPP: Besonders gut eignet sich diese Creme als Füllcreme für Brandteiggebäck.

Williamscreme (Vanillecreme)

ZUTATEN

500 ml Milch
2 Eidotter
Prise Salz
70 g (3 EL) Zucker
20 g Stärkemehl (Maizena)
1/2 Vanilleschote
4 cl Williamsbrand

ZUBEREITUNG

Etwas kalte Milch mit Maizena, Eidottern sowie Williamsbrand glatt rühren. Restliche Milch mit Zucker, Prise Salz und Vanilleschote aufkochen (von der Vanilleschote das Mark auskratzen und zugeben). Maizena-Dotter-Mischung einrühren, unter ständigem Rühren aufkochen und ca. 3 Minuten kochen lassen. In einem kalten Wasserbad unter ständigem Rühren abkühlen. Nach Belieben weiterverwenden.

TIPP: Die Creme kann auch zum Garnieren verwendet werden, wofür man sie allerdings etwas abrunden sollte, etwa durch Zimt, Schlagobers, einen Schuss Williamsbrand, Fruchtbrand, z. B. Himbeere oder Kirsch, oder Fruchtnektar.

Nussfülle

ZUBEREITUNG

Milch mit Zucker, Margarine, Vanillezucker, Zitronenschale und Zimt aufkochen. Rum, süße Brösel und geriebene Nüsse einmengen und etwas durchkochen lassen. Zuletzt das Eiklar einrühren.

VERWENDUNG: zum Füllen etwa von Plunder- oder Blätterteiggebäck

ZUTATEN
125 ml Milch
150 g Kristallzucker
40 g Margarine
Vanillezucker
geriebene
Zitronenschale
Zimt
2 cl Rum
170 g süße Brösel
350 g geriebene Nüsse,
am besten Wal- und
Haselnüsse je zur
Hälfte gemischt
2 Eiklar

Mohnfülle

ZUBEREITUNG

Milch mit Zucker aufkochen, Aromen, gemahlenen Mohn und süße Brösel zugeben. Zuletzt Rum und Rosinen einrühren.

VERWENDUNG: zum Füllen etwa von Plunder- oder Blätterteiggebäck

ZUTATEN
180 ml Milch
130 g Kristallzucker
Zimt, geriebene
Zitronenschale
Vanillezucker
250 g Mohn, gemahlen
120 g süße Brösel
40 g Rum
80 g Rosinen

Topfenfülle

ZUBEREITUNG

Butter mit Ei, Eidotter, Zucker und Geschmackszutaten schaumig rühren. Topfen mit Weizenpuder unterrühren und Rosinen einstreuen.

VERWENDUNG: zum Füllen etwa von Plunder- oder Blätterteiggebäck

ZUTATEN
80 g Butter
1 Ei
1 Eidotter
150 g Staubzucker
Vanillezucker, Salz
geriebene Zitronenschale
750 g grober Topfen
(20 % Fett i. Tr.)
30 g Weizenpuder
oder Maizena
3 EL Rosinen

Weichselfülle

ZUBEREITUNG

Puddingpulver mit etwas Wasser anrühren. Weichseln mit Zucker und etwas Wasser aufkochen, Pudding einrühren und kurz durchkochen. Abkühlen lassen.

VERWENDUNG: zum Füllen etwa von Plunder- oder Blätterteiggebäck
TIPP: Bleibt etwas Plunderteigfülle über, so kann sie tiefgekühlt werden.

ZUTATEN
400 g Weichseln, ohne
Kerne (tiefgekühlt)
50 g Zucker
30 g Puddingpulver

SCHMALZ-GEBACKENES

Einfache Strauben I

ZUTATEN

300 g Mehl, glatt
250 ml Milch
3 Eier
Salz
Schmalz (oder Öl)
zum Ausbacken
Staubzucker zum
Bestreuen

ZUBEREITUNG

Mehl mit Milch, Eiern und einer Prise Salz zu einem eher festeren Backteig verrühren. In einer tiefen Pfanne reichlich Schmalz erhitzen. Masse in einen Spritzsack oder Trichter füllen (zu Beginn Öffnung mit Finger verschließen) und kreis- bzw. spiralenförmig in beliebiger Größe einlaufen lassen. Goldgelb ausbacken, herausheben, mit Küchenkrepp abtupfen und mit Staubzucker bestreuen.

Einfache Strauben II (fester Teig)

ZUTATEN

1 Ei
1 EL Sauerrahm
Mehl nach Bedarf
Salz
Schmalz (oder Öl)
zum Ausbacken
Staubzucker zum
Bestreuen
Mehl für die
Arbeitsfläche

ZUBEREITUNG

Das Ei trennen. Dotter mit Rahm verrühren, Eiklar steif schlagen und unter die Dotter-Rahmmasse heben. Eine Prise Salz und so viel Mehl einrühren, dass ein etwas festerer Teig entsteht. Den Teig ca. 30 Minuten kühl stellen. Auf einer bemehlten Arbeitsfläche dünn ausrollen und in Streifen schneiden. In einer tiefen Pfanne reichlich Schmalz erhitzen. Strauben im nicht zu heißen Fett goldgelb ausbacken. Herausheben, mit Küchenkrepp abtupfen und mit Staubzucker bestreuen.

Almraungerln

ZUTATEN

300 g Mehl, glatt
100 g Staubzucker
Prise Salz
250 g Butter, kalt
125 g Sauerrahm
Zimt-Staubzucker
zum Wälzen
Mehl für die
Arbeitsfläche
Schmalz oder Öl
zum Ausbacken

ZUBEREITUNG

Mehl mit Staubzucker und Salz vermischen. Kalte Butter grob dazureiben und mit dem Mehl rasch verkneten. Sauerrahm beigeben und rasch zu einem mürbteigähnlichen Teig verarbeiten. Kühl rasten lassen. Auf einem bemehlten Tisch messerrückenstark ausrollen.

Mit kleinen Ausstechern (Raungerlausstecher, ca. 3–5 cm groß) die „Raungerln" in Herzform (oder auch rechteckig) ausstechen. In mittelheißem Schmalz oder Öl (140 °C) goldgelb herausbacken. Herausheben, abtropfen lassen und noch warm in Zimt-Zucker wälzen. Die Raungerln können auch in einer Blechdose einige Zeit aufbewahrt werden.

TIPP: Machen Sie es zur Abwechslung einmal wie die Ennstaler Sennerinnen vor dem Almabtrieb und würzen Sie die Raungerln mit Salz und Anis.

Gebackene Apfelscheiben

ZUBEREITUNG

Äpfel schälen, Kerngehäuse ausstechen und in etwa 1 cm dicke Scheiben schneiden. Mit Zitrone, Zucker und Rum marinieren. Für den Weinteig Eidotter mit Weißwein, Öl, Mehl, einer Prise Salz und Zitronensaft glatt rühren. Eiklar mit Zucker steif schlagen und unterheben. (Der Backteig sollte nicht zu dünnflüssig sein!)

Apfelscheiben mit Hilfe eines Kochlöffelstiels durch den Backteig ziehen und in heißem Schmalz oder Öl goldgelb backen. Dabei die Pfanne etwas rütteln bzw. etwas heißes Fett über die Apfelscheiben gießen, damit sie schön soufflieren. Auf Küchenkrepp abtropfen lassen und mit Zucker bestreut servieren. Der restliche Backteig kann löffelweise ins heiße Fett gegeben und zu Weinteigkrapferln herausgebacken werden.

GARNITUREMPFEHLUNG: Preiselbeeren oder Kompott

TIPPS

- ■ Gebackene Holler-, Akazien- und Kürbisblüten lassen sich nach demselben Rezept zubereiten.
- ■ Für Wäschermadl werden anstelle der Äpfel Marillen, für Schlosserbuben Dörrzwetschken verwendet.
- ■ Für Backteig verwendet man statt Wein Milch, für Bierteig statt Wein Bier.

ZUTATEN für ca. 6 Portionen (24 Scheiben)
4–5 mittelgroße Äpfel (Jonathan, Jonagold)
Zitronensaft
Zucker und Rum
Schmalz oder Öl zum Herausbacken
Staubzucker zum Bestreuen

Für den Weinteig
2 Eidotter
125 ml Weißwein (Welschriesling, Muskateller)
2 EL Öl
150 g Mehl, glatt
Prise Salz und Zitronenschale
2 Eiklar
20 g Zucker

Rosenkrapfen
werden zu Festtagen, Hochzeiten und Buffets serviert

ZUTATEN
400 g Mehl, glatt
100 g Butter
6 Eidotter
60 g Kristallzucker
250 g Sauerrahm
1/2 Päckchen Backpulver
Salz, Zitronenschale,
geriebren
Schmalz zum Ausbacken
Staubzucker zum
Bestreuen
Marmelade
Mehl für die
Arbeitsfläche
Eiklar zum Bestreichen

ZUBEREITUNG
Aus den angegebenen Zutaten einen glatten Teig bereiten und 30 Minuten kühl rasten lassen. Auf einer bemehlten Arbeitsfläche messerrückendick auswalken, wieder zusammenschlagen und wieder rasten lassen. Diesen Vorgang noch zweimal wiederholen. Dann dünn ausrollen und zu gleich vielen Scheiben in 3 verschiedenen Größen ausstechen.
Jede Scheibe am Rand fünfmal kurz einschneiden und die größten sowie mittleren Scheiben in der Mitte mit etwas Eiklar betupfen. Nun jeweils die mittlere Scheibe auf die größte Scheibe legen und zuletzt die kleinste Scheibe auflegen. Mit Hilfe eines Kochlöffelstieles in der Mitte kurz eindrücken, so dass ein rosenähnliches Gebilde entsteht, und in nicht zu heißem Schmalz goldgelb herausbacken. Mit Staubzucker bestreuen und kurz vor dem Servieren in der Mitte mit einem Marmeladetupfer garnieren.

TIPP: Aus demselben Teig lassen sich auch Strauben zubereiten (s. S. 196).

Heiligengeistkrapfen
Das Pfingstgebäck aus dem obersten Ennstal:
leicht, licht und zerbrechlich

ZUTATEN
10 Eidotter
500 g Mehl
ca. 60 ml Schlagobers
Salz, Anis nach Belieben
Butterschmalz oder Öl
zum Ausbacken

ZUBEREITUNG
Aus Dottern, Obers und Mehl einen festen Teig kneten. Zu kleinen Kugerln formen und zu einem großen, papierdünn durchscheinenden Teigblatt auswalken (erfordert einige Mühe). In heißes Butterschmalz legen und sofort mit einer in der Mitte des Teiges senkrecht angesetzten Gabel im Uhrzeigersinn drehen. Dadurch entsteht (mit etwas Phantasie) eine Taube, das Zeichen für den Heiligen Geist.

Spagatkrapfen

ZUTATEN
für ca. 20 Krapfen
500 g Mehl, glatt
250 g Butter
2–3 Eidotter
60 g Staubzucker
4 EL Weißwein
6 EL Sauerrahm
geriebene
Zitronenschale
Prise Salz
Schmalz oder Öl
zum Ausbacken
Staubzucker und Zimt
vermengt zum Bestreuen

ZUBEREITUNG
Butter 1–2 Stunden vor Arbeitsbeginn aus dem Kühlschrank nehmen. Mehl mit Butter abbröseln und mit Zucker, geriebener Zitronenschale, Eidotter, Weißwein, Sauerrahm sowie Salz rasch vermengen und etwas rasten lassen. Den Teig etwa 5 mm dick ausrollen und in Rechtecke von ca. 4 x 10 cm schneiden. Fett auf ca. 170 °C erhitzen. Teigrechtecke auf die Spagatkrapfenzange legen, die Zange schließen und den Teig im heißen Fett goldgelb ausbacken. Herausnehmen, abtropfen lassen und die noch warmen, halb bogenförmigen Krapfen mit der Zucker-Zimtmischung bestreuen. Kalt werden lassen und servieren.

TIPP: Wer keine Spagatkrapfenzange besitzt, kann auch jene Methode wählen, der die Krapfen ihren Namen verdanken: Teigstücke einfach mit Spagat auf Blechröhren binden und auf diesen in heißem Fett ausbacken.

Hasenöhrl'n

ZUBEREITUNG

Die angegebenen Zutaten zu einem Teig verarbeiten. Bei Bedarf die Konsistenz mit Mehl (fester) oder Wasser (weicher) korrigieren. Dann 1 Stunde kühl rasten lassen. Ein Holzbrett bemehlen und den Teig messerrückendick auswalken. In Dreiecke oder Vierecke schneiden und mit einer Gabel mehrfach einstechen. In reichlich sehr heißem Fett kurz auf beiden Seiten goldbraun ausbacken. Dabei sollten sich die Hansenöhrl'n schön aufblähen. In eine Schüssel geben und sofort zudecken, damit sie nicht zusammenfallen.

GARNITUREMPFEHLUNG: Früchte oder Fruchtmus

TIPP: Dieses in Schmalz herausgebackene Gebäck kann entweder als eigenständige Hauptmahlzeit oder als Nachspeise serviert werden, wobei es keineswegs nur süß gereicht werden muss. In der Obersteiermark kannte man die Hasenöhrl'n sogar ausschließlich in ihrer sauren Form, und zwar als typische Mittwoch-Hauptmahlzeit. In manchen Gegenden wurden sie übrigens auch aus Erdäpfelteig zubereitet und pikant mit Sauerkraut gefüllt.

ZUTATEN

VARIANTE I

500 g Mehl, glatt
1 Ei
200 ml mit Wasser vermengte Milch, lauwarm
1 EL Schnaps
5–6 EL Öl
Salz
Schmalz zum Herausbacken
Mehl für die Arbeitsfläche

VARIANTE II

150 g Butter
600 g Mehl, glatt
2 Eier
125 g Sauerrahm
1 Stamperl Schnaps
Salz
Schmalz zum Herausbacken
Mehl für die Arbeitsfläche

Brioche-Pofesen

Die „Armen Ritter" der Steiermark

ZUTATEN

2–3 Semmeln oder
Brioche-Kipferln vom
Vortag (oder anderes
Milchgebäck)
80 g Powidl oder
Orangenmarmelade,
mit Marzipan vermischt
(Verhältnis 1:1)
ca. 60 ml Milch
2 Eier
Zucker, Vanillezucker
Prise Salz
Rum, abgeriebene
Orangenschale
Schmalz oder Öl
zum Backen
Zimt, Staubzucker

ZUBEREITUNG

Semmeln oder Kipferln in etwa 1 cm dicke Scheiben schneiden. Die Hälfte der Scheiben mit Powidl oder Orangenmarmelade bestreichen, mit den unbestrichenen Semmelscheiben zusammensetzen und leicht zusammendrücken. Milch mit Eiern, etwas Zucker, Vanillezucker, Prise Salz, abgeriebener Orangenschale sowie Rum nach Geschmack verrühren. Pofesen einlegen und kurz ziehen lassen. Fett erhitzen, Pofesen beidseitig goldgelb backen, aus dem Fett heben und auf Küchenkrepp abtropfen lassen. Staubzucker mit Zimt vermengen und Pofesen damit bestreuen.

GARNITUREMPFEHLUNG: Rotweinquitten, marinierte Früchte, Erdbeerwürferl mit Erdbeermark, Melonenkugeln mit Melonenmark, Minze oder Melisse

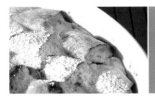

NUDELN, KNÖDEL, NOCKEN UND PALATSCHINKEN

Mohn- oder Nussnudeln

ZUBEREITUNG

Alle Zutaten auf einem bemehlten Brett rasch verkneten, zu einer Rolle formen und ca. 30 Minuten zugedeckt rasten lassen. In kleine Stücke teilen, mit der flachen Hand und leichtem Druck zu Nudeln bzw. Schupfnudeln formen. In einem Topf Salzwasser aufkochen und Nudeln darin ca. 10–15 Minuten köcheln lassen. Mit einem Sieb- oder Lochschöpfer vorsichtig aus dem Wasser heben. In einer Pfanne Butter aufschäumen, Nudeln darin schwenken und Nüsse bzw. Mohn zugeben. Durchschwenken und mit Staubzucker bestreuen.

GARNITUREMPFEHLUNG: Kompott oder Zwetschkenröster
TIPP: Aus diesem Teig lassen sich auch Obstknödel herstellen.

ZUTATEN

300 g mehlige Erdäpfel, gekocht und heiß passiert
100 g griffiges Mehl (Type 480)
30 g Grieß
2 Eidotter
Prise Salz
Mehl für die Arbeitsfläche
geriebener Mohn oder Nüsse
Butter zum Aufschäumen
Staubzucker zum Bestreuen

Marillen- oder andere Obstknödel

ZUTATEN
250 g Topfen, grob
(Fett i. Tr. 20 %)
150 g Mehl, griffig
60 g Butter, weich
2 Eidotter
Prise Salz
12 kl. Marillen, reif,
aber nicht zu weich
12 Stk. Würfelzucker,
evtl. mit Marillenbrand
beträufelt
Brösel und Butter
Staubzucker zum
Bestreuen

ZUBEREITUNG
Butter mit Dottern schaumig rühren. Topfen, Mehl und eine Prise Salz zugeben und kurz zu einem glatten Teig verrühren. Im Kühlschrank ca. 1 Stunde rasten lassen. In 12 Teile teilen und mit der Hand flach drücken.
Marillen vorsichtig entkernen. Nach Belieben mit Marillenbrand beträufelten Würfelzucker statt des Kerns hineingeben. Marillen mit dem Teig umhüllen und in leicht siedendem, gesalzenem Wasser ca. 15 Minuten köcheln lassen. Butter aufschäumen, Brösel einrühren und die abgetropften Knödel darin vorsichtig schwenken. Auf vorgewärmten Tellern anrichten und mit Staubzucker bestreuen.

GARNITUREMPFEHLUNG: Marillenröster oder Fruchtsoßen

TIPPS
■ Obstknödel können auch aus Erdäpfelteig (s. S. 78 Mohnnudeln) zubereitet werden.
■ Statt Marillen können auch Zwetschken oder Erdbeeren mit diesem Topfenteig umhüllt werden.

Topfenknödel

ZUTATEN
für ca. 12–16 Knödel
25 g Butter
30 g Staubzucker
Salz, geriebene
Zitronenschale
350 g Topfen, grob und
trocken (40 % Fett i. Tr.)
1 Ei
50 g Grieß
100 g Weißbrotbrösel
(frisches entrindetes
Toastbrot, in der Küchen-
maschine gerieben)
Butterbrösel und
Staubzucker zum
Anrichten

ZUBEREITUNG
Alle Zutaten gut verrühren und Teig im Kühlschrank mindestens 2–3 Stunden rasten lassen. Aus der Masse kleine Knödel formen (evtl. mit Eisportionierer) und in leicht gesalzenem Wasser mit etwas Zucker ca. 15 Minuten köcheln lassen. Herausheben, abtropfen lassen und in Butterbröseln wälzen. Auf vorgewärmten Tellern anrichten und mit Staubzucker bestreuen.

GARNITUREMPFEHLUNG: Hollerröster, Erdbeer-, Marillen- oder Zwetschkenragout

TIPP: Wird der Topfenteig für Obstknödel verwendet, so müssen noch ca. 2 Esslöffel Mehl oder Grieß zugegeben werden.

Topfennockerln

ZUBEREITUNG

Butter mit Aromen schaumig rühren. Dotter nach und nach einrühren. Topfen zugeben und kurz verrühren. Eiklar mit Zucker nicht zu steif schlagen und in die Topfenmasse einrühren. Weißbrotbrösel zum Schluss leicht einrühren und die Masse ca. 1 Stunde im Kühlschrank durchziehen lassen. In einem Topf Salzwasser aufkochen. Mit Hilfe von 2 Löffeln Nockerln formen und ca. 10–15 Minuten köcheln lassen. Brösel in aufgeschäumter Butter anrösten, Nockerln darin wenden und auf vorgewärmten Tellern anrichten. Mit Staubzucker bestreuen.

GARNITUREMPFEHLUNG: Holler-, Zwetschken- oder Marillenröster sowie diverse Fruchtsoßen

ZUTATEN
50 g Butter
Prise Salz, Vanillezucker
geriebene Zitronenschale
2 Eidotter
500 g Topfen, grob
(20 % Fett i. Tr.)
2 Eiklar
50 g Kristallzucker
150 g Brösel von
entrindetem frischem
Weißbrot
Staubzucker zum
Bestreuen
Butter und Brösel
zum Wälzen

Palatschinken

ZUBEREITUNG

Für den Teig alle Zutaten kurz verrühren und 30–60 Minuten rasten lassen. In einer Pfanne Butter oder Öl erhitzen. Etwas Teig eingießen, goldgelb anbacken, Palatschinke wenden und fertig backen. Warm halten und restliche Palatschinken ebenso backen. Mit Marmelade bestreichen, zusammenrollen oder einschlagen und mit Staubzucker bestreut servieren.

ZUTATEN
für ca. 6 Palatschinken
250 ml Milch
2 Eier
3 EL (80–100 g) Mehl,
glatt
Salz
Butter oder Öl zum
Ausbacken
Marillenmarmelade
zum Füllen
Staubzucker zum
Bestreuen

Mostpalatschinken

ZUBEREITUNG

Aus Mehl, Milch, Most und Eiern einen Palatschinkenteig bereiten. Wie oben beschrieben backen. Nüsse und Dörrzwetschken hacken und mit dem Apfelmus vermischen.
Die Palatschinken füllen und angezuckert servieren.

TIPP: Früher wurde in Gebieten mit Heilquellen und Sauerbrunnen, die damals im Gegensatz zu heute jedermann frei zugänglich waren, anstelle von Most auch Mineralwasser verwendet, weil die Kohlensäure den Teig lockerer machte.

ZUTATEN
für ca. 12 Palatschinken
250 g Mehl, glatt
250 ml Milch
250 ml Apfelmost
4 Eier
200 g Apfelmus
50 g Nüsse
100 g Dörrzwetschken,
entkernt und in Schnaps
oder Rum eingelegt
Butter oder Butter-
schmalz zum Backen
Zucker zum Bestreuen

Überbackene Topfenpalatschinken

ZUTATEN

für 4–6 Palatschinken
Palatschinkenteig
(s. S. 203)
Butter für die Form
Staubzucker zum
Bestreuen

Für die Fülle
40 g Butter
60 g Kristallzucker
2 Eidotter
250 g Topfen, grob
(20 % Fett i. Tr.)
1 EL Grieß
geriebene Zitronenschale
50 g Rosinen
Vanillezucker
2 Eiklar

Für den Guss
125 g Sauerrahm
2 Eidotter
1 EL Vanillezucker
2 cl Rum
125 ml Schlagobers

ZUBEREITUNG

Palatschinken wie beschrieben backen. Für die Fülle Butter mit Zucker schaumig rühren, Eidotter zugeben und kurz weiterrühren. Topfen, Grieß, geriebene Zitronenschale sowie Vanillezucker einmengen. Eiklar nicht zu steif schlagen und mit den Rosinen unterziehen.

Für den Guss Sauerrahm mit Eidottern, Vanillezucker und Rum verquirlen. Obers schlagen und leicht unterziehen. Die Topfenfülle gleichmäßig auf die Palatschinken verteilen, einrollen, halbieren oder dritteln und dachziegelartig in eine mit Butter ausgestrichene Auflaufform legen. Mit dem Guss übergießen und im vorgeheizten Backrohr bei 200 °C ca. 30 Minuten backen. Mit Staubzucker bestreuen.

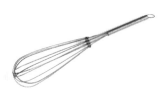

SÜSSE KOCHE, AUFLÄUFE UND SCHMARREN

Schwarzbrotpudding mit Rotweinschaum

ZUBEREITUNG

Schwarzbrotbrösel mit Rotwein aufquellen lassen. Butter mit Zucker und Dottern schaumig schlagen. Nüsse, Vanillezucker, Orangenschale sowie Zimt zugeben, Brotbrösel dazurühren. Eiklar mit etwas Zucker und einer Prise Salz halbsteif aufschlagen, einen Teil unter die Masse rühren, dann wiederum die Masse unter den restlichen Schnee rühren.

Geeignete Pudding- oder Souffléeförmchen (oder Kaffeetassen, dauert allerdings ca. 20 Min. länger) gut mit küchenwarmer Butter ausstreichen und mit Mehl oder Zucker ausstreuen. Puddingmasse gleichmäßig aufteilen und im heißen Wasserbad im Rohr zugedeckt bei 180–200 °C mind. 40–45 Minuten pochieren (eher länger als kürzer).

Für den Rotweinschaum alle Zutaten in einem Kessel über Dampf (am besten mit dichtem Schneebesen oder Handmixer) gut schaumig aufschlagen. Mit dem Pudding auftragen.

BEILAGENEMPFEHLUNG: Preiselbeeren und Eis

TIPP: Diese Masse kann übrigens schon 2–3 Tage vor dem Backen abgefüllt und auch als großer Pudding, Kuchen oder Torte gebacken bzw. pochiert werden, wobei in diesem Fall 1 Esslöffel Mehl und etwas mehr Brösel nötig sind.

ZUTATEN
für ca. 12 Portionen
150 g Schwarzbrotbrösel (ersatzweise Lebkuchen- oder Biskuitbrösel, Nüsse)
125 ml Rotwein
150 g Butter
150 g Zucker
4 Eidotter
4 Eiklar
50 g Nüsse, gerieben (am besten Hasel- und Walnüsse gemischt)
Vanillezucker, Orangenschale und Zimt
Salz und Zucker
für den Schnee
Butter und Mehl
für die Formen

Für den Rotweinschaum (Chadeau)
125 ml trockener Rotwein (am besten 250 ml auf 125 ml eingekocht)
2 Eidotter
1 Ei
2 EL Kristallzucker

Topfenpudding

ZUTATEN

für ca. 10 Portionen

500 g Topfen, trocken
(40 % Fett i. Tr.)
4 Eidotter
4 Eiklar
50 g Kristallzucker
2 EL Sauerrahm
2 EL Mehl, glatt
Salz, Zitronenschale,
Orangenschale
Vanillezucker
Butter und Zucker
für die Formen

ZUBEREITUNG

Topfen mit Dottern, Zucker, Sauerrahm und Mehl schaumig rühren. Mit Salz, Zitronenschale, Orangenschale und etwas Vanillezucker abschmecken. Eiklar mit 2 Prisen Salz und etwas Zucker nicht zu steif aufschlagen und unter die Topfenmasse rühren. Soufféeförmchen mit Butter gut ausstreichen und mit Zucker ausstreuen. Topfenmasse einfüllen und im heißen Wasserbad im vorgeheizten Rohr bei 180–200 °C ca. 40 Minuten pochieren.

BEILAGENEMPFEHLUNG: Holler- oder Zwetschkenröster oder Beerenragout

TIPP: Der Pudding, der schon 2–3 Tage vor dem Backen abgefüllt werden kann, kann auch als größere Kasten- bzw. Terrinenform oder Torte gebacken werden.

Scheiterhaufen

ZUTATEN

für ca. 10 Portionen

10 Semmeln (vom
Vortag) oder Milch-
striezel, Briochekipferln
(ca. 500 g)
ca. 750 ml Milch
4 Eier
4 Eidotter
4 Eiklar
160 g Kristallzucker
Prise Salz
ca. 1 kg Äpfel
150 g Rosinen oder
Sultaninen
Rum, Zimt
ca. 30 g Staubzucker
für die Schneehaube
Butter für die Backform

ZUBEREITUNG

Semmeln oder Milchbrot blättrig schneiden. Milch mit Eiern, Eidottern, Zucker und einer Prise Salz verrühren. Ein wenig Wasser mit Rum vermengen und die Rosinen darin einweichen. Äpfel schälen, vierteln und Kerngehäuse entfernen. Äpfel feinblättrig schneiden oder grob raspeln. Eine feuerfeste Backform mit Butter ausstreichen.

Die Äpfel mit Rosinen vermengen, mit Zimt würzen. Semmeln in der Eiermilch gut anfeuchten. Dann abwechselnd Semmel- und Apfelmasse in die Backform schichten und mit der restlichen Eiermilch begießen. Den Scheiterhaufen gut zusammenpressen. Falls die Masse zu wenig saftig ist, etwas Milch nachgießen und mindestens 30 Minuten rasten lassen. Backrohr auf 200 °C vorheizen, den Scheiterhaufen etwa 40 Minuten lang backen und etwas abkühlen lassen. Inzwischen Eiklar mit Staubzucker und Prise Salz zu festem Schnee schlagen. Auf den Scheiterhaufen auftragen und evtl. mit einer Zackenteigkarte verzieren (oder Schnee mit einem Spritzbeutel aufdressieren) und im Rohr kurz goldgelb überbacken (am besten unter der Grillschlange).

BEILAGENEMPFEHLUNG: Kompott oder Apfelmus sowie eventuell Preiselbeeren

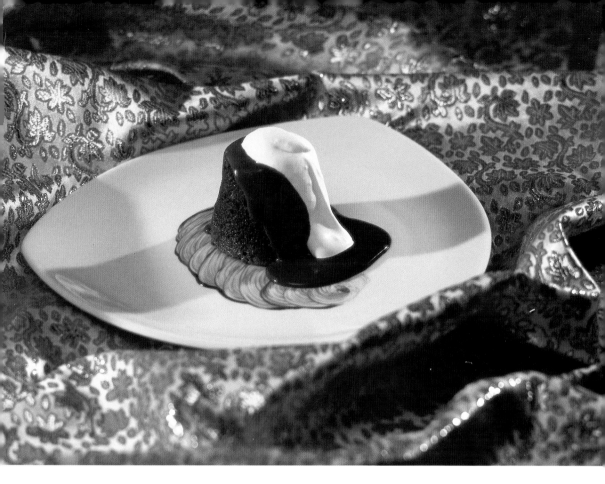

Mohr im Hemd

ZUBEREITUNG

Butter mit Zucker schaumig rühren und Dotter langsam einrühren. Nüsse sowie Brösel einmengen. Schokolade schmelzen lassen und ebenfalls einrühren. Eiklar mit etwas Salz und Zucker nicht ganz steif schlagen, einen Teil unter die Schokomasse rühren, dann diese Masse wiederum unter den restlichen Schnee rühren. Passende kleine Formen mit warmer Butter ausstreichen und mit Zucker ausstreuen. Die eher flüssige Masse gleichmäßig einfüllen und im heißen Wasserbad im vorgeheizten Rohr bei 180–200 °C mindestens ca. 40 Minuten pochieren. Für die Schokoladesoße die Kuvertüre langsam im Obers schmelzen lassen, mit Rum aromatisieren und über den Pudding gießen.

GARNITUREMPFEHLUNG: geschlagenes Obers

TIPP: So wie Schwarzbrot- und Topfenpudding kann auch der Mohr im Hemd schon 2–3 Tage vor dem Backen abgefüllt werden und als größere Kasten- bzw. Terrinenform oder Torte gebacken werden.

ZUTATEN
für ca. 12 Portionen
100 g Butter
100 g Kristallzucker
6 Eidotter
100 g Haselnüsse oder Mandeln, gerieben
2 EL Brösel (30 g)
100 g Schokolade (Kuvertüre oder Kochschokolade)
6 Eiklar
Prise Salz und etwas Zucker für den Schnee
Butter und Zucker für die Formen

Für die Schokoladesoße
1 Teil Schlagobers
1 Teil Kuvertüre oder Kochschokolade
etwas Rum

Kaiserschmarren

ZUTATEN

125 ml Milch
ca. 130 g Mehl, glatt
4 Eidotter
Salz
30 g Kristallzucker
Vanillezucker
4 Eiklar und ca. 50 g
Zucker für den Schnee
Butter
Kristallzucker zum
Bestreuen

ZUBEREITUNG

Milch mit Mehl, Dottern, einer Prise Salz, Zucker sowie Vanillezucker verrühren und 10–15 Minuten quellen lassen. Eiklar mit etwas Zucker steif
schlagen und locker unter die Grundmasse rühren. Butter in einer Pfanne
nicht zu heiß werden lassen. Teig eingießen und, sobald die Masse am
Boden zu bräunen beginnt, kurz mit einer Schmarrenschaufel den Boden-
satz aufrühren (dadurch wird der Schmarren etwas fester). Mit Kristallzucker bestreuen und anschließend im Backrohr bei 200 °C ca. 15 Minuten
backen. Vor dem Umdrehen zum Karamellisieren etwas anzuckern. Mit zwei
Gabeln locker zerreißen und angezuckert servieren.

BEILAGENEMPFEHLUNG: Kompott oder Röster (Marillen-, Zwetschken-
oder Hollerröster)

Sauerrahmdalken

ZUBEREITUNG

Eidotter mit Sauerrahm, Mehl und einer Prise Salz glatt rühren. Eiklar mit Zucker steif schlagen und in die Grundmasse einrühren. Am besten in einer Dalkenpfanne (oder beschichteten Pfanne) etwas Fett erhitzen und jeweils ca. 1 EL Masse pro Dalke langsam backen, wenden und fertig backen. (Oder nach dem Eingießen in die Pfanne im Rohr fertig backen.) Dalke nach Belieben mit Fülle bestreichen, mit zweiter Dalke belegen und mit Staubzucker bestreut servieren.

TIPP: Diese Masse könnte auch als Rahmschmarren (evtl. mit Beeren gebacken) serviert werden.

**ZUTATEN
für ca. 20 Stück**
2 Eidotter
100 g Sauerrahm
70 g Mehl, glatt
Prise Salz
2 Eiklar
30 g Zucker,
steif aufschlagen
Schmalz oder Butter
Staubzucker zum
Bestreuen

Zum Füllen
Powidl, Hollerröster,
Orangenmarmelade
oder Preiselbeeren

SÜSSE STRUDEL

Milchrahmstrudel

ZUTATEN für
ca. 10–12 Portionen
Strudelteig (s. S. 191
oder fertige Strudel-
blätter)
150 g Butter
50 g Kristallzucker
für den Abtrieb
5 Eidotter
Vanillezucker, Salz,
geriebene Zitronen-
schale
500 g Topfen, grob
(20 % Fett i. Tr.)
5 Eiklar
100 g Zucker für
den Schnee
250 g Sauerrahm
125 g Joghurt
60 g Mehl, glatt
30 g Rosinen
Butter zum
Bestreichen

Für den Guss
375 ml Milch
3 Eier
40 g Kristallzucker
Salz, Vanillezucker

ZUBEREITUNG

Butter mit Zucker, Dottern, Vanillezucker, Prise Salz sowie geriebener Zitronenschale schaumig rühren. Topfen mit Sauerrahm und Joghurt unterrühren. Eiklar mit Zucker zu Schnee schlagen und unter die Topfenmasse
rühren. Zuletzt das Mehl und die Rosinen vorsichtig einrühren.

Vorbereiteten Strudelteig auf einem bemehlten Tuch ausziehen (s. S. 191)
oder Teigblätter auf ein befeuchtetes Tuch legen und mit flüssiger Butter
bestreichen. Fülle auf die halbe Teigfläche auftragen, einrollen, nach Belieben teilen und Enden gut verschließen. Mit Hilfe des Strudeltuches in
eine passende, ausgebutterte, tiefe Strudelform (Wanne) geben. Nochmals
mit Butter bestreichen und im vorgeheizten Rohr bei 200 °C ca. 20 Minuten backen. Rohr auf 170 °C Ober- und Unterhitze schalten (oder nach dem
Begießen mit Alufolie abdecken). Den vorbereiteten Guss darüber gießen
und noch ca. 45 Minuten fertig backen. Herausnehmen, kurz überkühlen
lassen und portionieren. Für den Guss Milch mit Eiern, Kristall- und Vanillezucker sowie einer Prise Salz vermengen.

TIPP: In manchen Gebieten wird der Milchrahmstrudel ohne Topfen zubereitet, dafür wird mehr Sauerrahm verwendet und zusätzlich ca. 300 g würfelig geschnittenes, manchmal auch passiertes Weißbrot bzw. Semmeln
dazugegeben.

Apfel- oder Birnenstrudel

ZUBEREITUNG

Für die Fülle Äpfel (oder Birnen) schälen, entkernen und vierteln. In 5 mm dicke Scheiben schneiden und mit Zimt, Zitronensaft, Rosinen, Rum und wenig Zucker ca. 15 Minuten dünsten. Apfelmasse nach dem Dünsten gut abtropfen und abkühlen lassen.

Vorbereiteten Strudelteig auf einem bemehlten Tuch ausziehen (s. S. 191) oder Teigblätter auf einem befeuchteten Tuch aufbreiten. Die ganze Fläche mit zerlassener Butter bestreichen und die Apfelfülle im ersten Drittel der Teigfläche verteilen. Strudel einrollen und zwischendurch mit flüssiger Butter, am Schluss mit Eidotter bestreichen. Enden gut verschließen. Strudel mit Hilfe des Tuches auf ein mit Butter ausgestrichenes Blech heben. Mit einer Rouladennadel öfters einstechen und im vorgeheizten Rohr bei 200 °C ca. 20–25 Minuten backen. Etwas abkühlen lassen, in schräge Stücke schneiden und lauwarm mit Staubzucker bestreut servieren.

ZUTATEN

Strudelteig (s. S. 191 oder fertige Strudelblätter)
Butter und Eidotter zum Bestreichen
Staubzucker zum Bestreuen
ca. 2 kg Äpfel, eher säuerlich (oder Birnen)
Zimt, Zitronensaft
Rum, etwas Zucker

Trauben- oder Marillenstrudel

ZUBEREITUNG

Für die Fülle das Eiklar mit etwas Salz und Zucker steif schlagen. Nüsse unterheben. Den vorbereiteten Strudelteig auf einem bemehlten Tuch dünn ausziehen (s. S. 191) oder Teigblätter auf leicht befeuchtetem Tuch aufbreiten. Eine Hälfte mit der Nussmasse bestreichen, Trauben oder Marillen darauf verteilen und den Strudel mit Hilfe des Tuches einrollen. Enden verschließen und auf ein befettetes Backblech heben. Eidotter mit etwas Wasser vermengen und Strudel damit bestreichen. Im 200 °C heißen Rohr ca. 20–25 Minuten goldgelb backen. Noch heiß mit Staubzucker bestreuen. Kurz überkühlen lassen und noch lauwarm servieren.

ZUTATEN

Strudelteig (s. S. 191 oder fertige Strudelblätter)
500 g Trauben, halbiert und entkernt (oder Marillen, geviertelt)
50 g Nüsse, gerieben
2 Eiklar
Salz und etwas Zucker
1 Eidotter zum Bestreichen
Butter zum Bestreichen
Staubzucker zum Bestreuen

VARIATIONEN

- Eines der höchsten Festtagsgebäcke der östlichen Steiermark war einst der so genannte „Weinbeerlstrudl", der zwar nach obigem Rezept, aber mit getrockneten Weinbeerln (Rosinen) und viel Rahm und Topfen zubereitet wurde.

- Eine besonders schmackhafte Variation ergibt sich, wenn man den Strudel zuerst mit einer Topfenfülle (Topfen, Eier, Zucker, Rum, Rosinen) dünn, dann mit der Eiweiß-Nussmasse bestreicht, darüber Beeren und Früchte gibt und den Strudel wie beschrieben einrollt und bäckt.

- Die ursprünglich nur in der Ost- und Süd-Oststeiermark beheimateten Strudel verbreiteten sich nach der Einführung des Sparherdes über die gesamte Steiermark und werden dort u. a. mit Kraut, Rüben, Topfen, Rahm, Beeren, Obst, neuerdings auch mit Erdäpfeln und Kürbis gefüllt.

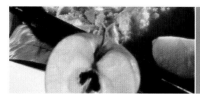

OFENGEBÄCKE, KUCHEN UND TORTEN

Mohnkuchen

ZUTATEN

für 2 Kastenformen
150 g Butter
6 Eidotter
50 g Staubzucker
Vanillezucker, Salz
geriebene Zitronenschale
6 Eiklar
110 g Kristallzucker
200 g Mohn, gemahlen
100 g Nüsse, gerieben
20 g Brösel
Butter und Mehl
für die Form
Staubzucker zum
Bestreuen

ZUBEREITUNG

Butter mit Staubzucker, Salz, Vanillezucker und geriebener Zitronenschale schaumig rühren. Dotter nach und nach unterziehen, so lange rühren, bis die Masse nicht mehr an Volumen zunimmt. Eiklar mit Kristallzucker zu schmierigem Schnee schlagen und vorsichtig unter die Buttermasse rühren. Mohn mit geriebenen Nüssen und Bröseln vermischen, vorsichtig in die Masse einrühren. Eine etwas größere Kastenform mit Butter ausstreichen, mit Mehl ausstreuen und die Masse drei Viertel hoch einfüllen. Dabei an den Rändern etwas hochstreichen. Im vorgeheizten Rohr bei 160 °C 45–60 Minuten (je nach Größe und Form) backen. Auskühlen lassen, mit Zucker besieben und aufschneiden.

TIPP: Diese Mohnmasse kann auch zu einer Mohntorte gebacken werden.

Blechkuchen

Der Lieblingskuchen von Willi Haiders Ehefrau Renate

ZUBEREITUNG

Die zimmerwarme Butter mit Zucker, Vanillezucker, Salz sowie geriebener Zitronenschale schaumig rühren. Eier nach und nach dazurühren. Das Mehl sieben und langsam mit dem Backpulver einmelieren (locker einmischen). Backblech mit Backtrennpapier auslegen, Masse ca. 2 cm dick aufstreichen und nach Belieben dicht mit Früchten so belegen, dass Haut oder Schale nach unten schauen. Bei 160 °C im vorgeheizten Rohr ca. 35–40 Minuten backen.

Nach Belieben noch warm mit heißer Marillenmarmelade abglänzen (bestreichen). Mit Staubzucker bestreuen.

ZUTATEN
300 g Butter
300 g Staub- oder Kristallzucker
Vanillezucker, Salz, geriebene Zitronenschale
5–6 Eier
300 g Mehl
1/2 Päckchen Backpulver
Früchte zum Belegen, evtl. Marillenmarmelade zum Abglänzen
Staubzucker zum Bestreuen

Z'widere Weiber

Ein altes steirisches Sprichwort lautet: „Beim Wasch'n und beim Bach'n san d'Weibatn zwider." Ob dem so ist, mag jede(r) selbst beurteilen. Fest steht, zumindest nach Willi Haiders Erfahrung: „In die Backkurse sind während der letzten Jahre auch immer mehr Männer gekommen. Und glauben Sie mir, auch die können ganz schön grantig werden, wenn etwas nicht gleich klappt!"

Baumkuchen aus dem Rohr

ZUBEREITUNG

Marzipan mit Eidottern verkneten oder in der Küchenmaschine glatt rühren. Butter mit Puderzucker, Weizenpuder, Salz, Vanillezucker sowie Zitronenschale schaumig rühren. Marzipanmasse langsam einrühren. Eiklar mit Kristallzucker zu schmierigem Schnee schlagen, unter die Buttermasse mischen. Mehl und Backpulver versieben und vorsichtig unterheben.

Backrohr auf 250 °C Oberhitze gut vorheizen und eine tiefe Wanne mit Backpapier auslegen. Etwas Baumkuchenmasse aufstreichen und ca. 5 Minuten backen, nächste Schicht auftragen und schichtenweise jeweils weitere 5 Minuten backen, bis alles aufgebraucht ist. (Dabei die erste Schicht etwas dicker auftragen.)

ZUTATEN für eine tiefe Bratenpfanne (ca. 37 x 21 cm)
350 g Butter
230 g Marzipan
110 g Weizenpuder oder Maizena
170 g Puder- oder Staubzucker
Salz, Vanillezucker, geriebene Zitronenschale
9 (180 g) Eidotter
7 (280 g) Eiklar
170 g Kristallzucker
140 g Mehl, glatt
15 g Backpulver

Bratäpfel
Vorweihnachtliche Süßspeise aus dem ländlichen Raum

ZUTATEN

4 Äpfel, gut gewaschen
und entkernt
4 EL Weinbeerln,
gewaschen (Rosinen)
oder Preiselbeeren
2 EL Zucker
Zimt
Butter

ZUBEREITUNG

Äpfel gut waschen und Kerngehäuse mit einem Ausstecher entfernen. Weinbeerln mit Zucker sowie Zimt vermischen und in die ausgehöhlten Äpfel füllen. Mit je einem Stück Butter belegen und im heißen Rohr weich braten.

VARIANTE: *Apfel im Schlafrock*

Den rohen, aber gefüllten Apfel in Blätter- oder Topfenteig hüllen und im vorgeheizten Rohr bei 200 °C ca. 20 Minuten backen. Nach dem Backen mit heißer Marillenmarmelade bestreichen und mit gehobelten, gerösteten Mandelblättchen bestreuen. Dazu passen Preiselbeeren.

Ganztagsschule mit heißen Früchtchen

Wenn es früher im winterlichen Schulhof nach Bratäpfeln duftete, so war kein Schulfest angesagt, sondern es herrschte durchaus ganz normaler Schulalltag. Dieser sah nämlich vor, dass Kinder, die von weither zur Schule kamen, ihre mitgebrachten Äpfel selbst draußen braten durften, weil dies ihre einzige Chance war, zu einem warmen Mittagessen zu kommen. Kinder aus der Nähe mussten ihre Äpfel allerdings ungewärmt verzehren, weil sie ohnedies in der großen Schulpause zu Mittag daheim ein warmes Essen bekamen.

Früchte in Rotwein und Honig

ZUTATEN

für ca. 8 Portionen
1 kg Früchte, entkernt
(Kirschen, Zwetschken,
Birnen oder Quitten)
150 g Zucker
750–1000 ml Rotwein
2 EL Honig
2 kl. EL Stärkemehl
(Maizena)
1 kl. Zimtstange und
Gewürznelken
Pfeffer aus der Mühle,
nach Belieben

ZUBEREITUNG

Den Zucker leicht karamellisieren und mit Rotwein ablöschen, aber keinesfalls rühren! Zimtstange und Nelken zugeben, einkochen. Maizena mit wenig Rotwein verrühren und die Mischung damit sirupartig binden. Aufkochen und nach Belieben abseihen. Honig zum Schluss einrühren.
Das Obst in der heißen Rotweinmischung je nach Reifegrad bzw. Festigkeit auf kleinster Flamme ziehen und dann wieder auskühlen lassen. (Nach ca. 2–3 Std. sind z. B. Birnen od. Äpfel innen noch hell, am nächsten Tag sind sie vom Rotwein bereits durchgefärbt bzw. dunkelrot.) Je nach Geschmack mit einem Hauch schwarzen Pfeffer servieren.

GARNITUREMPFEHLUNG: Zimt- oder Vanilleeis

Spargel mit Rhabarber und Erdbeeren

ZUBEREITUNG

Rhabarber schälen und in ca. 1 cm schräge Stücke schneiden. Schalen und Abschnitte mit ca. 500 ml Wasser und etwas Rotwein, Zucker und Zitronenschale auf ca. 250 ml Flüssigkeit einkochen. Abseihen, Rhabarber zugeben, einmal aufkochen und vom Feuer nehmen.

Gekochten Spargel sowie Erdbeeren klein schneiden und in das lauwarme Rhabarberkompott geben.

Einige Stunden durchziehen lassen und nicht zu kalt mit etwas frischer Minze oder Melisse garniert servieren. Bei Bedarf kann der Kompottsaft abgeseiht und mit etwas mit Rotwein verrührtem Stärkemehl (Maizena) gebunden werden.

TIPP: Wenn der Spargel erst kurz vor dem Servieren eingelegt wird, behält er seine weiße Farbe, wodurch ein schöner Kontrast entsteht.

ZUTATEN
300 g Rhabarber
150 g Erdbeeren
150 g Spargel weiß, gekocht
etwas Rotwein
2–3 EL Zucker
Zitronenschale, gerieben
Minze oder Melisse zum Garnieren

Honig-Parfait

ZUBEREITUNG

Eidotter mit Zucker schaumig rühren. Vanilleschote längs aufschneiden, Mark auskratzen und in Milch aufkochen lassen. Schote entfernen, Eiermasse einrühren und bis zur Rose (dickflüssig) kochen, etwas abkühlen lassen. Honig einrühren und kalt rühren. Schlagobers halbsteif schlagen und unter die gut abgekühlte Eiermasse heben.

In eine geölte und mit Klarsichtfolie ausgelegte passende Form füllen und frieren. Vor dem Servieren rechtzeitig aus dem Tiefkühler nehmen und am besten im Kühlschrank je nach Größe 15–30 Minuten temperieren bzw. antauen lassen. In Scheiben schneiden und beliebig garnieren.

TIPP: Statt Honig können auch allerlei Früchte, Krokant, Schokolade, Zimt oder Mohn diesem Parfait ihr Geschmacksaroma verleihen.

ZUTATEN
3 Eidotter
50 g Zucker
125 ml Milch
1/2 Vanilleschote
50 g Honig
200 ml Schlagobers
Öl für die Folie

Sterz- oder Grießflammeri

ZUTATEN
für ca. 6–8 Portionen
250 ml Milch
2–3 EL Zucker
40 g Polenta oder Grieß
Salz, Orangen- und
Zitronenschale
2–3 Blatt Gelatine
200 ml Schlagobers
ca. 30 g Staubzucker
Butter und Kristallzucker
für die Förmchen

ZUBEREITUNG

Milch aufkochen, Zucker und Polenta oder Grieß einrühren. Unter Rühren auf kleiner Flamme ca. 4–5 Minuten köcheln lassen. Mit einer Prise Salz, Orangen- und Zitronenschale abschmecken. Eingeweichte und gut ausgedrückte Gelatine in der warmen Polentamasse auflösen und Masse abkühlen bzw. leicht stocken lassen. Währenddessen Obers halbsteif schlagen. Mit Staubzucker vermischen und die Hälfte locker nach und nach unter die Sterzmasse rühren. Anschließend Sterzmasse kurz unter restliches Obers heben. In gut gebutterte und mit Zucker ausgestreute Förmchen füllen und einige Stunden oder über Nacht kalt stellen. Vor dem Stürzen mit einem scharfen Messer vom Rand lösen oder kurz in heißes Wasser tauchen.

GARNITUREMPFEHLUNG: Heiße Himbeeren, Erdbeerragout (Erdbeermark mit Erdbeerstücken und Zucker verrühren), Hollerröster, Rumfrüchte od. gedünstetes Dörrobst

TIPPS

■ Der an sich neutrale Flammeri erhält durch die Zugabe von verschiedenen Zutaten wie etwa Mohn, Zimt oder zerkleinertem Dörrobst (Apfelringe, Rosinen, Zwetschken) neue Geschmacksakzente.

■ Die Masse eignet sich auch als Tortenfülle.

Maroni-Törtchen

ZUTATEN
für 6 Törtchen
1 Schokobiskuitfleck
140 g Maronipüree,
raumtemperiert
40 g Staubzucker
30 g Rum
2–3 Blatt Gelatine
300 ml Schlagobers

ZUBEREITUNG

Gelatine einweichen, ausdrücken und mit Rum sowie Staubzucker leicht erwärmen. Rasch mit Maronipüree glatt rühren. Obers aufschlagen, etwas Obers zur Maronimasse geben, kurz verrühren, restliches Obers unterheben. Masse in einen Spritzbeutel geben und in kleine Törtchenringe einfüllen. Schokobiskuit zurechtschneiden und jedes Törtchen mit einer Scheibe abdecken. Gut kühlen oder tiefkühlen. Auf kalte Teller stürzen und beliebig garnieren.

GARNITUREMPFEHLUNG: Honigschokoladeglasur und Schokospäne

Schneenockerln mit Hollerröster und Karamell

ZUBEREITUNG

Eiklar mit Staubzucker, eventuell geriebener Zitronenschale und einer Prise Salz steif aufschlagen. Milch aufkochen, abschäumen, leicht salzen und zuckern. Aus der Masse mit einem Löffel Nockerln formen, in die Milch einlegen und ziehen lassen, aber NICHT AUFKOCHEN! Schneenockerln herausheben, auf Hollerröster anrichten und mit flüssigem Karamell begießen.

GARNITUREMPFEHLUNG: Beeren-, Marillen-, Weichsel- oder Zwetschkenragout

ZUTATEN

3 Eiklar
3 EL Staubzucker
Salz und Zitronenschale, gerieben
Milch (oder Wasser) zum Kochen
Hollerröster und Karamell

Schnelles Parfait (Marillenparfait)

ZUBEREITUNG

Schlagobers mit etwas Staubzucker halbsteif schlagen. Marmelade sowie Biskuit- oder Baumkuchenwürfel und evtl. klein geschnittene, weiche, getrocknete Marillenstücke einrühren. Masse in eine geölte und mit Klarsichtfolie ausgelegte passende Form füllen und frieren.
Vor dem Servieren rechtzeitig aus dem Tiefkühler nehmen und am besten im Kühlschrank 15 Minuten temperieren bzw. antauen lassen. Portionieren, auf kalten Tellern anrichten und nach Belieben garnieren.

GARNITUREMPFEHLUNG: Früchte der Saison, Schlagobers, Minze oder Melisse

TIPP: Nach demselben Rezept lässt sich Parfait auf der Basis von Erdbeeren, Äpfeln, Maroni, Krokant, Schokolade, Zimt oder Mohn zubereiten.

ZUTATEN

250 ml Schlagobers
Staubzucker
ca. 2–3 EL Marillenmarmelade
evtl. Biskuit- oder Baumkuchenwürfel und getrocknete Marillenstücke
Öl für die Folie

Hollerblütengranité

ZUBEREITUNG

Sekt mit Hollerblütensaft verrühren. Ein geeignetes tiefes Backblech anfrieren lassen und Flüssigkeit nicht zu hoch (5–10 mm) eingießen. Über Nacht tiefkühlen. Dann mit einem Löffel abschaben und sofort in gekühlte Gläser füllen. Nach Belieben mit Fruchtmark, Früchten sowie evtl. frischer Minze anrichten.

TIPP: Die Zusammensetzung dieses Granités kann ganz nach persönlichen Vorlieben auch mit Fruchtsaft, kaltem Läuterzucker, Fruchtsekt, Rotwein, Most oder Sturm (vergorener Traubenmost), Eistee oder Kaffee variiert werden. Wichtig ist, dass das Granité Alkohol und Zucker enthält, damit es nicht ganz hart durchfriert und sich das kristallisierte Eis schön abschaben lässt.

ZUTATEN

1/2 Flasche Sekt
250 ml Hollerblütensaft
Früchte (Erd- oder Waldbeeren, Rhabarber), Fruchtmark und Minze zum Garnieren

STEIRISCHER KÄSE ALS DESSERT

Steirischer Käse als Dessert

Die Steiermark ist aufgrund ihrer vielen Käsemarken eine echte Käsemark. Obwohl viele steirische Käse in bäuerlichen Klein- und Kleinstbetrieben hergestellt und meist auch ab Hof verkauft werden, ist die Steiermark auch ein Land der großen Molkereien, deren Arbeit gerade während der letzten Jahrzehnte von einem konsequenten Qualitätsdenken bestimmt ist.

- So ist die *Obersteirische Molkerei* etwa für Spezialitäten wie Steirischen Bier- und Bergkäse sowie den Mariazeller bekannt.
- Aus der *Berglandmilch Voitsberg* stammt der Moosbacher, eine weststeirische Spezialität im traditionellen Käsetuch. Hier entsteht auch der Asmonte, die steirische Antwort auf den italienischen Parmesan.
- Die *Ennstalmilch Stainach* hat so unterschiedliche Arten wie den Weißschimmelkäse Cambette, den mit steirischem Zweigeltgeläger gereiften Weinkäse und die Grünschimmellegende Österkron im Programm. Hier, wo „das Penicillium Roqueforti in der Luft liegt", entsteht auch die Gourmetspezialität Kracher Grand Cru, ein steirischer Edelschimmelkäse, der mit einer Beerenauslese aus dem Keller des burgenländischen Weltklasse-Winzers Alois Kracher affiniert (verfeinert) wird.
- Die *Weizer Schafbauern* bringen den über Akazienholz geräucherten Steirischen Selchkas aus 100 % Schafmilch auf den Markt, auf Akazienholz nach einer Mindestreifezeit von 12 Wochen vorsichtig geräuchert.
- Die *Hofkäserei Deutschmann* ist mit Kuhmilch-Käsespezialitäten wie ihrem Rohmilch-Camembert, dem Weißen Rohmilch-Brie, dem in Rotweingeläger gereiften Fasslkäs, dem Steirischen Kürbiskernkäse, dem Roten Brie und dem Steirerschimmel (aus Blauschimmel- und Rotkulturen) eine ausgezeichnete steirische Käserei. Weiters sind neben vielen kleinen engagierten Käsereien ebenso erwähnenswert der Käsehof Abel bei Leutschach und die Hofkäserei Tax in Piebereck (jeweils Schafmilchkäse) sowie die Hofkäserei Reisenhofer bei Bad Blumau (Kuhmilchkäse).

Käsewerkzeug

Leider werden die edlen steirischen Käse im Alltag oft nicht so behandelt, wie es ihnen zustünde. Käse kann und soll man nicht einfach aufschneiden, er gehört, ähnlich wie Wein, zelebriert und bedarf dazu bestimmter Instrumente wie

- Doppelgriffmesser zum Zerteilen von Blöcken und Laiben *(Abb. 1)*
- Eingriffmesser mit seitlichen Rillen und geätzter Klinge zum Schneiden von zertteilten Käsestücken und 1/4-Laiben *(Abb. 2)*

Alle Abbildungen
mit freundlicher
Genehmigung der
BERGLANDMILCH

- Weichkäsemesser mit Wellenschliff und großer Lochung: Messer für Weißschimmelkäse *(Abb. 3 unten)*, Rotkulturkäse *(Abb. 3 Mitte)*, sowie Blau-, Grün- und Doppelschimmelkäse *(Abb. 3 oben)*
- Käseharfe oder Käsebogen für Weichkäse, gerollten Frischkäse und Edelschimmelkäse *(Abb. 4)*
- Käsehobel zum Abziehen dünner Streifen von ganzen Laiben *(Abb. 5)* und zwecks Abhobelns der Rinde von Hartkäse
- Parmesanstecher zum Abbrechen von Parmesanstückchen vom großen Laib *(Abb. 6)*

Käselagerung

Die ideale Lagertemperatur von Käse liegt bei 3–9 °C. Nur in dieser Temperaturspanne kann der Käse seine optimale Reife erreichen.

Zu kühle Lagerung, Wärme oder Licht schaden der Qualität und dem Geschmack. Geöffneten Käseverpackungen droht Austrocknen und Verschimmeln, daher Alufolie oder atmungsaktive, lebensmittelechte Klarsichtfolie verwenden. Alle Käse sollten gut verpackt oder in einer Käseglocke aufbewahrt und (ausgenommen Frischkäse) eine Stunde vor dem Servieren aus dem Kühlschrank genommen werden, damit sie ihren vollen Geschmack entfalten können.

Tipps für die optimale Käseplatte

- Legen Sie die Käsesorten auf einer runden Platte im Uhrzeigersinn vom mildesten bis zum kräftigsten Käse auf.
- Verzichten Sie auf geschmacksverzerrenden Dekor wie Essiggurkerln, Perlzwiebeln etc. Als Obstdekor eignen sich vor allem Äpfel, Birnen, Trauben und Nüsse.
- Präsentieren Sie die Käse möglichst im ganzen Stück. Da schmecken sie aromatischer, vollmundiger und frischer, vor allem aber trocknen sie nicht so schnell aus wie aufgeschnittener Käse.
- Achten Sie darauf, dass eine Käseplatte mindestens 4–5 Käsesorten umfassen sollte (z. B. Frischkäse, Weichkäse mit Schimmelpilzrinde, Weichkäse mit Rotkulturreifung, Hartkäse, Blau- oder Grün-Schimmelkäse).
- Ordnen Sie Käse auf dem Teller möglichst mit den Spitzen nach außen an.
- Als Faustregel für die richtige Käsemenge gelten pro Person ca. 180–200 g als Hauptgericht und ca. 80–100 g als Dessert.

Schneidetechniken für Käse

Die richtige, klassische Schneidetechnik ist die Basis jeder korrekten Käse-Präsentation. Das wichtigste Ziel dabei besteht darin, dass Käse und Rinde bei jeder Portion im gleichen Verhältnis vorhanden sind. Vor allem gilt es jedoch auch zu beachten, das dicker geschnittene Stücke den Käsegeschmack viel länger halten als dünnere und auch nicht so schnell austrocknen.

GROSSE LAIBE
Optimales Werkzeug:
Doppelgriffmesser
Eingriffmesser

MITTELGROSSE LAIBE
Optimales Werkzeug:
Doppelgriffmesser
Eingriffmesser

BLÖCKE
Optimales Werkzeug:
Doppelgriffmesser
Eingriffmesser

STANGEN
Optimales Werkzeug:
Doppelgriffmesser
Eingriffmesser

ZYLINDER
Optimales Werkzeug:
Weichkäsemesser
Käseharfe

KLEINE LAIBE
Optimales Werkzeug:
Weichkäsemesser
Käseharfe

BRIESPITZE (TORTENSTÜCK)
Optimales Werkzeug:
Weichkäsemesser

FRISCHKÄSE (ROLLINO)
Optimales Werkzeug:
Weichkäsemesser
Käseharfe

Haubenkoch Tom Riederer schafft
geschmackliche Harmonien abseits
des Mainstreams, sein Grundsatz:
Der richtige Umgang mit Lebensmitteln
bedeutet eine effiziente Verarbeitung
und Zubereitung von Speisen ohne
Verschwendung von Rohstoffen.
In diesem außergewöhnlichen Kochbuch
widmet er sich all jenen Resten und
Überbleibseln, die wir meist gedankenlos
im Abfalleimer verschwinden lassen.

Thomas Riederer
NUR DER IDIOT WIRFT'S WEG
Wie Sie aus allem etwas
Schmackhaftes machen können

208 Seiten, 17 x 24 cm
Hardcover mit SU, mit zahlr. Farbabb.
€ 24,95 · ISBN: 978-3-85431-543-8

pichler verlag

Viele kennen sie nur geröstet:
als geröstete Maroni, wenn sie während
der Wintermonate von den Maronirös-
tern in den Städten angeboten werden.
Längst jedoch haben die Gourmets
die Esskastanie entdeckt. Dieses Buch
enthält 50 außergewöhnliche Rezepte
für Gerichte, in denen die Kastanie die
Hauptrolle spielt: als Suppe, als Beilage,
als Crème, Parfait und Pudding, in
Kuchen und Mehlspeisen.

Sonja Schubert · Barbara Lutterbeck
EDLE KASTANIEN
Begehrte Delikatessen - 50 Rezepte, einfach und raffiniert

90 Seiten, 17 x 23,5 cm
Hardcover mit SU, zahlr. Farbabb.
€ 14,99 · ISBN: 978-3-99011-035-5